공황장애
극복의 시작

공황장애 I 극복의 시작

초판 1쇄 발행 2020년 8월 14일
초판 5쇄 발행 2024년 4월 30일

지은이 제이콥 정
펴낸이 최영민
펴낸곳 북앤로드
인쇄 미래피앤피
주소 경기도 파주시 신촌2로 24
전화 031-8071-0088
팩스 031-942-8688
전자우편 pnpbook@naver.com
공황장애 완치 카페 http://cafe.naver.com/lovefaithjkc
등록일자 2015년 3월 27일
등록번호 제406-2015-31호

ISBN 979-11-87244-87-5 (03180)

공황장애
극복의 시작

제이콥 정 지음

북앤로드

사랑믿음(제이콥 정)

2001년부터 2003년까지 극심한 공황장애, 광장공포증, 우울증, 건강 염려증의 밑바닥을 경험함. 수많은 내과, 외과를 전전하고, 여러 정신과를 전전하였으나 별다른 호전을 보지 못하던 차에, 나름의 학습과 실행 노력, 인지적 습관 개선 노력을 통해 2003년 말쯤부터 공황장애를 근완치하였으며, 2004년을 거치면서 완치에 이름. 현재 필자는 어려운 처지의 공황장애 환우들을 돕기 위해 개설한 네이버 공황장애 완치 카페(http://cafe.naver.com/lovefaithjkc)에서 사역하고 있습니다.

이 책은 사랑믿음의 공황장애 관련 시리즈 중 제1편으로 공황장애 극복을 위해 환우들이 이해하고 깨닫고 실행해나가야 할 필수적인 것들을 담고 있습니다.

| 들어가기 |

2001년 여름, 태어나 처음 겪어보는 강렬한 발작이 필자를 갑자기 덮쳐왔습니다. 필자는 그것이 심장마비나 약물 쇼크(당시 필자는 병원에서 주사를 맞던 중)라고 확신했었지만, 응급실에서의 여러 검사에서는 여지없이 '이상 없다'란 결과만 나왔습니다. 그렇게 납득할 수 없는 증상을 경험한 후 한시름 놓기 무섭게, 그날 밤부터 며칠 동안 하루에도 여러 차례 도저히 이해할 수 없는 발작을 수시로 경험하게 됐습니다. 그때부터 필자의 몸과 마음은 서서히 붕괴하기 시작했습니다.

병원에 여러 차례 입원하여 머리부터 발끝까지 검사를 받고, 극심한 위장장애로 인해 식사도 거의 할 수 없었습니다. 식사를 못하니 기력이 없고, 기력이 없으니 더욱 움직이기가 어려웠습니다. '이렇게 시름시름 앓다가 죽는 것인가?'라는 생각이 한시도 필자의 머릿속을 떠나지 않았습니다. 언제 어느 순간 그 두려운 발작이 올지 모르므로, 이제는 출퇴근마저 쉽지 않은 일이 되어버렸고, 온몸을 짓누르는 다양하고 강렬한 신체 증상들 때문에 온종일 침대에 누워만 있었습니다. 그렇게 광장공포증과 우울증이 거대한 먹구름처럼 필자에게 다가왔습니다.

필자는 자살을 생각했습니다. 늘 숨 쉬는 공기마저 과거의 신선함은 사라져버렸고, 건강하게 길을 걸어가는 행인들의 모습이 너무나 부럽게만 보였습니다. 나는 의지가 강하고 똑똑한 사람이라고 믿고 살아왔는데, 이 정체 모를 병마에 이토록 비참하게 부식되어가는 나 자신이 한없이 밉고 초라하게 느껴졌습니다. 더는 살아갈 의미가 없었고, 주변에 폐를 끼치고 싶지도 않았습니다. 그러나 마음속에서는 여전히 죽음을 받아들이고 싶지는 않았습니다.

2001년 늦가을, 인터넷을 뒤져서라도 내 병명을 확인하고 싶어졌습니다. 늦은 밤까지 검색하다 보니 '공황장애'라는 병명을 발견하게 되었고, 그때부터 공황장애라는 병에 대해 조사하기 시작했습니다. 그리고 내 발로 직접 정신과에 방문했습니다. 그러나 당시 만났던 의사들은 필자에게 별로 도움이 되지 않았습니다. 무미건조하고 무성의한 짧은 상담, 그리고 약 처방. 게다가 필자는 극심한 부작용으로 더 이상 약을 복용하기 힘든 상황이었습니다. 그런데도 의사는 필자의 상황을 배려하지 않고, 길게 늘어선 대기 환자들 때문에,

"어떠셨어요?"
"네, 약 더 드시고 3주 후에 봅시다."

매번 이 두 마디만 반복하며 약을 처방하는 것이 전부였습니다. 그래서 병원을 옮기고 또 옮기고. 그러나 해법은 없었습니다. 그때부터 필자는 이 병을 스스로 이겨나가야 한다는 생각을 갖게 되었습니다.

가장 먼저 시도한 것은 운동이었습니다. 워낙 자신감과 체력이 바닥에 떨어져 있었기에, 그것부터 끌어올리기 위한 고육지책이었습니다. 비가 오나 눈이 오나 하루에 1시간씩, 절대 타협 없이 집 주변을 돌기 시작했습니다. 86kg이던 체중이 57kg까지 내려가면서 운동 초기에는 극심한 어지러움과 두근거림, 체력 부족 등의 장애물들이 필자의 발목을 잡곤 했습니다.

그러나 그렇게 몇 주가 경과하고 드디어 마음속으로부터 뭔가 단단하고 알찬 희망의 자신감이 솟아오르기 시작했습니다. 운동은 완치가 달성될 때까지 변함없이 유지되었습니다. 아파트 1층에서 14층까지 계단을 하루에도 수차례 계속 오르내렸습니다. 광장공포증을 극복하기 위해 저녁이면 먹을거리, 찬거리를 사러 홀로 시장바구니를 들고 30분 거리의 마트, 재래시장, 백화점 등지를 오갔습니다.

대중교통을 극복하기 위해 매일 전철역까지 걸어서, 늦은 밤에도 전철로 오늘은 한 정거장, 다음 주는 두 정거장, 다시 그 다음 주는 세 정거장. 그렇게 생활 반경을 넓히려고 노력했습니다. 또한 평범한 회사원으로서 피할 수 없던 '출장'은 비행기와 객지 호텔에서 홀로 수일간 마지못해 머물러야 하는 절호의 노출 훈련 기회가 되기도 했습니다.

몸의 노력, 인내와의 싸움은 자연스럽게 '마음의 노력'으로 이어졌습니다. 건강한 줄만 알았던 나의 마음이 이미 공황장애 이전부터

'붕괴의 조짐'을 보여왔음을 깨달았습니다. 타인에게 너그럽고, 강인하고, 신속하게 일을 처리하는 필자의 모습 이면에는 조급하고, 두렵고, 염려하고, 중심이 게으른 모습들이 있었음을 절실히 인정하게 되었습니다. 이 모든 부정적인 것들은 '왜곡된 습관'이라는 하나의 뭉뚱그려진 그림자로 이미 녹아들어, 끊임없이 필자의 삶 전체를 위태롭게 만들어왔던 것입니다. 공황발작은 왜곡되고 부정적인 습관들이 파이프 터지듯 강렬하게 분출된 결과였던 것입니다.

몸과 마음의 끊임없는 노력은 결국 호전이라는 과정을 거쳐 완치로 이어집니다. 그러나 호전 과정 중에는 신체 증상, 예기불안, 공황발작의 간헐적 재발이 언제든 생겨날 수 있기 때문에, 마음의 밑바닥까지 강력한 방어기제가 자기 노력을 통해 두텁게 면역의 사슬을 형성하고 있어야 합니다. 이렇게 형성된 방어기제는 간헐적인 증상의 재발도 수일 이내로 제압함은 물론, 이후 충분한 시간이 흐르면서 증상 재발 또한 완전히 사라지게 됩니다. 완치에 이르고 나면 모든 것이 새롭습니다. 좋은 습관이 삶을 지배해나가면서, 더 이상 남이 바라보는 행복 기준에 맞춰 살지 않아도 됩니다. 세상에서 가장 소중한 것은 바로 나 자신이라는 것을 알게 되고, 나를 아끼고 사랑하며 보람 있는 삶을 살아갑니다. 그렇게 사는 우리는 날마다 "아, 참 행복하다!"는 되새김을 하며 살아갈 수 있습니다.

필자는 이 책을 모든 공황장애 환우들에게 바칩니다. 딱딱한 대학 교재, 의학서적류의 공황장애 책들은 평범한 우리들이 읽고 이해하기엔 너무 어렵고 지루합니다. 또한, 해외에서 들여와 번역된 서적들도 우리의 마음에 그리 깊은 영양제가 되지 못했습니다. 거기에 기록된 사례들과 처한 상황들이 우리나라와는 너무나 다르기에, 공감이란 중요한 에너지를 우리 내부로부터 끌어내지 못했기 때문입니다.

이 책은 직접 공황장애를 겪고 일어선 필자가 여러분과 같은 또 한 명의 환우로서, 동병상련의 처지를 겪고 계신 환우들과 그 가족 친지들을 위해, 그동안의 작은 경험과 정보, 그리고 타협할 수 없는 진실을 그대로 글로 옮겨 헌정할 목적으로 쓴 책입니다. 겪어보지 않은 사람은 그 고통의 깊이를 알 수 없습니다. 아무리 뛰어난 학식이 있다고 하더라도 결국은 그 과정을 극복하고 이겨내서 마음속에 깊이 여러 경험을 축적한 것을 대신할 수는 없습니다. 환우분들이 '아프다'는 한마디로 표현하는 그 단어 속에 함축된 수많은 의미들의 몸부림과 처절한 절규를 필자는 알고 있기 때문입니다. 그 고통을 하루라도 빨리 덜어드리는 데 조금이라도 도움이 되고자 이 책을 출간하게 되었습니다.

이 책과 이후 이어지는 공황장애 완치 시리즈 제2편 <공황장애 극복의 길 위에서>와 제3편 <공황장애 불안 다스리기> 도서에서 환우분들께 제시하는 길이 바로 가장 빠른 '공황장애 극복의 지름길'임을 확신합니다. 이대로 이해하고 이대로 행하면 필히 좋은 자기 치유의 길이 열릴 것이라 믿습니다.

마지막으로 한 개인으로서 이 책을 출간하기까지 정말 많은 우여곡절이 있었음을 말씀드리고 싶습니다. 공황장애 분야는 그동안 권위 있는 의료인이 자신의 임상 경험을 토대로 한 에세이 형식의 도서나 인지 행동 치료 등을 목적으로 한 교재 또는 의학서적과 같은 형태로 발행되어 왔던 것이 사실입니다. 더욱이 출판 시장 역사상 초유의 암흑기로 일컬어지는 요즘, 이 책의 가치와 역할을 바라보고 과감히 출판하기로 결정한 출판사는 단 한 곳도 없었습니다.

이런 우여곡절을 겪어가며 2011년 초판을 낼 수 있었고, 이후 스테디셀러로서 수많은 공황장애 환우들의 손 위에서 길잡이 역할을 충실히 해왔습니다. 하지만 세월이 흐름에 따라 이 책의 여러 면모들도 아울러 개선이 되어야 할 시점이 도래하여, 2020년 올해, 초판 발간 후 9년여 만에 드디어 전면 개정판으로 새롭게 환우들을 찾아 뵙게 되었습니다.

아무쪼록 이 책이 공황장애 환우분들의 손에 오르기까지, 아낌없는 응원으로 기대를 보내주신 네이버 공황장애 완치 카페(http://www.naver.com/lovefaithjkc)의 모든 환우들과, 또한 뜻을 가진 환우들이 모여 설립한 사랑믿음교회(대한예수교장로회/부천시/네이버 등 검색)의 모든 교우들께 다시 한번 깊은 감사를 드립니다. 아울러 전면 개정판을 출간하는데 귀한 파트너십을 맺어주신 피앤피북 관계자 여러분께도 진심 어린 감사를 드립니다.

| 차 례 |

제 3 장   # 지우기

제 4 장   # 초연

제 5 장   **실행**

제 6 장   **응급**

제 1 장

공황장애

공황장애를 완치하고 싶다면 우선 알아야 할 것들이 있습니다. 공황
장애는 알고 이해해나감으로써 치유의 방아쇠를 당겨야 하는 병입니다.
알고 이해하고 깨닫고 행동하는 것이 완치의 지름길로 가는 첫걸음입
니다.

"나는 공황 5년차입니다."

"나는 10년차예요."

이런 말들은 다 부질없고 의미 없는 말입니다. 그토록 긴 시간 동안
공황장애에 대하여 별로 이해한 것도 깨달은 것도 없다는 것을 의미할
뿐입니다. 많은 공황 환우분들을 보아오면서 저는 참으로 신기한 모습
을 종종 목격합니다. 약이나 주사 그 무엇도 없었는데, 단지 공황장애
가 무엇인지 알아버린 그 순간부터 극적인 호전을 보이기 시작하는 모
습, 바로 그것입니다. 진지한 마음으로 잘 배우고 이해하며 성실한 자세
로 하나씩 부딪혀가면서 깨닫는 것만이 완치의 그날을 앞당기는 초석
이 될 수 있습니다.

겁먹으면 공황이 공황장애가 된다

이 증상이 왜 나타나는지 그 원인이나 이유를 몰랐기 때문에
스스로 '가장 위험한 경우'를 상상합니다.

우리 몸에는 여러 가지 기관이 있습니다. 그중 '중추신경계'는 인간을 인간답도록 하는 데 가장 중요한 역할을 하는 기관입니다. 인간은 중추신경계를 이용하여 느끼고, 맛보고, 냄새 맡고, 생각하고, 판단하는 등 모든 행위를 결정하고 실행하도록 명령을 내린다고 해도 과언이 아닙니다. 특히나 인간은 그 어떤 동물과도 차별화되고 복잡하며 뛰어난 중추신경계를 갖고 있습니다.

동물들은 위험을 느꼈을 때 곧바로 생존본능과 운동신경에 거의 모든 것을 의존합니다. 이는 아주 본능적이라서 위험 그 자체로부터 탈출하고 회피하는 것 외엔 그리 많은 생각을 하지 않습니다. 그러나 인간은 훨씬 더 고차원적인 생각과 판단을 합니다.

인간은 다가오는 위험에 대해서 시각, 청각, 후각, 촉각뿐 아니라, 과거와 현재에 자신이 한 모든 경험을 이끌어내어 그에 대처하려 합니다. 심지어 미래에 대한 판단까지 합니다. 지금 당장 별 위험이 없더라도 미래에 위험하거나 자신에게 불리할 경우가 예상될 때는 다른 동물과는 각별히 다른 방식의 차별성을 보여줍니

다. 따라서 인간의 중추신경계는 그 어떤 동물들의 그것보다 대단히 복잡합니다.

이러한 중추신경계의 총사령부는 '뇌'입니다. 뇌는 수많은 신경들로 이루어져 있는 거대한 집합체로 생각과 판단, 반응, 대처 등의 인지와 사고를 할 경우, '신경전달물질(호르몬)'을 분비하여 신경에서 신경으로 신호를 전달합니다. 이러한 신경전달물질은 종류가 매우 다양하고 각기 그 역할들도 대단히 복잡하고 특이합니다.

현대 과학은 뇌에 대하여 많은 연구를 하고 있습니다. 우리가 느꼈던 공황이란 것이 정확히 왜, 어떤 이유로 생겨나는지는 아직 100% 밝혀지지 않았습니다. 그러나 공황이란 증상에 관계된 '신경전달물질'들은 속속히 밝혀지고 있습니다. 즉, 공황이란 증세에 관계된 모든 요소 중에 중요한 역할을 하는 몇 가지 중대한 신경전달물질들이 그 베일을 벗은 것입니다.

공황 증상은 원래 '대단히 정상적인 반응'입니다. 만약, 어두운 산길을 걷다가 예상치 못한 상황에서 큰 산짐승과 마주쳤다고 가정해봅시다. 그때 우리는 당연히 놀라고 당황할 것입니다. 물론 우리 가슴은 순간 철렁 내려앉고 아찔해지며, 다리에 힘이 풀리고 숨이 가빠지며, 온몸에 소름이 돋고, 시야가 이상해지는 등 매우 불쾌한 느낌을 느끼게 됩니다. 놀라고 당황했을 때 그 이유나 원인을 안다면 질병으로서의 공황을 경험하지는 않을 것입니다. 하지만 우리는 그때 그 이유나 원인을 모르기 때문에 질병으로서의 공황을 경험하게 됩니다.

백 미터 달리기를 전력으로 질주하고 나면 우리 몸에선 수십 가지의 고통스러운 증상들이 나타납니다. 숨차고 진땀이 나며 화끈거리고 심장은 터질 듯이 고동치면서 속은 울렁거리고 메스꺼우며 어지럽습니다. 하지만, 그러한 증상이 나타나도 우리는 불안하지 않습니다. 왜냐하면 당연하니까요. 달렸기 때문에 당연히 몸에서 그러한 반응이 나타난다는 것을 무의식적으로 알고 있으니까요. 그런데 달리거나 위험하지 않았음에도 몸에서 그런 반응이 일어난다면 우린 심각한 '판단 불가 상황'에 놓이게 됩니다. 판단이 안 되면 일단 무섭습니다. 즉, 원인을 모르면 무서울 수밖에 없습니다. 뇌는 무의식적이고 반사적으로 대단히 짧은 시간에 많은 생각을 합니다.

"이게 뭐지?"
"이거 심장마비 아닐까?"
"이러다 갑자기 쓰러져 죽는 거 아닐까?"
"이러다 미쳐버리는 건 아닐까?" 등……

우리 몸에서 이처럼 '예측되지 못한 공황 증상'을 '원인도 모르고' 느꼈을 때, 우린 진정한 '패닉(공황 Panic)'에 빠지게 됩니다. 너무나 두려우니까요. 몸의 증상들이 힘들고 무서우니까 심장마비,

뇌졸중 등 기존에 들어왔던 가장 무서운 병명들이 순간적으로 우리의 무의식과 의식의 세계를 휩쓸고 지나갑니다.

"난 저 사람과 잠시 말다툼한 것 밖에 없는데, 왜 내 몸에서 이런 일이 생겨나지?"
"매번 만나던 사람들과 즐기던 술자리였을 뿐인데, 오늘 내 몸에선 왜 이런 무서운 증상이 나타나지?"

심지어 사건, 일, 스트레스 등 구체적으로 흥분할만한 상황이 있었다 하더라도, 그 일 자체가 극도로 위험한 것은 아님에도 갑작스럽게 우리의 몸에서 이상한 증상이 폭발적으로 터져 나오기도 합니다. 기존에 항상 해왔던 일 또는 많이 반복적으로 경험했던 상황이라서 그전에는 이런 이상한 증상을 느끼지 못했었는데, 지금 이 시간 갑자기 이런 불쾌감이 폭풍처럼 몰아닥치니까 당연히 두렵고 무서울 수밖에 없습니다.

첫 공황(발작)을 경험하신 분들은 나름대로의 사연을 가지고 있습니다. 어떤 분들은 전혀 문제가 없었는데 갑자기 공황(발작)을 경험합니다. 또 어떤 분들은 술을 많이 먹고 친구와 말다툼을 한 것 뿐인데 갑자기 공황을 경험합니다. 물론 어떤 분들은 그냥 앉아서 영화를 보다가, 어떤 분들은 친척분이 돌아가시는 모습을 보고 나서 집에 귀가 하던 차에, 이 글을 쓴 필자는 '병원에서 통증 치료 주사를 맞고 조금 있다가' 등 첫 공황의 사례는 아주 다양합니다.

모든 환우분들은 자기만의 다양한 상태에서 첫 공황을 경험합니다. 하지만 구체적인 원인과 이유, 위험 대상을 정확히 파악할 수 없기 때문에 우리가 맞이했던 첫 공황은 너무나 두려웠습니다. 우리는 첫 공황을 경험할 때 반사적으로 수많은 무서운 이미지를 떠올려 냈습니다.

'심장마비, 뇌졸중, 죽음, 미쳐버리는 것, 남들 앞에서 쓰러지는 모습' 등. 이러한 무서운 이미지들은 뇌로 하여금 '더 빨리 원인을 파악해! 더 빨리 닥쳐올 위험이 무엇인지 예측해!'라는 명령을 내리게 만듭니다. 그 결과, 공황이 나타나는 그 순간에 우린 실제 몸으로 느껴야 할 고통보다 '수백 배 강력한 고통과 충격'을 증폭해서 느낍니다. 평소에도 느낄 수 있는 아주 정상적인 반응이 바로 '공황'인데 거기에 우리가 무의식적이고 반사적으로 첨가한 '미래에 닥칠 최악의 위험을 사실인 것처럼 예측해버리는 우매한 짓'으로 인해 '공황'의 위력은 수천 배로 확대되어 그 폭발 압력에 순간 짓눌려 버린 것입니다. 이것이 바로 우리가 처음 경험한 공황(발작)의 모습입니다.

공황과 공황장애

공황장애의 밑바닥에는 '두려움'이라는 단어가 짙게 깔려 있습니다.

정말 많은 공황장애 환우분들이 '공황'과 '공황장애'를 혼동하고 있습니다. 이 두 가지 용어를 우선 정확히 구분해야 합니다. 인터넷에는 공황장애에 대한 많은 정보들이 넘쳐나고 있지만, 그 정보들을 곡해 없이 우리 자신의 주옥같은 정보로 흡수하기 위해서는 가장 먼저 이 두 가지 용어를 구분하는 것이 첫걸음입니다.

'공황'은 첫째, '❶ 정상적인 공황 반응', 둘째, '❷ 공황 발작(Panic attack)'의 두 가지 의미를 가집니다. 이 두 가지를 흔히 '공황'이라고 하는데, 이 두 가지 뒤에 '장애' 글자를 붙인 '공황장애'와는 다른 의미이므로 혼동하면 안 됩니다.

먼저 '❶ 공황'은 우리가 살면서 아주 정상적으로 느끼는 증상입니다. 많은 청중 앞에 처음 서서 우리가 뭔가 중요한 것을 발표해야 한다고 가정해봅시다. 당연히 우리는 높은 수준의 '불안'과 '긴장'을 하게 됩니다. 불안하고 긴장하면 우리 몸에는 여러 가지 증상들이 나타납니다. 가슴이 두근거리고, 숨쉬기가 거북하며, 식은땀이 흐르고, 손발이 떨리거나 저리기도 하고, 몸이 뜨겁게 느껴지거나 반대로 춥게 느껴지기도 합니다.

또한, 시야가 이상하거나 머리가 띵한 게 아무 생각도 안 날 정도로 둔해지기도 하고, 메스껍거나 울렁거리는 증상이 나타나기도 합니다. 이 모든 것이 바로 '신체 증상'입니다. 이러한 신체 증상이 동반된 '❶ 공황'은 살면서 자주 느끼며 매우 자연스러운 반응입니다.

반면, '❷ 공황'은 우리를 이처럼 힘들게 만든 장본인입니다. 도저히 이해가 되지 않았던 그 불쾌한 경험이 바로 공황 발작입니다. 그럴 이유가 없는데 갑자기 내 몸에서 정말 불쾌하고 두렵고 고통스럽고 이해할 수 없는 증상을 겪습니다. 심장은 두근거리고, 가슴은 뻐근하고 찌르는 것 같은 통증을 느끼기도 했으며, 숨이 너무 차서 바로 멈출 것 같은 고통이었습니다. 손발이 저리고 온몸에 식은땀을 흘렀으며 너무나 어지럽고 이상해서 미칠 것만 같았습니다. 심장마비나 뇌졸중이 온 것은 아닌지, 우린 정말로 걱정했고 두려워했습니다. 바로 그것이 '❷ 공황'입니다.

이상 두 가지는 의학적으로 똑같은 증상입니다. 만약 ❶ 공황의 순간에 우리가 응급실에 가서 심전도와 여러 가지 검사를 했었다면, 그 결과는 ❷ 공황과 동일하게 나왔을 것입니다. 실제로 의학적인 검사를 하면 결과는 동일합니다.

반면, ❶ 공황과 ❷ 공황의 경우 그 환자가 의사들에게 호소하는 불편함과 고통의 정도는 각기 양상이 다릅니다. ❶ 공황보다 ❷ 공황이 굉장한 응급 증상이며 훨씬 더 고통스러워하는 것으로 나타납니다. 하지만 우리의 호소에도 불구하고 의사들이 우리에게 실시한 각종 검사 결과 '별 이상 없다.'는 결론이 나왔고 그래서 더 혼란스럽고 두려웠으며 염려가 되었던 것이 바로 '❷ 공황'입니다.

마지막으로 '공황장애'를 이해해 봅시다. 공황장애는 '공황'이란 단어에 '장애'란 단어가 붙어있습니다. 그 의미는 '❷ 공황(공황 발작)'을 경험하고 환자가 ❷ 공황이 또 올까 봐 염려하고 두려워한 나머지 결국 병으로 '장애화'된 상태를 의미합니다. 이 의미를 거꾸로 생각해보면, 만약 우리가 ❷ 공황을 경험했더라도 두려워하지 않고 ❷ 공황이 또 올까 봐 염려하지 않았다면 공황은 '공황장애화'되지 않았을 것이란 가정도 가능합니다.

'공황장애'의 의미까지 모두 이해했다면, 이제 그 극심했던 첫 발작의 순간에 "나는 도대체 무슨 생각을 했을까?"란 질문을 스스로에게 진솔하게 해봅시다. 우린 분명히 첫 공황의 순간에 아주 강한 '부정적 의문'들을 암시했습니다. 심장마비, 뇌졸중, 미치는 것 등의 '부정적 의문'들은 우리의 몸속에서 물리적으로 느껴진 실제의 통증, 느낌, 불쾌감들을 훨씬 더 강력하고 무섭게 느껴지도록 만들었습니다.

'공황장애는 자기 치유의 병'입니다. 자기 치유를 할 준비나 의지가 없다면 아주 긴 시간 동안 장기화, 만성화되기 쉬운 병입니다. 일정 시간 공황장애를 겪어왔다면, 이 병은 그 잔가지를 우리 모든 부분에 깊고 복잡하게 뻗치고 있음을 유의해야 합니다. 그 잔가지는 주사나 수술 또는 약으로 깔끔하게 제거하기 힘듭니다.

우리는 공황장애가 무엇인지를 잘 이해해야 합니다. 또한 그것을 유발시킨 나의 부정적 습관들을 자연스럽고 좋은 습관들로 긍정적이고 깔끔하게 대체해나가야 합니다. 또한 자기 치유의 과정을 통해 보다 확신 있는 즐거움과 행복을 추구하는 삶의 자세를 생활 곳곳에 뿌리내리게 해야 합니다. 그 작업이 말처럼 쉽지 않게 보일 수도 있지만, 막상 완치하고 나면 '아무것도 아닌 일'이기도 합니다. 그만큼 우리가 어떻게 마음먹고 노력하느냐에 달린 것이 바로 공황장애 완치의 길입니다.

첫 공황, 그 순간 무슨 생각을 했을까?

'죽음, 파멸, 응급상황, 미치는 것' 등을 상상했습니다.
이로 인해 공황장애 환자가 된 것입니다.

첫 공황은 당연히 충격이었고 너무나 두려울 정도로 혼란스러웠으며 이해가 되지 않았습니다. 우리는 정말 당황했고 당장 한시라도 빨리 응급실로 가고 싶어 했습니다. 이 고통스럽고 무시무시한 증상은 태어나서 한 번도 느껴보지 못한 증상이었고, 증상이 나타난 지 10여 분도 안 되어 너무나 엄청난 양상으로 우릴 짓눌렀습니다. 완전히 겁먹은 상태가 되었습니다. 그것이 바로 우리의 첫 공황이었습니다.

김 모 씨(서울 노원)는 갑자기 찾아온 이 증상이 '심장마비'라고 생각했었습니다. 김 씨는 이러다 죽겠다 싶어 놀란 가슴을 애써 진정시키고 운전하던 차를 세우고 119로 전화를 돌렸습니다.

"네. 지금 제가 가슴이 이상하거든요. 숨쉬기 힘들고 가슴이 터질 것 같아요. 헉헉."
"(119) 네. 전화 끊지 마시고요. 힘드시더라도 저와 계속 말씀을 나누셔야 합니다."

이후 불과 5분여 만에 119 앰뷸런스가 도착했고, 김 씨는 응급 대원들에게 자신의 증상을 비교적 침착하게 설명하긴 했지만 순간순간 치받아 오르는 '불안감'에 정말 몸을 사시나무 떨듯 떨고 있었습니다.

평범한 직장인 김 씨는 그날도 여느 날처럼 퇴근 후 동료들과 함께 맥주 한 잔을 곁들인 가벼운 저녁식사를 한 후 저녁 9시경 자신의 차를 몰고 퇴근하고 있었습니다. 퇴근길은 내부순환도로, 차가 다소 막히는 상황이었고 김 씨는 담배를 한 개비를 물고 별생각 없이 북악터널로 접어들고 있었습니다. 김 씨가 다 태운 담배를 재떨이에 비벼 끄고 한 1분이나 지났을까, 갑자기 숨이 막히고 갑갑한 느낌이 들었습니다. 당연히 김 씨는 대수롭지 않게 생각하고 넥타이를 조금 헐겁게 풀고 갑갑함이 가시길 기다렸습니다. 그러나 숨찬 증상은 쉽게 가라앉지 않았고 그로부터 몇 분 지나지 않아 온몸에 힘이 빠지면서 식은땀이 흐르기 시작했습니다.

이때부터 김 씨는 당황하기 시작했습니다. 두려운 생각이 들었지만 '설마 그런 일이 자신에게 벌어질까' 하는 생각에 스스로 안심시키려 노력했습니다. 하지만 그로부터 2분도 지나지 않아 김 씨는 갑자기 심하게 메스꺼워지면서 가슴이 터질 듯 방망이질 치는 것을 느꼈습니다. 동시에 눈앞 시야가 몽롱한 듯 심한 어지러움을 느꼈습니다.

'아! 이거 혹시 심장마비?' 김 씨는 정말 당황했습니다.

'하필이면 이 길디긴 터널에서 이런 일이…' 김 씨는 온몸에서 느껴지는 모든 증상들이 갑자기 더 강해지는 것을 느꼈습니다. '일단 차를 세우고 119라도 불러야겠다.' 그렇게 김 씨의 첫 공황은 찾아왔습니다.

119 응급대원들에 의해 부근 응급실로 옮겨진 김 씨는 이미 파김치가 되어 있었습니다. 앰뷸런스 차량 안에 누워서 김 씨는 별의별 생각을 다했습니다. 심장마비, 가족, 친지들, 심폐소생술 등……. 그러한 단어들이 김 씨의 머릿속을 스쳐 지나가면서 김 씨는 너무나 두렵고 무섭고 한편으론 슬펐습니다.

응급실에 도착한 김 씨는 증상을 묻는 의사의 대답에 대단히 고통스러운 표정과 몸짓으로 답하였습니다. 곧바로 심전도 검사가 시작되었습니다. 불과 3분도 걸리지 않는 심전도 검사 시간에도 김 씨의 쿵쾅거리는 가슴은 진정될 기미가 보이지 않았습니다. 하지만, 검사 결과는 의외였습니다.

"김OO 씨, 일단 심전도에 문제없거든요. 가슴 사진 찍고 피도 조금만 뽑아봅시다."

심전도 결과가 이상이 없다고 나오자마자 김 씨를 둘러쌌던 의사들과 간호사들은 주변으로 흩어져 자신의 일을 보기 시작했습니다. 김 씨는 자신의 증상이 굉장히 위험한 증상이라고 생각한데 반해 심전도 결과가 나온 후의 의료진들의 모습은 정말 성의 없는 모습이라는 생각을 지울 수가 없었습니다.

마치 시장통처럼 정신없이 바쁜 응급실에서 약 1시간이 지난 후, 김 씨의 엑스레이 가슴 사진 결과가 나왔고 혈액 검사 결과도 나왔습니다. 모두 정상이었습니다. 김 씨의 경우처럼 우리들 대다수의 첫 공황은 그만큼 시급했고 두려웠고 무서웠습니다. 하지만, 병원에서의 검사 결과는 모두 정상이었습니다.

우리가 처음 공황(공황 발작)을 만났을 때 우리는 김 씨와 비슷한 단어들을 떠올렸습니다. '심장마비', '뇌졸중'을 비롯하여 '미치는 것', '졸도' 등 우리가 생각한 첫 공황 그 순간 떠올린 이미지는 모두 대단히 위급하고 응급한 것들 이었습니다. 그런 부정적이고 위험한 것들이 사실일지 모른다고 믿어버리는 그 순간부터 뇌는 우리 신체의 각 부분에 '위기와 위험에 대비하라는 명령'을 내립니다. 그 명령은 정말 찰나의 순간에 강력하게 이루어집니다.

죽음, 미치는 것, 심장마비, 졸도, 뇌졸중 같은 치명적이고 최악의 그 무엇을 믿거나 강한 확신으로 염려하게 될 경우, 뇌는 우리 신체를 그것에 맞게 대비시킵니다. 그 대비는 뇌와 부신피질 등에서 동시다발적으로 '신경전달물질(호르몬)'을 뇌와 혈액에 분비함으로써 시작됩니다.

응급 위험 상황에서 분비되는 신경전달물질들은 우리에게 곧 닥쳐 올 위험 대상에 대하여 신체적 준비를 시키기 위한 것으로, 심장 박동 수를 급격히 증가시키고 혈압을 상승시켜서, 최대한 많은 산소를 들이마시고자 흉곽을 확대하고 횡격막을 긴장시킵니다. 그리고 당장 위험과의 싸움에 불필요한 다른 판단 능력을 최소화합니다. 또한 소화기관의 기능을 저하시키고, 격렬한 싸움을 위해 몸을 식혀서 땀을 분비시키는 등 각종 신체적 증상과 반응을 이끌어냅니다.

전에 말씀드린 대로, 그러한 신체적 반응이 시작되더라도 우리가 구체적으로 '위험 대상'에 대하여 정확히 분별하고 있다면 우린 극심한 충격과 두려움 속에 빠지는 일은 드물 것입니다.

그러나 우리 몸에 공황(발작)이 나타나면서 우리의 신체가 위험의 순간을 위해 총체적 대비 상태에 들어갔음에도 바로 그 '구체적 위험 대상'이 나타나거나 이해되지 않을 경우 우린 더욱 큰 혼란에 빠져들게 됩니다. 그 결과 무의식과 의식의 차원에서 지금 현재 눈에 안 보이지만 만의 하나 있을 수 있는 위험요소를 예측해내기 위한 고도의 계산에 들어갑니다.

이토록 고통스럽고 불편한 증상을 설명할 만한 그러한 구체적 위험의 후보로, 당연히 우리가 듣고 보고 배워온 각종 응급질환들이 우선순위로 떠오릅니다. 심장마비, 뇌졸중 등 의학적으로 치명적인 내외과 응급질환들로부터 시작해서 '정신분열', '빙의' 등 정신과 적으로 최악의 질환들을 순식간에 떠올리게 되는 것입니다. 그 결과 우리의 당황스러움은 곧 '죽을 것 같은 두려움'으로 바뀝니다. 그러한 죽을 것 같은 두려움에서 초연하기란 정말 힘든 일입니다.

첫 공황에서 우리가 생각해버린 것들…. 그것은 스스로를 닥쳐올 위험으로부터 지켜내기 위해 조건반사적으로 우리도 모르게 해버린 것들인데…, 그것은 거꾸로 첫 공황 그 순간을 더욱 엄청난 위력의 폭풍으로 돌변시키고 말았습니다.

다시 강조하지만, '공황'은 의학적으로 충분히 정상적이고 하나도 위험하지 않은 수준의 신체 반응입니다. 그러나 우리에게 첫 공황이 닥쳐왔을 때 어떤 이미지들을 생각하고 떠올렸고 오해했고 우려했느냐에 따라 첫 공황은 우리에게 '강하고 깊은 생채기'로 돌변합니다. 즉, '의학적으로 근거 없는 파국적인 재앙을 스스로 생각하고 암시해버린 결과'인 것입니다.

◈ 깊게 들어가기 - 공황(발작)은 왜 나타날까?

갓난아기들의 뇌는 매우 본능적이자 동물적입니다. 아기는 우리가 지닌 이성을 거의 갖고 태어나지 않습니다. 즉 아기는 본능 영역에 이미 태어날 때부터 보유한 '기전'들을 발휘하여 스스로 생존을 꾀하고 보호를 유발하려 합니다. 그 생존과 보호 기전의 가장 대표적인 한 가지가 바로 '공황 기전'입니다. 아기가 배가 고플 때, 기저귀가 불편할 때, 또는 깜짝 놀라거나 잠에서 깨어나서 바로 보호자인 엄마를 찾을 때, 보이는 대표적인 행동은 '울음'입니다. 그 울음은 우리 성인들이 우는 그 현상이 아니라, 말 그대로 온몸을 동원한 극렬한 표현입니다. 아기가 그 표현을 할 때 아기의 정서 역시 극심한 두려움과 투쟁 등 위기 대응을 위한 격렬한 통증을 온몸으로 표현하는 것입니다.

그러한 아기의 공황은, 아기가 자라나면서 자연스럽게 퇴화되어 뇌의 본능 영역 깊은 곳으로 가라앉아 비활성화 상태에 놓이게 됩니다. 본능 영역은 우리 의식 영역에서 인지할 수 없는 매우 깊은 근원적 영역이라서 성인이 되면 자신이 갓난아기 시절 수시로 행하던 그 공황을 기억하거나 떠올릴 수 없음은 물론, 성인 자신이 의도적으로 그 공황 기전을 끌어내 사용할 수도 없습니다.

그렇게 깊은 내면에 가라앉아 비활성 된 공황 기전은, 성인이 되면서 급격한 위험에 노출되었을 때, 응급 시 또는 과도한 스트레스 축적에 의해 내면 스스로 이대로는 어렵겠다 싶을 때 등, 매우 다양한 경우에 갑자기 끌어내 사용할 수 있습니다. 물론 어떤 이는 유전적으로 비활성 기전을 더 잘 끌어낼 수 있고, 반대로 어떤 이는 쉽게 끌어내 사용할 수 없습니다. 우리는 그러한 성향들을 '민감성'이라고 표현합니다.

이처럼 공황 기전을 나의 내면이 갑자기 어느 순간 끌어올려 사용하게 되면, 우리 의식은 '전혀 이해할 수 없고 겪어본 적 없는 극심한 공황'을 겪게 됩니다. 당연히 의식적으로 납득되지 않을뿐더러, 겪어본 적이 없다고 여기므로 높은 수준의 불안, 긴장, 염려, 각종 신체 증상들을 심한 고통으로 해석하게 됩니다. 바로 그 반응이 공황(발작)이라는 현상입니다.

실제로 공황(발작)은 내가 과거 겪어본 적이 없던 것이 아니라, 갓난아기 때 수없이 사용했었던 비활성 된 생존 기전의 일부인 것입니다. 단지 오랜만에 이를 끌어내었으므로 매우 생소하게 느낄 수밖에 없고, 생소한 것을 두려워하고 경계하는 우리 뇌의 특성상 공황(발작)은 그 자체가 충격으로 받아들여지는 것입니다.

두려움을 먹고 자라는 공황장애

애초 두려워하지 않았다면 공황장애는 올 수 없었습니다.

정체를 알 수 없는 극심한 두근거림, 어지러움 등의 신체 증상은 비록 응급실에서 '이상 없다'는 검사 결과를 확인했다 손 치더라도 '또다시 겪고 싶지 않은 느낌'이었습니다. 응급실에서 제 발로 당당하게 웃으며 훌훌 털고 걸어 나왔다고 생각했는데 참으로 이상하게도 우리의 몸은 그전과는 약간 다른 증상을 간헐적으로 나타냈습니다.

왠지 아찔한 느낌, 살짝 두근대는 느낌, 약간 메스꺼운 느낌, 간혹 식은땀, 머리가 때론 지끈지끈 등, 첫 공황(발작) 이전과는 약간 다른 양상들이 느껴지곤 했습니다. '이러다 괜찮겠지'라고 한편으론 안심하고 스스로를 다독였지만 그러한 '불쾌감'은 자꾸 우리 의지와는 달리 서서히 고개를 쳐들기 시작했습니다.

불쾌감이 고개를 쳐들면서, '혹시 그 무서웠던 증상이 또 오는 게 아닐까?'란 염려와 의심을 하기 시작했습니다. 우리도 모르는 사이 그러한 염려와 의심은 종일 수시로 살짝 나타났다 사라지는 불쾌감에 발맞춰 우리의 마음속 깊은 곳에 '두려움'을 형성하기 시작했습니다. 즉, '공황이 다시 올까 봐' 두려워하는 마음입니다.

두려움은 마음속에 극도의 '불안'을 유발합니다. 또한 불안하면 자동으로 '긴장'하게 됩니다. 소위 '신경이 곤두서있다.'는 표현처럼 자신도 모르게 24시간 공황이 다시 오는지 감시할 목적의 레이더를 켜두고 있는 상태가 되어버립니다.

불안과 긴장이 장시간 지속되면 우리 몸은 그에 합당한 반응을 합니다. 불안을 느끼면 몸속에는 '에피네프린'과 같은 호르몬이 분비됩니다. 이 호르몬은 주로 위험한 상황에 처했을 때 신속하게 분비되어 신체적 준비를 시켜주는 호르몬인데, 심박수를 증가시키고 동공을 확대시키며, 뇌와 소화기관으로 가는 혈류량을 줄이고 근육으로 가는 혈액량을 늘리는 등 운동능력을 최대화하는 데 적합한 호르몬입니다. 이 호르몬은 종일 불안과 긴장을 하는 동안 우리의 몸속 부신피질(신장의 위쪽)이란 곳에서 계속 분비됩니다.

에피네프린이 분비되자, 그에 합당한 반응을 아주 정상적으로 했습니다. 비록 그 정도는 공황(발작)의 순간보다는 덜했지만, 종일 머리가 무겁고 띵해지고(뇌로 가는 혈류량 감소) 두통도 느껴졌습니다. 또한, 종일 숨이 가쁘고 가슴이 뻑뻑하고 콕콕 찌르는 듯, 어느 때는 조여오는 듯한 불편함이 지속되었습니다(산소 섭취를 극대화하기 위한 흉식 호흡으로 인해 흉곽 및 주변 근육 긴장). 게다가 식욕이 떨어지고 소화가 안 되며 설사나 변비 또는 메스꺼움이 종일 지속되어 잘 먹지 못하니까 기력이 떨어지기도 했습니다(소화기관으로 가는 혈류량 감소, 소화기관 기능 저하). 이외에도 다 열거하지 못할 만큼의 각종 불편함과 피로감이 더 자주 그리고 종일 나타나기도 했습니다.

에피네프린 말고도 정말 많은 종류의 호르몬들이 '불안'과 '긴장' 상태의 뇌와 혈액 속에 분비되었습니다. 물론 그에 따라 각종 신체 증상과 불편감이 우리를 심하게 뒤흔들기 시작했습니다. 이러한 불편감은 마음을 더욱 거대한 두려움과 공포감에 휩싸이도록 만들었습니다. 공황이 다시 올까 봐 두려워하는 마음, 이것이 공황이 아니라 다른 응급하고 치명적인 병이 아닐까 하는 염려하고 의심하는 마음, 증상이 더 깊어지고 힘들어지면 어떻게 하나 하는 우울한 미래를 암시하는 마음까지 우리는 스스로 그렇게 수렁 속으로 빠져들어가기 시작한 것입니다.

필자는 스스로 나름 강한 사람이고 또 강하게 살아왔다고 자부하기도 했습니다. 그러나 두려움을 느낀 즉시 그러한 자신감은 마음속에서 모래성처럼 붕괴되고 깎여나가기 시작했습니다. 즉, 눈에 보이는 것에 대해서만 강하게 살아온 것이었지, 눈에 보이지 않는 내면 깊은 곳은 여전히 취약했습니다.

우리는 두려움을 느꼈고, 그 두려움은 무의식과 의식이 자리 잡고 있는 뇌 속에 아주 깊은 생채기를 냈습니다. 그 결과 단순한 '공황(발작)'이 '공황장애'로 뿌리내린 것입니다. 바로 이 두려움은 우리가 공황장애 완치를 위해 반드시 꺾어야 할 1순위의 적으로 설정할 대상입니다.

'두려움은 마음의 그늘'입니다. 두려움은 원래 실체가 없는 것이었지만, 우리 스스로가 너무 거대하고 위력적으로 만들어낸 가공의 거인 같은 존재가 되어버린 것입니다. 완치는 바로 그 거인을 쓰러뜨리고 짓뭉개버리는 작업입니다. 거인을 마음속에 그대로 둔 채로 완치를 기대하기는 어렵습니다. 그 거인을 필자도 꺾어버렸고, 수많은 공황장애 환우들도 어김없이 꺾었습니다. 막상 꺾고 나면 아주 쉬운 것이 바로 '두려움이라는 거인'입니다.

공황의 신체 증상은 왜 생겨날까?

공황의 신체 증상은 '위험한 것을 조심하고 미리 대비하라'는 뇌가 몸에게 시키는 일종의 경고입니다. 건강한 몸은 뇌의 그러한 명령에 아주 성실히 따른 죄밖에 없습니다.

공황(발작) 그 순간 우리는 강력한 신체 증상을 경험합니다. 환우분들께 "첫 공황 그때 어땠나요?"라고 물어보면 대부분 '신체적인 강력한 불쾌감들'을 주로 언급합니다. 또한, 그러한 '불쾌감으로 인해 힘들고 무서웠다.'고 합니다. 결국, '미칠 것 같다'든지 '죽을 것 같다', '정신을 잃을 것 같았다' 등의 표현은 신체에 갑자기 나타난 그 불쾌하고 납득할 수 없었던 신체 증상의 결과로서 유발된 생각들입니다.

가령 길을 걸어갈 때 앞에 큰 낭떠러지가 있다고 가정합시다. 그럼에도 우리가 위험하다고 느끼지 못한다면 아마도 우린 그 낭떠러지에 바로 떨어져 버릴 수 있습니다. 이처럼 몸은 위험한 대상에 대하여 '신체적인 불쾌감'을 일으켜 가능한 신속하게 그 위험으로부터 대비하고 피하도록 만들어져 있습니다.

깜깜한 밤중에 시커먼 그림자를 보면 '가슴이 철렁' 하고 순간 소름이 돋는 증상을 유발하여 위험할지 모르는 그 대상에 신속히 대응을 촉구하는 것이 바로 몸입니다. 즉, 공황(발작)의 신체 증상은 위험한 대상이나 상황을 피하고 대비하라는 우리 몸 내부에서의 본능적인 경고입니다. 따라서 우선 공황에서의 신체 증상은 정확히 어떤 원리로 생겨나며, 그것이 왜 '위험한 증상이 아닌지'를 이해하는 것이 공황에 대한 무의미한 두려움을 없애는 데 매우 중요합니다.

우리 몸에는 '교감신경'이라는 신경기관과 '부교감신경'이라는 신경기관이 있습니다. 교감신경은 격렬한 운동이나 위험에 대한 대비를 하는 데 필수적인 기관이며, 부교감신경은 그 반대로 안정을 취할 때 필수적인 기관입니다. 따라서 교감신경은 불안이나 긴장을 유발하기 위해 몸을 준비시키는 역할을 하고, 부교감신경은 이완과 안정을 유발하기 위해 몸을 준비시키는 역할을 합니다. 공황에서는 이 중 '교감신경'이 핵심적인 역할을 합니다.

교감신경이 급격한 작동을 시작하면 눈 깜짝할 사이에 '불안과 긴장'을 유발하는 몇 가지 호르몬이 뇌와 혈액 속에 급속히 방출됩니다. 이때 작용하는 호르몬 중 가장 대표적인 예가 바로 '에피네프린(아드레날린)'이라는 호르몬입니다. 이 호르몬이 방출되면 다음과 같은 신체적 준비를 합니다.

첫째, 혈액이 가장 많이 필요한 곳에 혈액을 집중시킵니다. 원시시대 인간들에게 가장 큰 위협이 되는 물리적인 대상은 역시 사나운 들짐승, 적대적인 관계의 다른 부족 등이었습니다. 바로 그러한 위험 대상이 눈앞에 나타나면 몸에서 '급격한 운동량'을 필요로 합니다. 그 위험 대상과 맞서 싸우거나 빨리 피하기 위해 신속하고 강력하게 몸을 움직여야 하기 때문입니다. 위험 대상을 인지한 즉시 방출된 호르몬은 운동량이 가장 많이 필요한 대근육에 혈액을 우선 할당합니다. 동시에 몸을 많이 움직여야 하므로 '최대한 많은 산소량'이 필요해집니다.

따라서 한번 숨쉬는 것으로도 최대한 많은 산소량을 흡수하기 위해 흉곽을 최대한 크게 부풀리며 가슴을 들썩거리며 숨을 쉬는 방식인 '흉식 호흡(반면, 배로 숨을 쉬는 복식 호흡은 이완과 안정 시에 사용)'을 시작합니다. 이로써 근육은 갑작스런 혈액량 증가로 인해 경련이나 떨림, 다리에 힘이 없어지는 느낌(오금 저림, 힘 빠짐) 등의 증상이 나타납니다. 또한, 가슴으로 헐떡이며 숨을 쉬므로 과도한 산소량이 혈액 속으로 들어옵니다. 그 결과 머리가 띵하고 멍해지며 크게 들썩이는 흉곽으로 인하여 가슴이 뻐근하고 통증이나 불쾌감들이 발생하기도 합니다.

둘째, 불필요한 곳으로 가는 혈액을 최대한 줄이고 차단합니다. 당연히 몸 안의 혈액량은 일정합니다. 근육이나 흉곽 등, 피가 많이 필요한 곳으로 혈액을 최대한 보냈으므로 피가 별로 필요 없는 곳의 혈액량은 크게 줄어듭니다. 위험한 순간 뇌는 복잡하고 논리적인 생각이 그다지 필요 없어집니다. 그로 인해 운동신경과 감각기관에 해당되는 부분을 제외하곤 뇌로 가는 혈액량을 최대한 줄입니다.

또한, 음식을 소화시키는 것과 복잡한 판단을 하는 것 등도 위험한 순간에는 필요 없습니다. 따라서 뇌와 신경계, 입, 목, 식도, 위장, 십이지장, 대장 등 주요 소화기관의 혈액량을 일시적으로 감소시킵니다. 그 결과 '머리가 하얗게 느껴지는 느낌', '머리가 띵하고 생각이 둔해지는 증상', '현기증', '어지러움' 등이 느껴집니다. 그리고 '침이 마르고 입이 마르는 증상', '목에 뭔가 걸린 듯한 증상', '메스껍고 토할 것 같은 증상', '복통이나 복부 불편감', '소변이 마렵거나 배가 아프고 결리며 뻐근하고 불편한 증상' 등이 다채롭게 나타납니다.

피부도 혈액량을 크게 줄여서 만의 하나 생길지 모르는 출혈에 대비합니다. 상처가 생기더라도 최대한 피를 적게 흘릴 목적으로 바깥 피부에서는 혈액이 급격하게 줄어듭니다. 그리고 과격한 운동에 의한 체온 상승을 억제하기 위해 '피부의 표면적을 최대한 넓히는 현상(소름 돋음)'도 생겨납니다. 그래서 갑자기 추위를 느낀다거나 열감을 느껴 땀을 흘리며 손발의 감각이 무뎌지는 현상을 느끼게 됩니다.

이상으로 교감신경이 시동 걸렸을 때 느껴지는 신체 증상을 알아보았습니다. 위험한 대상이 있으면 당연히 그에 대한 대비와 회피행동을 준비해야 합니다. 따라서 신체는 '호르몬'을 분비해서 몸의 각 기관들이 그에 대한 준비를 하게끔 만듭니다. 그 결과 느끼는 것이 바로 '공황의 신체 증상'입니다.

앞서 말씀 드린 대로, 위험한 대상을 구체적이고 물리적으로 알고 있다면 그러한 신체 증상이 두렵거나 무섭지는 않습니다. 오로지 모든 신경은 그 위험 대상을 피하고 대항하는 데 집중되기 때문입니다. 하지만, 그 위험한 대상이 구체적이지도 않고 물리적으로 관찰되지 않을 경우, 우린 본능적으로 그 원인을 찾게 됩니다. 그 결과, 각 신체 증상들 하나하나가 너무나 힘들고 강력하게 느껴지고 우리가 알고 있던 최악의 이미지들인 '심장마비', '뇌졸중', '미치는 것' 등을 떠올리게 되는 것입니다.

공황의 신체 증상은 아주 불편하고 불쾌하며 두렵지만, 결국 지극히 정상적이고 당연한 증상입니다. 공황이 왔다면 당연히 그러한 증상이 나타납니다. 공황이 왔음에도 우리 몸에서 그러한 증상이 나타나지 않는다면 거꾸로 그것은 몸에 뭔가 이상이 있다는 증거입니다. 우리가 공황을 경험했을 때, 우리 몸은 정말 건강하고 정확하고 적절하게 그에 대한 반응을 했습니다. 즉, 우리 몸은 멀쩡했던 것입니다.

공황 그 순간의 신체 증상과 이후의 신체 증상

두 가지는 같습니다. 그러나 전자는 이유 없이 나타난 증상이지만,
후자는 우리가 부추기고 만들어낸 증상입니다.

앞서 우리는 공황의 순간에 경험했던 신체 증상을 잘 알게 되었습니다. 그러나 많은 환우분들께서는 공황 그 자체보다 이후 지루하고 괴롭게 온종일 양상을 바꿔가며 나타나는 신체 증상을 더 힘들어합니다. 필자도 예외는 아니었습니다. 인터넷을 아무리 찾아봐도 공황의 신체 증상은 공황이 사라지면 바로 사라지게 되어 있는데, 실제로 느끼는 신체 증상은 양상을 바꿔가며 종일 우리 몸을 힘들게 하기 때문에 오히려 '내가 공황장애가 맞는

가?'라는 의구심을 더욱 키우는 역할을 합니다.

신체 증상은 원래 위험한 순간이 지나가면 시차를 두고 자연스럽게 사라집니다. 그러나 옛말에 "자라 보고 놀란 가슴 솥뚜껑 보고 놀란다."는 속담이 있듯, 어떤 대상에게 한번 혼쭐이 나면, 이후 위험한 대상이 나타나지 않아도 지레 겁을 먹고 불안해하며 긴장하게 됩니다. 이렇게 첫 공황 경험은 우리에게 아주 깊은 이미지와 생채기를 남겼습니다. 그것을 겉으로 인정하든 안 하든 상관없이 다시는 공황 상태를 겪고 싶지 않았으며, 공황이 또 올까 봐 혹은 그와 비슷한 느낌이 신체에 나타나기만 해도 모든 것을 공황과 연결시켜 생각했습니다. 그 과정 속에서 '불안과 긴장의 습관화'는 계속 진행되었습니다.

이렇게 불안과 긴장 속에 살게 되면 교감신경은 계속 적정 수준 이상의 긴장상태에 돌입합니다. 우리의 몸과 마음은 하나입니다. 마음이 불안하면 교감신경은 긴장하고 활성되며 반대로 마음이 편안하면 교감신경은 동작을 멈추고 휴식에 들어갑니다. 우리는 공황에 대한 강렬한 기억을 도저히 주체하지 못하고, 그것이 또 올까 봐 작은 신체 변화에도 신경을 곤두세웁니다. 그 결과, 비록 공황 증상이 나타나는 순간의 신체 증상 강도는 아니지만 일정한 신체 증상이 다양하게 우리의 하루를 서서히 지배해갑니다.

계속 숨이 차는 증상, 머리가 띵하고 아픈 증상, 어깨와 등이 결리는 증상, 손발이 순간순간 저려오는 증상, 머리가 죄는 듯하고 무거운 증상, 가슴이 뻐근하고 콕콕 찌르는 듯한 증상, 입이 마르고 목에 뭔가 걸린 듯한 증상, 눈이 뻐근하고 따가우며 시야가 불편하고 눈부신 증상, 메스껍고 토할 것 같은 증상, 입맛이 없고 소화가 안 되는 증상, 변비나 설사가 자주 나타나는 증상, 배가 아프거나 가스가 차고 불편한 증상 등 헤아릴 수 없는 다양한 증상들이 하나씩 또는 여러 가지가 함께 양상을 달리해가며 우리를 괴롭히기 시작합니다. 이것은 우리가 불안을 풀지 않았기 때문에 교감신경이 작동한 결과 발생한 현상입니다.

만약 우리가 영리하지 못했다면 아마도 이러한 신체 증상은 없었을 것입니다. 하지만, 우린 너무나 영리해서 의사들이 아무리 문제없다고 해도 그 말을 쉽게 믿고 안심하지 못합니다. 공황 자체로는 우리를 죽일 수 없다는 사실을 아무리 듣고 읽어도 진실로 마음 깊이 받아들이지 못합니다. 그래서 공황은 언제나 위험하고 나를 죽일 수 있다는 등식을 마음속에 성립시켜두고, 시간이 지날수록 더욱 두려워하며 절대로 다시는 경험하지 않기를 희망합니다.

하지만, 섣부른 바람과 달리 우리 마음은 브레이크가 없는 기차처럼 불안과 긴장을 계속 유지하고 언제든지 공황을 감시하기 위한 레이더를 켜둡니다. 장시간 유지된 불안과 긴장은 결국 우리의 온몸에 신체 증상을 더욱 강화시키고 다채롭게 만들어냅니다.

뒤에서 다루겠지만, 공황 그 순간의 신체 증상을 최소화하는 가장 현명한 방법은 아무것도 연연하지 말고 그냥 스쳐 지나가기를 기다리고, 공황을 제대로 한번 쳐다보고 즐기는 여유를 가질 정도의 마음자세를 항시 유지하려고 노력하는 것이며, 불안의 수위를 낮추기 위한 모든 노력들을 아낌없이 꾸준하게 장시간 노력하고 유지하는 것입니다. 이 외에는 그 어떤 지름길도 없습니다. 비록 이 말이 힘들게 들릴지 몰라도 결국 호전되어 극복하고 나면 이처럼 쉬운 일도 없다는 것을 실감할 수 있습니다.

◈ 깊게 들어가기 - 내면으로의 각인

내면은 '뇌의 본능 영역에서 일어나는 정신 현상'입니다. 본능 영역에서 일어나는 모든 현상들은 나의 의식에서 전혀 느낄 수도 조절할 수도 없습니다. 그러한 본능 영역의 모든 현상들은 그 목적이 신체를 조절하기 위함이나 정신을 조절하기 위함에 상관없이 오직 우리의 생존과 번식을 궁극의 목적으로 삼습니다.

내면은 내가 의식적으로 사고하거나 판단하며 실행하는 모든 행위의 밑바탕을 깔아주기도 하고 특정 방향을 지향하도록 그 흐름을 통제하기도 합니다. 즉, 매우 중요한 공식이자 바탕의 질서를 잡는 역할을 바로 그 내면이 수행하고 있습니다.

그러한 내면은 강렬한 어떤 위협, 위험, 불편, 불이익, 번거로움 등 나의 생존과 번식(사회적 유리함이나 불리함까지 포괄한 넓은 개념)이 명료하게 위협받고 있다고 여기는 모든 상황에서, 그 당시 처했던 외부로부터의 원인들을 '각인'이라는 현상으로 깊이 기억해둡니다. 그렇게 각인된 원인들은 이후 그 원인에 다시 노출이 되었을 때 자동으로 '회피'를 통해 생존과 번식 능력을 지키기 위한 반응을 나타냅니다.

우리는 편안하면 쉽게 대안을 마련하려 하지 않습니다. 그러나 아주 불편하거나 힘들면 대안을 마련하기 위해 여러 가지를 궁리하고 실행합니다. 내면은 바로 그 점을 노립니다.

내면에 각인이 되어 자신의 생존이나 번식에 지장을 초래할 수 있다고 여기는 원인들, 즉 대상, 사건, 사고, 상황, 장소, 조건 등의 원인들에 가급적 빨리 대안을 마련하기 위해 우리의 의식을 괴롭히는데, 이것을 바로 '촉구'라고 합니다. 내면의 촉구 결과이자 표현으로서, 공황(발작) 이후 다채로운 각종 통증들을 느끼게 되는 것입니다. 공황장애 환우들이 흔히 겪는 다양한 평소 증상들도 역시 그 촉구의 결과이고, 그 통증을 느끼게 함으로써 내면은 우리에게 일종의 채찍질을 가해 원인 해결을 독촉합니다.

내가 겪는 모든 신체 증상, 정서 증상 그리고 사고 및 행동 증상(예: 광장 공포, 특정 공포, 강박 등)들도 역시 그 촉구의 결과입니다. 이는 바꿔 말해 그렇게 각인되어 불안정해진 나의 내면을 다시금 안정 상태로 되돌려갈수록, 이러한 촉구로 발생된 각종 불편들도 근본적으로 해결될 수 있음을 의미합니다.

정신과는 미친 사람들이 가는 곳?

몸과 마음의 병은 똑같습니다. 몸과 마음은 하나로 연결되어 있습니다. 몸이 괴로우면 내과나 외과에 가듯이, 마음이 괴로우면 정신과에 가야 합니다. 정신과에 가는 것을 부끄럽게 생각하는 것처럼 바보 같은 행위는 없습니다.

정신과에 대한 우리나라의 부정적 선입견과 편견은 최악의 수준입니다. 선입견과 편견이 많은 분야일수록 뒤떨어질 수밖에 없습니다. 그만큼 고객들이 방문을 등한시하며 보다 성의 있는 근원적인 삶의 질 향상 노력을 그 분야에서 구하지 않기 때문입니다. 아직도 많은 사람들이 정신과는 미친 사람들이나 알코올 중독자들이 가는 곳으로 생각합니다. 보통은 '육체적 감기몸살'이 걸리면 주저 없이 회사에 자신의 감기몸살을 알리고 이해를 구하지만, '정신적 감기몸살'은 쉬쉬하며 회사에 알리지 않고 심지어 가족이나 친구에게까지도 비밀로 합니다.

'신경증(노이로제, 뉴로시스)'과 '정신분열증'은 다릅니다. 신경증은 누구나 걸릴 수 있고, 적절히 치료받고 열심히 노력하면 누구나 비교적 쉽게 탈출할 수 있습니다. 이 둘의 관계는 서로 계보 자체가 다릅니다. 영장류로 말하면 '호모 사피엔스'와 '오랑우탄' 정도의 큰 차이가 있습니다.

전 세계 OECD 국가들의 인구 10만 명당 신경증 환자의 비율은 크게 치솟고 있습니다. 신경증은 비록 내외과적인 질환과 달리 시각이나 촉각 등으로 관찰할 수 없기에 눈에 보이지 않는 병으로 치부되지만, 오히려 어지간한 내외과 질환보다 훨씬 더 쉽게 방치되고 만성화됩니다. 그 결과 비교적 꽤 오랫동안 만성화된 상태에서 환자들이 정신과에 내원하는 경향이 있습니다.

어떤 병이든 오래 묵히면 큰 병으로 발전하거나 다른 병과 합병하여 치료가 아주 곤란해집니다. 신경증도 내외과 질환과 똑같이 오래 묵히면 치료가 아주 힘들어지거나 다른 신경증들이 이중삼중으로 합병되어 서로 뒤죽박죽 꼬이는 상태가 될 수 있습니다. 그럴 경우 환자의 '총체적 삶의 질'이 크게 떨어지는 것입니다.

공황장애도 신경증 중 하나입니다. 공황장애가 만성화된 환자는 흔합니다. 그들은 자신이 공황장애인 줄도 모르고 내외과를 수년간 전전하거나 기도원, 굿, 신 내림 등 별의별 기이한 방황을 한 후에 비로소 어떤 우연한 기회로 인해 자신이 공황장애라는 사실을 알게 된 경우입니다.

우리가 가장 사소하게 생각하는 질환인 무좀도, 장기적으로 적절한 치료 없이 방치하면 끈질기게 치유가 안 되는 악성 질환으로 발전할 수 있습니다. 온종일 너무 가렵고 아프고 걸을 수도 없을 정도로 발이 퉁퉁 부어올라 진물이 나는 심각한 중증 무좀으로 발전할 수 있을뿐더러, 그 상태로는 정상적이고 행복한 삶을 기대하기가 곤란할 정도입니다. 모든 병은 만성화되기 전에 가능한 신속히 적절하게 치료를 시작하는 것이 가장 현명한 일입니다.

2020년 현재 우리나라 정신과는 약물치료를 중심으로 공황장애를 치료합니다. 물론, 상담치료 등을 병행하기도 합니다만 각 정신과들이 처한 현실적 문제로 인하여 약물치료 그 자체에 국한되는 경우가 많은 것이 엄연한 현실입니다. 약물치료는 가장 저렴하고 간단한 치료방법으로써 공황장애로 발생하는 불안, 우울 등을 약물로 조절하고 환자를 정상 생활로 복귀시켜 중장기적으로 환자의 치유를 유도하는 치료법입니다.

또한 인지행동치료가 있는데, 이는 공황장애로 인한 약물치료의 빈 공백을 메워주는 보조적 역할을 한다고 볼 수 있습니다. 하지만, 현재 인지행동치료를 할 수 있는 적절한 인프라와 시스템, 그리고 의료진을 잘 갖춘 정신과는 우리나라에 아직 그 수가 많지 않은 실정입니다. 그 외 다른 정신과적 치료법들이 있긴 하지만,

공황장애를 치료하는 데 검증된 방법은 역시 약물치료가 중심이 되고 있습니다.

보통 공황장애 환자들이 정신과에 가면 우선 약물치료를 기본적으로 권유받습니다. 공황장애에 처방되는 약물들은 그리 위험한 약들이 아니며, 통계 수치마다 다르지만 약 40~60% 정도의 공황장애 환자들이 약물치료 효과를 비교적 잘 보고 있다고 합니다.

약물치료는 초기 공황장애일수록 더 중요한 역할을 할 수 있습니다. 머리가 너무 아파 정상적인 생활이 곤란할 때 우린 당연히 진통제를 복용합니다. 그와 똑같이 공황장애에 사용되는 약들도 중심 증상인 불안과 긴장, 우울을 눌러주고 안정시켜 환자들이 최대한 삶의 질을 높게 유지하도록 만들어 줍니다.

너무 아프고 힘든 데도 그것을 오로지 인내와 의지로만 이겨내려는 행동은 그리 현명한 행동이 아닙니다. 우리 모두가 위대한 인내심을 가진 특별한 존재일 리는 없기 때문입니다. 아프다면 약으로 그 고통을 조절하여 공황장애를 완치하기 위한 여력과 시간을 자신에게 허락하는 것이 현명합니다.

공황장애의 필수영양소, 건강 염려증

건강 염려만 없어도 공황장애는 쉽게 호전될 수 있습니다.

공황장애 환우분들 중 마치 내외과를 내 집처럼 드나드는 분들은 의외로 아주 많습니다. 필자도 한때 예외가 아니었습니다. 건강 염려증이 생겨나기 시작하면 공황장애는 걷잡을 수 없이 가속도가 붙습니다. 또한, 공황장애의 핵심인 두려움과 불안을 수백 배로 증폭시킵니다. 이후 광장공포증, 우울증 등 공황장애의 대표적인 합병증들을 만들어내는데 일등공신의 역할을 합니다. 따라서 건강 염려증은 절대 빠져서는 안 될 함정입니다.

첫 공황 그 순간 우린 심장마비, 뇌졸중 등을 생각하고 두려움에 떨었습니다. 그렇게 공황장애에 첫발을 들여놓게 되었습니다. 하지만, 이후 이어지는 지루하고 힘든 신체 증상들이 나타나기 시작하면서 우린 마찬가지로 심근경색, 협심증, 뇌경색, 뇌출혈, 암 등 우리가 상상할 수 있는 가장 최악의 병들을 떠올리고 '그것이 사실이면 어쩌지?' 하며 스스로에게 계속 비상경계령을 걸었습니다. 그 결과 건강 염려증을 얻었습니다.

건강 염려증은 내외과 검사 결과 특정할만한 질환이 없음에도 자신이 내외과 질환에 걸려있을지 모른다는 의심을 계속하고 그로 인해 사소한 신체 증상이나 감각을 심각하게 생각하여 스스로 위중한 병에 걸려있다고 두려워하고, 그것에 몰두해 있는 상태를 의미합니다. 이미 건강 염려증의 정의만 읽더라도 우리 자신이 공황장애에 합병된 전형적인 건강 염려 증세를 가진 부류임을 인정하지 않을 수 없을 것입니다.

그렇다면 왜 건강 염려가 생긴 걸까요? 이유는 간단합니다. 바로 '의심' 때문입니다. 통상 첫 공황을 경험한 시점에 응급실에서 해주는 말은 간단합니다. "별 이상 없습니다." 그 말은 진실이지만 우리는 '만의 하나 오진…'이라는 상황을 스스로 설정합니다. 즉, 의심이 시작되는 것입니다.

심지어 위장이 너무 불편하고 아파서 내과의 상부 위내시경 검사를 받은 공황장애 환우는 '이상 없다'는 결과를 받고 나서 불과 2주도 안되어 다시 '내가 암이 아닐까? 혹시 내과에서 잘못 검사한 것은 아닐까?'란 의심을 시작합니다. 의심은 영리한 사람이 하는 행동 중 하나입니다. 의사는 문제가 없다고 하지만, 그래도 신체 증상이 사라지지 않고 자신을 계속 괴롭히므로, 결국은 '혹시'나 '설마'로 시작되는 의심을 계속합니다.

공황장애의 완치를 위해서는 '건강 염려증을 꾸준히 낮춰가는 노력'이 필수입니다. 건강한 사람도 몸 여기저기에 여러 가지 감각, 느낌, 증상이 나타납니다. 다만, 그것들에 그다지 큰 관심을 두지 않을 뿐입니다. 우리도 건강할 때는 그랬습니다. 그러나 공황장애 환자들은 몸에 나타나는 작은 변화나 느낌, 감각, 불편감 등을 예외 없이 공황과 연결시키거나 다른 심각한 병의 전조가 아닐까 의심을 멈추지 않습니다. 그 결과 불안과 긴장의 악순환에 빠지는 것입니다.

작은 신체 변화나 감각, 느낌은 정상입니다. 그것을 너무 불쾌하게 생각하고 심각한 질병들의 이미지를 떠올리며 걱정 근심하는 행위가 바로 건강 염려증으로 가는 지름길입니다. 무감각해지고 무관심해질수록 건강 염려증은 사라집니다. 그 결과 우리 마음의 깊숙한 곳에서는 '안심'과 '평안'이 찾아옵니다. 안심하고 평안한 상태에서라면 공황은 힘을 쓰지 못합니다.

◈ 깊게 들어가기 - 염려

염려는 '가까운 미래 내게 닥칠 불리한 일에 대하여 거듭 사고를 반복하는 행위'입니다. 이러한 염려는 매우 머리가 좋은 사람들이 더 잘 수행하는 경향이 강합니다. 또한 염려를 잘하는 이들은 매사 자신에게 당면한 모든 상황과 문제들을 생각이 아닌 염려로 처리하려는 성향을 보입니다.

공황장애에서 염려는 가장 중요한 핵심 '조미료'의 역할을 합니다. 내가 느끼는 모든 느낌, 불쾌감과 증상에 대하여 염려를 통해 가장 최악의 질병 가능성을 거듭 상상하고 실제로 내 몸의 상태를 부지불식간에 그 질환과 유사하게 일치시켜 나가기 때문입니다.

우리가 살면서 당면하는 세상은, 생각해야 할 것들과 염려해야 할 것들이 서로 적절히 혼합된 곳입니다. 그럼에도 공황장애 환우들은 이미 공황장애 이전부터 그 염려로 세상의 모든 일을 대해 왔음을 어렵지 않게 인정합니다.

생각은 순수한 사고 행위입니다. 반면 염려는 그 생각 위에 재앙적인 그 무엇을 떠올리는 상상과 더불어 몸과 기분의 지지를 얻는 좀더 종합적인 사고 행위입니다. 즉, 사고 행위는 그 부하도가 정비례모양의 업무나 노동에 가깝지만, 염려 행위는 이를 반복할수록 그 부하에 가속도가 붙어서, 이후 공황장애나 불안장애와 같은 불안신경증을 유발하는 가장 중요한 원동력이 될 수 있습니다.

공황장애를 오래전에 완치한 분들의 공통점은 자신의 습관처럼 굳어진 염려를 간파하고 그것을 조절하며 견제하는 역량을 장시간 노력과 연습을 통해 많이 개선했다는 점에 주목해야 합니다. 즉 염려를 개선하지 못하는 이상 공황장애는 해결되기 어렵거나 평생 반복될 확률이 매우 높다는 사실을 명심해야 합니다.

약물치료 제대로 알기

심한 두통은 삶의 질을 떨어뜨립니다. 사람들은 두통을 억제하기 위해 두통약을 먹습니다. 그와 마찬가지로 심한 증상을 일부 억제하기 위해서는 약을 복용해야 합니다. 그래야 삶의 질을 유지할 수 있고, 이를 기반 삼아 완치를 위해 더 잘 노력할 수 있습니다.

정신과에서 처방받는 약에 대해 막연한 불안감을 갖는 환우분들이 많습니다.

"정신과 약은 한 번 먹으면 평생 먹어야 한다면서요?"
"정신과 약은 중독성이 강해서 끊기가 고통스럽다면서요?"
"정신과 약은 부작용이 흔해서 먹으면 잘못될 수 있다면서요?"
"제가 미친 것도 아닌데 왜 정신과 약을 먹어야 하나요?"

위 내용들은 환우들이 가장 흔하게 갖고 있는 약에 대한 잘못된 편견들입니다. 정신과에서 신경증(공황장애, 우울증, 사회불안증, 공포증, 강박증 등)에 처방하는 약과 정신분열증 소위, 미치는 것에 처방하는 약은 다릅니다. 신경증에 처방하는 약은 후자에 비하여 훨씬 그 강도나 작용이 약하고 안전하다고 생각하면 됩니다.

1980년대 공황장애라는 질환이 공식적인 신경증 중 한 가지로 독립 분류되면서, 공황장애를 치료하기 위한 약물 연구가 지금까지 지속되고 소정의 좋은 결실들을 거둬왔습니다. 그중 가장 핵심이 되면서도 현재 우리나라에서 가장 널리 주력으로 처방되는 약물은 '(1)SSRI 선택적 세로토닌 재흡수 억제제'와 '(2)벤조디아제핀'입니다.

지난 수십 년간 공황장애 환자들을 면밀히 연구해온 의학계에서는 환자들로부터 두 가지 특이사항들을 발견하게 되었습니다. 생화학적으로 공황장애 환자들이 주로 보이는 공통점은 '뇌에 세로토닌이라는 물질이 부족하다.'는 점과 'GABA(가바)라는 물질이 효과적으로 기능하지 못한다.'는 점이었습니다. 그 결과 앞서 말씀드린 (1)SSRI와 (2)벤조디아제핀이 개발된 것입니다.

SSRI는 '선택적 세로토닌 재흡수 억제제'의 영문 줄임말로서, 그 의미를 잘 생각해보면 쉽게 이해할 수 있습니다. 우리의 뇌에는 많은 호르몬(신경전달물질)이 있는데 그 호르몬들이 각기 적당한 농도로 유지되고 기능해야 우리 몸과 마음이 편할 수 있습니다.

하지만, 어떤 이유에서인지 공황장애 환자들에게서는 뇌의 세로토닌 농도 수치가 낮아진 현상이 자주 관찰됩니다. 그래서 SSRI가 개발되었습니다. SSRI는 세로토닌이 다시 재흡수되는 경로를 약간 차단하여 세로토닌의 농도가 정상으로 잘 유지되도록 도와주는 약물입니다. 그 결과 공황장애 환자들이 느끼는 정신, 신체적 불편감들이 과거보다 훨씬 효과적으로 조절되도록 약효를 발휘합니다.

현재 시중에는 다양한 'SSRI'들이 발매되고 있고, 여러분들 중 상당수가 이미 SSRI 중 한두 가지를 드셔보셨을 것입니다. '렉사프로', '프로작', '유니작', '팍실' 등 여러 가지 상표명으로 출시되어 있습니다만 모두 공통적으로 SSRI 기전을 발휘하는 성분으로 만들어진 약들입니다. SSRI는 우울증이나 다른 대부분의 신경증들에서도 아주 널리 활용되는 좋은 약입니다.

또한, (2)벤조디아제핀은 흔히 우리나라에서 '자낙스', '알프람' 등의 제품명으로 출시되어 있는 '알프라졸람'이라는 약물과 '리보트릴'등의 제품명으로 출시된 '클로나제팜'류 등이 있습니다. 두 가지 공히 벤조디아제핀 계열의 약이 널리 사용됩니다.

사람의 뇌에는 GABA(가바)란 물질이 존재합니다. 이 호르몬은 적당히 활성화되어 잘 작용할 때 우리는 불안을 좀 더 잘 조절할 수 있습니다. 하지만 공황장애 환우분들은 어떤 이유로 인해 비교적 GABA가 원활히 활동하지 못하는 경우가 자주 관찰됩니다. 따라서 벤조디아제핀을 투여함으로써 GABA를 받아들이는 수용체란 곳에 벤조디아제핀 분자들이 달라붙어 우리가 불안을 덜 느끼도록 해주는 약물입니다.

이상 두 가지 약물의 효능은 공히 전 세계적으로 잘 알려져 있고 그동안 매우 많은 수의 환자들에게 처방되어 임상적으로 안전성까지 검증된 좋은 약들입니다. 따라서 용법과 용량을 잘 지켜 복용하면 아주 큰 도움을 받을 수 있는 약입니다.

이처럼 좋은 약들이지만, 많은 환우들이 여전히 정신과 약에 대한 오해와 편견을 가지고 있습니다. 이 약들은 중독성이 없습니다. 다만, 다소의 '의존성'은 있을 수 있습니다. 여기서 의존성이란 '의사와 상의 없이 환자 본인이 일방적이고 무계획적으로 갑자기 끊거나 용량을 늘리는 등 그다지 현명하지 못한 행위를 할 경우 금단증상이 생길 수 있다'는 것을 의미합니다.

이 약들은 모두 뇌에 작용하는 약입니다. 따라서 약을 복용하는 동안 뇌는 이 약물의 도움을 받습니다. 그러나 갑자기 약을 임의로 중단해버리면 뇌에서는 이 약물들의 효과를 대체할 대안이 없어집니다. 그 결과, '반동현상', '금단증상'을 경험할 가능성이 높아집니다. 의사와 상담 없이 환자가 일방적으로 약을 끊어버리는 행위는 절대로 해선 안 될 일입니다. 용법과 용량을 잘 지켜 복용하며, 약을 끊을 때는 시간을 충분히 두고 몸이 모를 정도로 소량씩 단계적으로 조금씩 줄여나가는 지혜가 필요합니다.

반면, 약을 복용하면 오히려 부작용을 경험하는 경우도 있습니다. 이 세상의 모든 약은 부작용이 있습니다. 혹자는 한약은 부작용이 없다는 식으로 얘기하지만 그것은 사실이 아닙니다. 하지만 여기서 중요한 점은 '유발된 부작용이 과연 위험한가?'라는 점입니다. 공황장애에 처방되는 약은 용법과 용량을 정확히 지키기만 한다면 설사 부작용을 경험하는 케이스에 해당되더라도 그 부작용이 내외과적인 영구적 손상 등을 야기하는 경우는 극히 드뭅니다. 즉, 부작용이 생기더라도 그 또한 '불편한 증상'일 뿐이며 실제로 우리 몸을 영구적으로 상하게 할 수 없고 그만큼 안전하다는 의미입니다.

공황장애는 아주 혼란스럽고 견디기 힘든 질환입니다. 따라서 공황장애 초기에 처방을 잘 지켜 약을 복용하는 것이 무엇보다 중요할 뿐더러, 가장 경제적으로 불편을 조절할 수 있는 열쇠입니다. 몸과 마음이 너무 고통스러워 만신창이가 된 상태에서는 완치를 기대하기 힘듭니다. 하지만, 이미 이렇게 좋은 약들이 나와 있고, 이 약들은 우선 우리의 몸과 마음을 안정시키는데 혁혁한 역할을 할 수 있습니다. 그렇게 생겨난 안정과 여유의 발판 위에서 완치를 향해 한 걸음씩 나아가는 것이 가장 현명한 지름길이라는 사실을 꼭 명심해야 합니다.

자기 치유 노력과 커뮤니티 활용

약은 힘든 것을 잊게 해주는 진통제일 뿐입니다.
완치를 위한 가장 중요한 약은 바로 우리 자신 속에 있습니다.

환우분들 중 많은 수는 이렇게 외칩니다. "도대체 완치란 있는 건가요?" 공황장애로부터 완전히 벗어나 완치한 후 이미 수년간 이상 없이 재발되지 않고 잘 살고 있는 분이라면 이렇게 답할 것입니다. "네. 그럼요! 완치는 가능하고 의외로 쉬울 수도 있습니다. 완치를 위한 모든 약은 바로 우리 속에 있더라고요."

공황장애는 정말 끈질기게 버티며 오랜 시간 우리를 붙잡는 병입니다. 약을 먹으면 그때만 조금 호전되고 설사 인지행동치료를 받고 좀 좋아졌다손 치더라도 일정 시간이 흐르고 나면 또 고개를 쳐드는 증상 재발에 정말 많은 환우들이 지쳐가고 있습니다. 하지만, 그 속에는 수치나 통계로 집계할 수 없는 그 무엇인가가 있습니다. 바로 '자기 내부에 존재하는 강력한 치료제를 꺼내 사용할 줄 아는가?' 하는 부분입니다.

정신과에서 처방받은 약을 복용하고 큰 효험을 보신 분들은 정말 축복받은 분들입니다. 약만 먹어도 공황 증상이 깔끔하게 사라지고, 이후 꾸준히 약을 복용하여 공황 증상의 재발도 없어집니다. 따라서 마음도 편안하고 그렇게 공황을 잊어가다가, 의사의 권고대로 약을 줄이고 나서 완전히 끊습니다. 개중에는 공황과 영원히 작별을 고한 분들도 있습니다. 그러나 솔직히 그 수는 그리 많지 않습니다. 대다수의 환우분들은 약의 효과는 보지만, 약을 줄여나가면서 그 약을 대체할 조절력은 제대로 구축하고 있지 않습니다. 그 결과, 약을 끊지 못하거나 아니면 여러 불편감과 증상을 수시로 떠안고 개선 없이 살아나가는 모습을 흔히 볼 수 있습니다.

약은 진통제입니다. 현재까지 인간이 개발한 약물들은 공황 증상을 낮춰주거나 발생 확률을 감소시키는 개념의 진통제로 보아야 옳습니다. 공황장애의 원인과 증상을 재발 없이 완치시키는 치료제는 아직 없습니다. 물론, 의학계에선 '유전자 치료' 개념에서 공황에 대한 원인 치료의 가능성을 연구하고 있고, 미래에 바로 그 부분에서 공황장애 완치를 간단히 이룩할 수 있는 확률이 존재하기도 하지만, 현재 지금 당장 힘든 우리들에겐 해당되지 않는 먼 미래의 일인 것이 사실입니다. 즉, 공황장애를 완치하기 위해서 중장기적으로 약은 절대적 대안이 될 수는 없습니다. 약은 우리의 공황 증세를 누그러뜨려 주는 훌륭한 도구로서 족합니다.

또한, 인지행동치료도 보조적으로 시행될 때 효과적이라고 되어 있습니다. 인지행동치료는 주사나 약물치료가 아니고, 단독 또는 여러 명의 환자들이 치료자의 가이드에 따라 공황장애와 극복 방법을 정립하며, 앞으로 환자 스스로가 자신을 조절하고 치유해 나갈 수 있도록 초기 안내자의 역할을 해주는 효과적인 치료방법입니다.

하지만, 우리는 또한 많은 경우에서 인지행동치료가 끝난 환우분들이 비록 극적인 또는 부분적인 호전은 하지만, 일정 시간이 흐르고 나면 다시 제자리로 돌아가거나 완치라고 보기 힘든 상황에 처하게 되는 경우를 쉽게 목격하곤 합니다. 인지행동치료는 결국 미래 자기치료를 위한 좋은 개론적 가이드를 환자에게 이해시키는 치료 도구이지만, 이 또한 그 자체로 환자를 완치시킬 수 있는 보장을 할 수 없는 것도 사실입니다.

그렇다면 어떻게 완치할 수 있을까요? 완치란 상식적으로 환자 스스로가 자신이 완치되었다고 확신할 수 있는 상태로, 최소 2~3년간 공황 재발이나 두려움, 염려, 신체 증상, 합병증 등이 발생하지 않거나 극히 미미한 상태를 유지하는 것이며, 질 높은 정상생활을 해나가는데 전혀 문제가 없는 상태를 의미합니다.

그러나 계속 공황이 재발하고 공황이 올까 봐 두려워하며 신체 여기저기에서 증상이 간헐적으로 나타나는 상태를 완치라고 볼 수 없듯이, 상식적인 완치는 환자 스스로가 전혀 불편함을 느끼지 못하는 상태를 상당 기간 유지하는 것으로 정해야 함은 상식입니다.

완치를 달성하기 위해 우리 내부에 존재하는 강력한 약들을 끌어내야 합니다. 그 작업은 약에 대한 정확한 이해로부터 출발합니다. 이해의 범위는 공황장애에 대한 정보와 사실들로부터 시작해서 자신이 겪고 있는 모든 불편한 증상들의 원인과 이유 및 그것이 치명적인 질환들과 어떻게 다른지까지, 대단히 넓고 광범위한 범위에서 정확한 사실들을 과학적이고 객관적이며 증거주의에 입각하여 알아나가야 합니다. 정확하게 이해하면 결국 불안은 견제를 받습니다. 내가 겪는 증상이 치명적인 병이 아니라는 증거를 두 눈으로 보고 믿고 확신하는 오랜 과정이 꼭 필요하며 무엇보다 우선입니다.

또한, 공황에 대한 두려움이 가져다준 우울증, 광장공포증, 임소공포증 등 각종 합병증들에 대한 정확한 이해와 더불어, 그것들이 왜 공황으로부터 가지치기를 했으며 자신에게 현재 어떤 영향을 주고 있는지를 간파해야 합니다. 그 간파가 가능해질수록 스스로 만들어낸 허상인 그 합병증들의 진행을 원천 차단할 수 있습니다.

더불어 체력과 자기 내부의 물리적 에너지와 생명력, 강인함을 직접 체험하고 확인해나가야 합니다. 내 몸이 얼마나 튼튼한지, 얼마나 강한지, 내가 마음먹은 대로 얼마나 잘 반응하는지, 평소 자신이 가진 생각이 내 몸에 어떻게 작용하는지' 등을 직접 체험하고 오랜 시간을 들여 다시 원래의 자신감을 회복해야 합니다. 자신감이 생기면 두려움은 줄어듭니다. 그러한 자신감은 체력을 높이는 노력과 그 과정에서의 보람을 확인하면서 자연스럽게 배양해 나가야 합니다.

또한 우리의 가치관을 보다 즐거움과 행복에 맞도록 서서히 교정하고 유지해나가는 과정에서 공황장애 완치의 마지막 쐐기를 박아야 합니다. 스트레스에 취약한 나 자신을 스트레스에 충분히 대처 가능하도록 강하고 의연한 습관과 사고방식으로 재무장시켜 나가야 합니다. 그 과정 또한 즐거움과 행복을 테마로 하여 실행해나가면서 재미와 보람, 행복을 느끼도록 자기 자신을 독려하고 유지해야 합니다.

이상과 같은 완치 과정을 혼자만의 힘으로 수행하는 것은 외로운 일입니다. 그 과정에서 서로 확인하고 도우며 정보를 주고받는 사회적 관계는 노력을 잘 유지하는데 큰 도움이 될 수 있습니다. 이를 위해 인터넷 카페 등에서 동병상련의 환우분들과 좋은 커뮤니티를 구성하고, 자신의 노력 수위를 장기적으로 안정시키고 유지해 나가는 것 또한 큰 도움이 될뿐더러 필수적이라고 할 수 있습니다.

공황장애 완치는 환상이나 허상이 아닙니다. 막상 완치되고 나면 '공황이란 존재가 너무나 간단하고 쉬운 존재'임을 실감하게 될 것입니다. 다만, 다음 두 가지를 꼭 명심해야 합니다.

첫째, 시간

자기 자신에게 충분한 시간을 허락해야 합니다. 조급함은 아무런 도움이 되지 않습니다. 하루라도 빨리 완치되고픈 마음은 애절하지만, 그럴수록 느긋하고 여유 있게 먼 길을 돌아가는 것이 결국 가장 빠른 지름길이란 점을 꼭 명심해야 합니다.

둘째, 깨달음

'이해한 것'과 '깨달은 것'은 다른 경지입니다. 이해한 것은 우리의 의식적인 부분에 기록됩니다. 하지만, 깨달음을 얻은 것은 우리의 의식은 물론이요, 본능 영역에까지도 명료하게 스며듭니다. 이해한 것을 깨닫고, 체험한 것을 실감하고 공감하려는 작업을 부단히 계속해야 합니다.

완치는 결코 어려운 일이 아닙니다. 다만, 조급해하고 깨달으려 하지 않으면 완치는 정말 어려운 일이 되어버립니다. 자신에게 충분한 시간을 허락하고, 하나하나를 이해하며 깨달아 나가길 기원합니다.

◈ 깊게 들어가기 - 약물 치료의 한계와 목적

현재까지 개발된 모든 약들은 공황장애를 뿌리째 사라지게 해주지는 못합니다. 다만 공황장애로 인하여 유발된 불편을 일부 낮추는 역할을 합니다.

공황장애의 약물치료 종류는 크게, ❶ 나타나는 증상을 낮추는 목적, ❷ 공황장애에 관련된 신경전달물질의 대사를 조절하여 질환을 완화시키는 목적, 이렇게 두 가지로 나눠볼 수 있습니다.

예시로 들었던 벤조디아제핀 계열의 항불안제나 프로프라놀롤 계열의 베타차단제는 위의 ❶을 목적으로 하는 약입니다. 반면 SSRI 계열의 각종 기전의 약들은 ❷를 목적으로 하는 약입니다. 애써 비교를 해보면 ❶은 좀 더 대중적(증상 자체를 완화하는 데 초점을 두는)이고, ❷는 근원 요인의 대사에 개입하므로 더 근원적이라고 볼 수 있겠지만, 사실 공황장애가 세로토닌이라는 한 가지 물질에 의해서 유발되는 질환이라고 보기에 아직도 무리가 있습니다. 더욱이 약이 잘 듣는 분들도 많지만, 일부만 효과를 보거나 또는 효과 자체가 모호하거나 부작용이 심한 분들도 매우 많은 것이 현실입니다.

약물치료에 임할 때 가장 유념해야 할 부분은 "약을 일정 기간 먹으면 공황장애가 쉽게 사라질 거야"라는 지극히 비현실적인 기대입니다. 실제로 그런 기대감으로 약물치료를 시작하는 환우분들이 대다수이지만, 그분들 중 그 기대가 장기간 현실로 이뤄지는 분들은 손에 꼽을 정도로 소수인 것이 현실입니다. 여러분이 이 책을 읽고 계신 이유는 약물치료의 그 한계를 미리 감안하여, 추후 약을 대체하고도 남을 만큼의 조절력을 미리 대비하기 위함입니다.

공황장애 투병 과정을 매우 장기적으로 관찰해 볼 때, 그 조절력을 꾸준하게 갖춰온 분과 오직 약 이외에는 별다른 노력을 하지 않은 분의 예후의 차이는 말 그대로 '하늘과 땅 차이'가 납니다. 약은 반드시 일정 기간 나의 불편을 일부 낮추는 역할로 여기고, 중장기적으로 나를 강화하고 조절력을 갖춰서 이 병과 투쟁하며 해결해나가는 것이 가장 현명한 극복의 길임을 유의하시길 기원합니다.

제 2 장

이해

공황장애가 아무리 힘들고 고통스러워도 모든 것이 다 뒤죽박죽이어서는 안 됩니다. 첫 공황은 우리의 의지나 생각과 상관이 없을지라도, 공황장애는 두려움에 휩싸인 우리 스스로가 만들어내는 오해의 드라마입니다. 서로 얽히고 꼬인 것들을 하나씩 이해하고 인정해나가는 작업은 반드시 필요합니다.

솔직함·인정·받아들임

객관적으로 밝혀진 사실을 사실로 받아들여야 합니다.
그것을 외면하는 이상 완치는 먼 길입니다.

　　최정우 씨는 자신이 공황장애가 맞는지 지금도 의심합니다. 정신과에서 이미 공황장애란 진단까지 받았지만 아직까지 자신이 공황장애란 사실을 순간순간 의심하고 받아들이지 않습니다. 또한, 자신이 겪고 있는 신체 증상들을 그토록 힘들어하면서도 그 증상들이 단순한 신체 증상이 아닐 것이라고 믿고 있습니다. 그래서 한 달 걸러 한 번씩 내과에서 내시경 검사, 혈액 검사를 합니다. 결과는 항상 '정상'입니다. 최정우 씨는 벌써 5년 넘게 그 상황을 반복하고 계십니다.

　　보여도 들려도 느껴져도 믿지 않는 분들이 많습니다. 정확히 표현하면 '설마', '혹시' 등의 우려 때문입니다. 인간이 발명해낸 가장 정확한 위암 진단 기구는 '내시경'입니다. 내시경은 상부 위에 발생한 염증, 궤양, 종양 등을 가장 정확하게 검진할 수 있는 도구입니다. 그럼에도 불구하고 최정우 씨는 평균 2개월에 한 번씩 위 내시경 검사를 꼬박꼬박 하십니다.

　　'설마'와 '혹시'는 가장 무서운 단어입니다. 절대다수의 공황장애 환우분들이 갖고 계신 고질병이 바로 그 단어들에서 출발하기 때문입니다. 그 단어들은 '비교적 낮은 확률'이라고 판단될 때 사용됩니다. 하지만, 그 단어들을 자꾸만 반복해서 사용하게 되면 아주 작은 증상이나 느낌에도 그 단어들의 원래 의미가 전혀 다르게 바뀌어 적용되고 결국 '건강 염려증'을 신속하게 키워내는 단어들로 탈바꿈을 하게 됩니다.

'재앙화사고'라는 말이 있습니다. 아직 일어나지도 않은 일이나 상황을 마치 꼭 일어날 것이라고 믿고, 그 영향으로 자신이 위험해지거나 불리해질 것이라고 스스로에게 암시하는 사고행위를 일컫습니다. '설마'와 '혹시'는 바로 그 '재앙화사고'를 일으키는 첫 방아쇠입니다.

우리가 재앙화사고를 하면 무의식적으로 신경계는 몸속 호르몬을 미묘하게 변화시켜 미래 닥쳐올지 모르는 위험 상황에 대비토록 만듭니다. 그렇게 유발되는 것이 바로 '불안'입니다. 불안하면 긴장하게 되고 신체는 쉬지 않고 위기에 대응하기 위한 동작을 즉시 합니다.

위기에 대응하는 동작은 신체의 혈류와 긴장도를 크게 변화시킵니다. 항상 언제든지 위기에 대응하기 위한 각종 경계경보를 신체에서 발령하므로 여기에는 당연히 큰 무리가 따릅니다. 우리가 한 가지 동작만을 계속 반복하면 그 부위에 근육통이나 다른 통증이 생겨납니다. 마찬가지로 계속 높은 수준의 불안을 유지하면 몸과 마음에는 공통적으로 많은 통증이 생겨납니다. 따라서 그렇게 생겨나는 것이 바로 신체 증상이자 각종 합병되는 신경증들입니다.

결국, '설마'와 '혹시'는 새로운 신체 증상을 생겨나게 만들고 기존 신체 증상을 더욱 강화합니다. 이처럼 신체는 명령에 충실합니다. 다만, 그 명령이 '설마'와 '혹시'처럼 합리적이지 못한 명령일지라도 그에 맞게 충실히 따릅니다. 그래서 우리가 더 아파지는 것입니다. 공황장애를 완치하기 위해서는 '설마'와 '혹시'를 멈춰야 합니다. 그것들을 멈추고 시간이 지나면 서서히 불안으로부터 해방될 수 있으며 그에 따라 경계 상태도 해체되어 우리 몸은 편해집니다.

우리는 이미 병원에서 여러 가지 검사를 받았거나 받고 있습니다. 대부분의 검사 결과는 이미 정상으로 나왔습니다. 그럼에도 불과 석 달 전 내시경에서도 문제가 없던 위장이 지금 당장 암 덩어리로 가득 차 있을지도 모른다고 의심하는 사고 습관은 정말 큰 문제입니다. 검사 결과가 나왔으면 인정하고 받아들여야 합니다.

개중에 어떤 분은 '오진 가능성'에 대하여 많은 염려를 하십니다. 마찬가지로 '설마'와 '혹시'가 만들어내는 결과입니다. 호소하는 대부분의 신체 증상은 내외과적으로 일반 범주 안에 들어있습니다. 이것은 이미 수십 년간 행해져온 임상 적용 결과 높은 정확도와 신뢰성이 증명되었다는 것을 의미합니다. 오진은 정말 드문 경우입니다. 드문 일이기 때문에 때론 TV나 신문에 나오는 것입니다. '암을 정상이라고 오진할 확률보다 길에서 교통사고로 죽을 확률이 더 높다'는 사실입니다.

우린 이미 공황장애를 진단받았습니다. 또한, 각종 내외과 검사도 완료하였고 결과 또한 대부분 정상을 받았습니다. 설사 부분적인 문제가 검사에서 발견되었더라도 그 문제가 이러한 공황 증상을 일으킨다는 의학적 설명이 불가능합니다. 즉, 우린 공황장애가 맞고 현재 이 힘든 신체 증상들은 우리 내부에 존재하는 불안이 만들어내는 결과물입니다.

이해하면 받아들이고, 인정하고, 무엇보다 솔직해져야 합니다. 솔직한 것만큼 아름답고 효율적인 것은 없습니다. 우리가 적합한 검사 결과를 받았다면 어린아이처럼 순수하고 솔직하게 인정하고 받아들이는 것이 우선입니다. 받아들여야만 완치를 위한 모든 발걸음들이 더 효과적으로 내딛어지게 됩니다. 공황장애 완치를 위해서는 스스로에게 솔직해져야 하고 검사 결과를 의심 없이 인정하고, 현재 자신이 공황장애 환자임을 냉정하게 받아들일 줄 알아야 합니다.

광장공포증, 집 앞도 나갈 수 없어요

광장공포증을 일으키는 세균은 없습니다. 그것은 바로 우리의 생각 속에서 생겨나며 일명 '환상'이라고 부릅니다.

공황장애 환우들의 삶의 질을 가장 떨어뜨리는 합병증은 단연 '광장공포증'이 으뜸이라 할 수 있습니다. 이 증상이 있는 환우분은 절대로 정상적인 생활을 할 수 없습니다. 이로 인해 시간이 지날수록 이동 범위는 더욱 좁아지고 날이 갈수록 집안에 갇히게 됩니다. 그 결과 더욱 우울해지고 힘들며 비참해집니다. 그것이 바로 광장공포증의 최종적인 모습입니다.

공황장애를 해결하는 과정에서 광장공포증은 반드시 부딪혀서 넘어가야 할 대상입니다. 이를 극복하지 못하면 공황장애 완치는 물론이요, 지금 당장 극도로 저하된 삶의 질을 개선할 방법은 없습니다. 그만큼 광장공포증은 힘들고 심각한 공황장애의 대표적인 합병증입니다.

때때로 공황장애 환우 모임에 참가하고 싶어도 참가하지 못하는 환우분들이 계십니다. 이 중 상당수는 합병증으로 광장공포증을 겪고 있는 경우입니다. 병원을 가기 위해 외출을 해야 하는데 나갈 수 없는 그 심정, 찬거리가 떨어져 시장에 가야 하는데 가지 못하는 그 심정, 학생으로서 마땅한 본분인 등교조차 하기 힘든 그 심정, 친지 모임이나 회식 등 사람이 많은 곳에 가서 장시간 머물러야 하는데 그렇게 할 수 없는 그 심정. 이 모든 비참한 심정의 중심에 광장공포증이 자리 잡고 있습니다.

광장공포증은 이론적으로 다음과 같이 규정됩니다.
- 탈출이 어렵거나 난처한 장소 또는 예측할 수 없는 공황(발작)이나 비슷한 증상이 나타날 경우, 스스로 도움을 받기 어렵다고 판단되는 장소를 피하거나 그럴까 봐 염려하는 경우
- 밖에서 혼자 있는 상황, 군중 속에 머물거나 길게 줄을 서는 것, 다리 또는 터널 및 교통체증이 심한 도로 등에서 빨리 그 장소로부터의 이탈이 어려운 장소에 위치하는 것을 회피하는 경우
- 비행기, 선박, 기차 등 장시간 자신이 안전하고 쉽게 도움을 받기 곤란하다고 판단되는 장소나 교통수단을 피하는 경우
- 이상의 상황들을 회피하며, 회피하는 자신의 상황을 우울하게 생각하면서, 때론 그러한 장소에 동반자를 필요로 하는 모습을 보이기도 함.
- 여타 다른 종류의 신경증에 의해 잘 설명되지 않을 경우 광장공포증이란 진단을 내릴 수 있음.

다음은 광장공포증의 사례 몇 가지를 간략하게 예로 들어 보겠습니다.

박 씨(남. 30대 초반)가 공황(발작)을 경험하고 나서 이후 공황장애로 이어진 지 약 3개월 정도 지났을 때였습니다. 그는 치료를 위해 약 20분 정도 걸어서 근처 병원에 가기 위해 외출해야 했는데, 최근 들어 그러한 외출이 왠지 거북하고 두렵게 느껴지기 시작했습니다. 이후 병원을 가는 것조차 심하게 피하게 되었고, 아내가 함께 가지 않을 경우 병원 가기를 꺼리게 되었습니다. 또한, 혼자서는 지하철, 버스를 잘 타지 않으려 했고, 경우에 따라 가족 친지들과 음식점에서 장시간 외식하는 것조차 극도로 피하게 되었습니다. 약 6개월이 지나자 그의 생활 반경은 너무 크게 줄어든 나머지 바로 집 앞 슈퍼에 가는 것마저도 심한 긴장과 불안 속에 다녀오는 상태에 이르렀습니다. 뿐만 아니라 회사에서의 회식자리 등 오랜 시간 앉아있어야 하는 상황을 꺼리게 되어 버렸습니다.

박 씨는 가장 전형적인 공황장애의 광장공포증 경과를 보여주고 있습니다. 공황에 대한 두려움이 정리되지 못했으므로, 공황이나 그와 유사한 신체 증상이 또 올까 봐 두려운 나머지 자신이 안전하지 않다고 생각되는 곳 내지는 곧바로 도움을 받을 수 없다고 여겨지는 곳을 피해온 결과, 결국 집 밖에도 제대로 외출하지 못하는 심한 수준의 광장공포증을 키워낸 경우로 볼 수 있습니다.

20대 회사원 최 씨(여)는 어릴 적부터 간혹 지하철에서 메스꺼움이나 불쾌한 기분을 느낀 적이 있었습니다. 그러다 최근 들어 지하철에서 공황 증상이 나타났고, 그 결과 지하철처럼 밀폐되고 장시간 빠져나올 수 없다고 생각되는 모든 교통수단을 피하게 되었습니다. 지금도 그는 지하철을 타지 못합니다. 이제 많이 호전되어 증상이 거의 나타나지 않음에도 지하철만 타면 식은땀이 흐르고 손발이 저리며 어지러움과 답답함이 조금씩 느껴지기 때문입니다.

위의 최 씨는 강렬한 공황을 맞이한 장소에서의 경험을 잊지 못하고 있습니다. 그래서 지하철처럼 주행 도중 쉽게 빠져나오지 못하는 교통수단을 이용하면 불필요한 긴장과 불안을 유지하게 되고, 결국 공황의 신체 증상과 유사한 '불안과 긴장을 유발하는 예기불안과 신체감각'을 느끼는 것입니다. 이 불쾌한 느낌은 그가 대중교통을 이용하는 것을 극도로 제한함으로써 정상적인 출퇴근마저 방해하는 지경에 이르렀습니다.

또한, 20대 후반 정 씨(남)는 밀폐된 공간을 회피합니다. 공황장애가 생긴 지 얼마 안 돼서 그는 별생각 없이 한의원에서 침을 맞았습니다. 귀와 팔과 무릎에 침을 꼽고 침 시술대에 누워 약 10분 정도 편히 안정을 취하고 있었는데 갑자기 두렵고 무서운 생각이 들기 시작했습니다. 그렇게 5분도 되지 않아 온몸에 땀을 뻘뻘 흘리며 가까스로 두근대는 가슴을 억지로 참아야 했습니다. 한의원의 간호사가 "혹시 괜찮으세요?"라고 질문했을 때, "네. 괜찮아요."라고 답했지만 이후 침을 뽑자마자 정신없이 계산을 하고 한의원을 나와 버렸습니다. 그는 두려움과 불쾌한 느낌이 싫어 그 한의원과 비슷한 장소를 계속 회피하게 되었습니다. 어느 때는 집안의 화장실도 두려웠고, 심지어 넓은 곳일지라도 혼자 있는 것을 꺼려했습니다.

정 씨는 갑자기 빠져나올 수 없는 장소에 있을 때 공황이 오는 상황 및 그로 인해 자신이 창피를 당하거나 도움을 쉽게 받지 못하는 상황을 두려워하는 경우입니다. 당연히 이후 그는 그와 유사하거나 그럴 것 같다고 유추되는 장소와 상황을 피하게 되었습니다.

위 세 명의 환우분들은 모두 공황장애에 수반된 광장공포증의 모습을 보여주고 있습니다. 우리는 여기서 중요한 질문들을 나 자신에게 물어봐야 합니다.

"왜 무서울까요?"
"왜 빠져나가고 싶을까요?"
"무엇이 불편해서 그럴까요?"

만약 이상의 질문을 스스로 진지하게 답해본다면, 광장공포증의 발생 원리를 단번에 깨달을 수도 있습니다.

공황장애에서 광장공포증이 생겨나는 이유는 사실 간단합니다. 바로 우리의 생각 때문입니다. 우리는 의식적이든 무의식적이든 '이런 장소에서 혹시나 공황이 오면 어떡하지', '이런 장소에서 공황이 오면 누가 나를 도와주지', '아. 빨리 공황이 오더라도 안전하고 덜 부끄러운 곳으로 빠져나가고 싶은데' 등의 생각을 하게 됩니다.

이런 생각들은 마음을 불안하게 만들고, 불안은 긴장을 초래하며, 긴장하면 호르몬이 분비됩니다. 이 호르몬들은 우리 몸이 위험에 신속히 잘 대응하도록 만들기 위한 것으로서 그로 인해 숨이 차고, 어지럽고, 두근대며, 땀이 나고, 메스껍고, 하체에 힘이 빠지는 증상이 나타납니다. 그리고 그 증상들은 더욱 우리의 불안 수위를 높이고, 불안 수위가 높아질수록 호르몬은 더 많이 분비됩니다. 결국 증상은 더 강해져 빨리 그로부터 해방되고 싶어 합니다. 설사 그런 상황에서 잘 빠져나왔다 하더라도 이후부터는 그런 상황에 처하는 것을 싫어하고 두려워하여 회피하게 됩니다. 그게 바로 공황장애에서의 광장공포증입니다.

이 광장공포증의 효과를 배가시키는 친구가 또 하나 있는데, 바로 건강 염려증입니다. 광장공포증과 건강 염려증이 서로 만나면 광장공포증의 정도가 더 심해집니다. 이 두 가지는 서로 연합하고 힘을 합쳐 우리 머릿속을 온통 무섭고 치명적이며 두려운 단어들로 채워나갑니다. 심장마비, 졸도, 뇌졸중 등이 그것입니다.

공황장애 환우들의 삶의 질을 최악으로 떨어뜨리는 것이 바로 광장공포증인데, 그것을 제대로 극복하기 위해서 오로지 의지와 인내만 가지고는 많이 어려울 수 있습니다. 하지만 몇 가지 체계적이고 과학적인 요령과 상황을 단계적으로 설정하여 노출해나가는 계획성만 있다면 이외로 광장공포는 쉽게 극복될 수 있습니다. 그 요령은 뒤에서 다루도록 하겠습니다.

광장공포증은 우리의 생각이 만들어내는 병이 분명합니다. 공황은 예측 불가능하게 맞이했을는지 몰라도, 광장공포증은 가슴에 손을 얹고 곰곰이 생각해보면 아주 쉽게 그 발생 원리를 이해할 수 있습니다. 광장공포증을 경험해보지 않은 사람들은 이것이 왜 힘든지 공감하지 못합니다. 하지만, 공황장애 환우들은 광장공포증을 너무나 잘 알고 있고 오랫동안 경험해왔습니다. 또한, 그들 중 일부는 이것을 훌륭하게 이겨내고 극복해서 지극히 정상적이고 행복한 삶을 잘 살고 있습니다.

무엇이든지 생각과 느낌이 뒤죽박죽인 상태에서는 쉽게 치유할 수 없습니다. 공황장애는 잘 생각하고 잘 구분하며 잘 이해하고 잘 깨닫되, 스스로에게 각별히 충분하게 긴 시간을 허락하고 자기 배려를 깊게 발휘하는 사람이 보다 수월하게 완치해낼 수 있는 질환입니다. 공황장애 완치를 위해서는 '광장공포증이 왜 생겨났으며, 우리의 어떤 생각으로부터 출발했는지'를 우선 공감하고 이해해야 합니다. 그것이 우선입니다.

◈ 깊게 들어가기 - 광장공포와 임소공포, 그리고 염려의 방향

특정한 장소, 상황, 대상, 조건을 두려워하여 그것들이 있거나 예상되는 경우를 회피하는 현상을 임소공포라고 합니다. 반면 광장공포는 특정한 증상, 상황이 일어날까 염려하여 외출 자체를 못하는 현상을 뜻합니다. 전자는 특정 장소만 가지 못하고, 후자는 잘나가지 못하는 장소가 늘어나는 경우로 쉽게 이해하면 됩니다. 그러나 어떤 분들은 오히려 위의 경우와 정반대로 특정한 장소, 상황, 대상, 조건에서만 안심을 느낍니다. 그 결과 그 장소에만 있으려 합니다. 위의 정의된 광장공포, 임소공포와는 차이가 있습니다.

반면 또 어떤 분들은 증상이 나타나면 자신이 휴식, 회피할 수 있는 공간으로 대피하려 하고, 어떤 분들은 증상이 나타나면 홀로 있는 것이 두려워 사람들이나 도움을 받을 수 있는 장소와 상황에 있으려고 합니다.

위의 경우들은 서로 표면적인 행동 반응 면에서 차이가 있거나 다르지만, 사실 그 이면에는 공통적으로 염려가 작용하고 있습니다. 그 염려는 사람마다 자신 고유의 방향을 지닙니다. 또한 그 방향은 그 사람이 매우 어릴 때부터 쌓아온 습관이나 강렬하게 경험한 핵심적인 특정한 경험, 자신의 의지와 상관없이 장시간 반복해서 처했던 환경과 조건에 의해 천천히 길들여집니다.

만약 어떤 이가 사람들에게 부족하다는 소리를 듣게 될까 걱정하는 방향으로 염려 습관이 굳어져 왔다면, 그는 증상이 갑자기 올라옴을 느낄 때, 가능한 사람들이 없는 곳으로 회피하려는 경향을 보이기 쉽습니다. 이는 사람들이 자신을 이상하거나 부족한 사람으로 볼까 봐 염려하기 때문입니다. 반대로, 어떤 이는 이미 이전부터 스스로 어려운 상황에 대처할 수 없다는 회의감을 갖고 있었다면, 그는 증상이 갑자기 올라올 때 사람들이 많은 곳이나 사람들의 시선에 유사시 쉽게 노출될 수 있는 장소로 회피하려 할 것입니다.

이렇게 사람마다 매우 천차만별의 다양한 모습을 보이는 이유는 결국 그 사람들 내면에 자리 잡은 '염려의 방향' 때문입니다. 그 방향은 과거의 핵심 경험, 습관, 내적 자존의 정도 등에 영향을 받아 오래전부터 우리 안에서 결정되어 뿌리내려 온 결과입니다.

우울증, 이렇게 살아서 뭐하나

'이런 나 자신이 정말 한심하고 불쌍하다'는 생각은
'이렇게 살아서 뭐하지?'란 생각을 낳습니다.
그게 바로 공황장애의 우울증입니다.

필자는 첫 공황을 경험한 이후 약 5개월 동안 스스로 공황장애인 줄 모르고 살았습니다. 수시로 공황이 발생했던 것은 물론, 이후 지루하고 끈질기게 이어지는 신체 증상과 극심한 체중 감소로 인한 기력저하 때문에 당시 제 삶의 질은 형편없었습니다. 그에 더하여 광장공포증이 기승을 부리면서 자꾸만 행동 범위가 줄어들게 되고 결국 집 앞에 나가기도 힘겨운 상태가 되어버렸습니다. 그 당시 '시름시름 앓다가 죽는 병'에 걸린 줄 알았던 저는 종일 멍하니 방안에 앉아 극도의 우울을 경험했습니다.

당시 간혹 하늘을 올려다볼 때마다 이유 없이 눈물이 흘렀습니다. 이렇게 계속 살아가야 하는지, 이렇게 악화되다가 결국 서서히 소멸해가는 것은 아닌지, 앞으로 도대체 언제까지 이 괴로움과 비참함을 더 경험해야 하는지 하루하루 너무나 무겁고 침울한 나날이었습니다. 그러다 공황장애란 것을 알게 되었고, 이 극도의 비참함이 바로 공황장애에 쉽게 합병되는 우울증이라는 것을 알게 되었습니다.

정말 고통스럽고 지루하게 이어지는 신체 증상, 생활 반경을 옥죄어 우리를 집과 소심한 두려움 속에 가둬버리는 광장공포증 등으로 인해 삶의 질은 극도로 떨어졌습니다. 떨어진 삶의 질만큼 즐거움도 사라지고 그 자리를 우울로 채우게 되었습니다. 공황장애는 우리의 삶의 질을 떨어뜨리는 질환입니다. 즉, 떨어진 삶의 질만큼 우울하게 만들고, 그 시간이 지속되어 악화되면 우울증이란 심각한 합병증에 걸리게 되는 것입니다.

우리는 먼저 '우울'과 '우울증'의 차이점을 잘 이해해야 합니다. '우울'은 누구나 잘 알고 있는 '우울한 감정' 그 자체를 의미합니다. 앞서 말한 대로 공황장애는 삶의 질을 극도로 떨어뜨리는 질환이며 적절한 시기에 치료를 잘 받지 않으면 환자를 비참함과 자괴감 속에 빠뜨립니다. 그런 상황에 빠지면 누구나 '우울'을 느끼는 것이 당연하며, 이러한 우울감은 지극히 정상적인 반응입니다.

하지만, '우울증'은 '우울'이 일정 시간 지속되어 '장애화'된 것을 의미합니다. '공황'과 '공황장애'의 차이점과 동일합니다. 애초 그러한 감정은 지극히 정상적인 느낌이자 반응인데, 그것이 제때 해소되지 못하고 장시간 우울한 감정과 느낌의 상태에 머물게 되면 '우울증'으로 변화됩니다.

공황장애에서 합병된 우울증은 단독으로 나타나는 우울증과는 구분됩니다. 공황에서의 우울증은 당연히 공황장애로 인하여 유발된 결과입니다. 따라서 우선적으로 공황장애란 중심 질환에 치료의 초점이 맞춰져야 합니다. 공황장애가 호전되어 가고 해당 환자의 자기 치유 노력이 지속되어 긍정적 효과가 나타나기 시작하면, 공황장애에서 합병된 우울증은 비교적 쉽게 약화되고 극복될 수 있습니다.

우울하면 마찬가지로 몸에도 그에 대한 반응이 나타납니다. 그 반응에는 '무기력', '피로감', '과도한 수면 또는 불면', '식욕감퇴 또는 과다', '급격한 체중 감소 또는 증가' 등의 증상들이 있습니다. 이런 우울의 증상들은 활동량을 크게 줄이고 체력을 심하게 고갈시키기도 합니다. 활동량이 줄어들고 체력이 떨어질수록 더욱 움직임이 줄어드는 악순환에 빠져듭니다.

결국 우울한 느낌이 장시간 해소되지 않고 지속되면 '우울증'으로 발전하고, 우울증이 심화될수록 때에 따라서는 '이대로는 살고 싶지 않다.'는 위험한 염세와 허무감이 나타나기도 합니다. 그 결과 자살을 고민하고 실행에 옮기는 경우가 발생하는데, 이를 의학적으로 '응급상황'으로 간주합니다. 우울증에 빠지면 자신이 우울하다는 것을 오히려 더 감추고 주변 사람들에게 그로 인한 고통과 두려움을 호소하지 않는 경향을 다수 보이기도 합니다. 그러나 이 상태를 절대로 방치해서는 안 됩니다.

우울증을 가장 손쉽고 효과적으로 해소하는 방법은 '우울증 치료제'를 복용하는 것입니다. 우울증 치료제로 가장 우선적으로 처방되는 약물은 앞서 언급한 'SSRI'입니다. SSRI는 항우울제로서 우리 뇌 속의 '세로토닌'이란 호르몬을 조절하여 환자가 느끼는 우울감을 낮추는데 크게 도움이 됩니다. 또한, SSRI는 상황에 따라 공황장애 환자에 대한 우선 선택 약물로 처방되는 것으로 정신과에서 약물치료를 받는 환우분이시라면 이미 복용하고 계실 경우가 많습니다.

그러나 약으로도 잘 조절이 안 되는 환우분들도 자주 목격할 수 있습니다. 이때는 '생각바꾸기'라는 인지행동치료의 한 기법을 이용하여 해당 환우의 우울에 취약한 사고습관을 근원적으로 개선함으로써 우울증을 극복할 필요가 있습니다. 우울증을 극복하기 위한 요령과 방법은 뒤에서 자세하게 소개해 드리겠습니다.

공황장애에 합병된 우울증을 극복하기 위해서는 약물치료와 사고습관 개선을 동시에 적극적으로 시작하는 것이 가장 효과적입니다. 또한, 근원적인 자기 치유를 위해 무엇보다 '조급하게 우울로부터 벗어나려는 욕심'을 자제하고 자기 자신에게 회복할 충분한 시간과 여유를 허락하는 것이 무엇보다 중요합니다. 서두르는 것만큼 어리석고 경솔한 것은 없습니다.

우리 자신이 공황장애로 인하여 합병된 어렵고 힘든 무력감과 자괴감에 시달리고 있다면, 그것은 바로 공황장애의 합병증 중 하나인 우울증 때문임을 분별해야 합니다. 그것이 어디로부터 왔는지를 알아야 완치에 도전할 수 있습니다.

◈ 깊게 들어가기 - 우울의 원인, 내면의 무기력

우리의 내면은 매우 입체적입니다. 매우 다양한 기준과 함수, 공식들이 서로 교차하되, 각기 경계 없이 혼합되어 움직입니다. 이를 쉽게 비유로 들면 태양과 같다고 할 수 있습니다. 태양은 따뜻하지만 동시에 밝습니다. "밝은 것이 태양이다."라고 한다면 그 말은 태양을 대표할 수 없을 것입니다. 반대로 "따뜻한 것은 태양이다."라고 해도 마찬가지로 대표가 될 수 없습니다. 즉 태양은 대표어이며 수많은 여러 특성과 현상이 존재하고 발생하는 집합체인 셈입니다.

우리의 내면도 이와 같아서 내면에는 '무기력과 기대의 축'이 존재합니다. 이는 마치 시소 같아서, 무기력 쪽으로 기울면 기대는 가벼워집니다. 반대로 기대 쪽으로 기울면 무기력은 약해집니다. 만약 우리 내면의 그 축이 무기력 쪽으로 기울면, 미래와 긍정에 대한 기대는 흐려지거나 약해지게 됩니다. 그 상태를 바로 '무기력'이라고 표현합니다. 더 나아가, 무기력이 강화되어 내면 스스로 매우 힘들다고 여기면, 내면은 곧 이에 대한 대안을 촉구하게 됩니다. 그 촉구는 바로 우리의 의식으로 하여금 대안을 마련하기 위해 구체적으로 사고하고 행동을 강요하기 위해서 여러 가지 통증을 느끼도록 만드는 내면 특유의 표현방식입니다. 그 결과 우리는 불편을 느끼게 됩니다.

내면의 촉구는 크게 두 갈래의 통증으로 의식에 가해집니다. 그 하나는 '❶ 비정상적인 우울'이며, 다른 하나는 '❷ 비정상적인 분노'입니다. 전자의 우울은 흔히 아는 개념의 우울함을 말합니다. 소위 우울증에 걸린 사람은 매우 우울해지는데, 그가 느끼는 우울이 바로 그 사람의 내면이 의식 영역에 촉구를 한 결과로서 느껴진 '❶ 비정상적인 우울'입니다. 반면, 분노는 흔히 아는 공격적인 기분과 행동입니다. 종종 우울증 환자가 길 가는 행인에게 폭행을 하거나, 자해 또는 자살을 하는 뉴스를 듣습니다. 내면이 의식 영역에 나타내는 촉구로서의 통증인 '❷ 비정상적인 분노'가 바로 그것입니다. 이러한 비정상적인 분노는 보통 자기 자신을 향합니다. 그래서 우울증 환자들은 자기 자신에게 분노를 표출하고 위해를 가하기 쉽습니다.

그러나 드문 경우로 우울증 환자의 외부 세계 즉, 타인이나 세상을 향해 그 비정상적인 분노를 표출하기도 합니다. 그 결과 우울증 환자의 반사회적인 공격 행위가 나타나는 것입니다. 이런 식으로 결과적인 행위는 다르게 나타났지만, 그 기저에서 내포된 내면의 문제는 동일하게 '무기력' 때문입니다.

어떤 이가 우울증에 걸렸다 함은 곧 그의 내면이 무기력으로 기울었다는 증거입니다. 이를 근원에서 정상화할 방법은 무기력으로 기운 그의 축을 '미래에 대한 기대'로 다시 기울도록 여러 노력과 시도를 하는 것이 유일합니다.

유전적 예민성, 성격만의 문제일까?

예민한 사람은 그렇지 못한 사람보다 미래 닥쳐올 재앙과 위험에 보다 철저하게 사전 대응할 수 있습니다. 그건 신께서 주신 선물입니다. 하지만, 신께서는 동시에 '신경증에 취약한 경향'도 그 대가로 주셨습니다. 그래서 우린 공황장애에 더 취약합니다.

'예민하다'의 뜻을 우린 잘 압니다. 예민하다는 것은 '무엇인가를 느끼고 분석하고 대응하는 능력이 빠르다는 것'을 의미합니다. 예민하다는 단어를 국어사전에서 찾아보면 그리 부정적인 의미가 아닙니다. 반면, 우리 공황장애 환우들은 자기 스스로가 예민하고 소심해서 공황장애에 걸렸다고 말하는 분들도 많이 계십니다.

예민함은 유전적 성향이 강합니다. 소위 '천성'이라서, 그렇지 못한 사람이 아무리 예민해지려고 해도 쉽게 되지 않습니다. 반대로 예민한 사람들이 아무리 무뎌지려 노력해도 마찬가지로 쉽지 않습니다. 여기서 '쉽지 않다'는 것은 두 가지 의미를 지닙니다.

첫째, 대강 노력해서 쉽게 바꿀 수 없는 것이 바로 예민함이다.
둘째, 그래도 열심히 오랫동안 바꾸려 노력하면 예민함도 완화
될 수 있다.

당연히 두 가지 중 두 번째를 원합니다. 너무 예민하면 건강에
좋지 않다는 것은 누구나 알기 때문이죠. 유전적으로 타고난 예민
함을 다소 완화시키고 보다 긍정적으로 개선하려면 우리의 습관
을 꾸준히 바꾸려는 노력을 해야 합니다.

그렇다면 왜 유전적으로 예민함이 나타날까요?
현대 과학은 생명이란 현상에 대하여 정말 많은 연구를 하고 있
습니다. 그 결과, DNA(유전인자)가 우리 생명 현상의 근원이고 주
인공임을 밝혀냈습니다. DNA는 자신의 종을 이 세상에 보다 많
이 번성시키려는 한 가지 목적을 가지고 있습니다. 하지만, 이 지
구는 고대로부터 지금까지 그 환경이 자주 변화하고 바뀌어 왔습
니다. 또한, 여러 가지 생물들이 뒤엉켜 서로 격렬한 생존 경쟁을
하는 상황이 지속되고 있습니다. 그러한 상황에서 DNA는 자기
종족을 환경 변화와 타 생물과의 경쟁구도에서 보다 유리한 위치
에 서기 위한 노력으로 '염색체 결합'이란 방식을 사용해 부모로부
터의 DNA를 자식에게 무작위로 혼합하여 후손을 만들어내는 번식
방법을 선택하였습니다. 그 결과, 태어난 후손은 부모로부터 절반씩

의 유전 정보를 얻게 되었습니다.

이렇게 얻어진 후손의 특성은 정말 무작위적입니다. 이전에는 부모의 어떤 특성이 어떻게 물려지는지 그 누구도 알 수 없습니다. 후손이 물려받은 특성들은 손발의 모양, 얼굴의 생김새, 피부 색깔, 키로부터 시작해서 예민함, 느긋함 등 성격적인 경향까지 포함됩니다. 우리는 모두 부모가 보유한 유전인자를 각 절반씩 물려받음으로써 현재 특성이 형성된 것입니다. 우리가 가진 예민함도 그 특성 중 한 가지입니다. 이렇게 물려받은 예민함은 당연히 정상이며, 어떻게 발휘되고 사용되느냐에 따라 정말 유용한 개성이 될 수 있습니다.

예민함은 정말 훌륭한 이점을 제공하기도 합니다. 예민한 사람은 그렇지 못한 사람에 비하여 미래의 위험을 훨씬 먼저 감지합니다. 그리고 그렇게 감지한 미래의 위험을 위해 신속하게 대비책을 찾기 시작합니다. 즉, 예민함은 미래의 불확실한 위협이나 우리가 불리해질 수 있는 상황을 사전에 예방하는 데 정말 필수적이고 유용한 선물입니다.

그러나 예민함으로 인해서 오히려 불리해지는 일도 있습니다. 예민해지면 그만큼 신체는 긴장합니다. 또한, 닥쳐올 것 같은 미래의 위험이나 불리함에 대하여 쉽게 대안을 마련하지 못할 경우 불안을 초래하고, 이로 인해 긴장되면 역시나 교감신경이 활성되어 몸과 마음은 장시간 과부하 상태에 시달릴 수 있습니다.

세상의 모든 것은 '양날의 검'일지도 모릅니다. 예민함이라는 아주 좋은 선물을 받았지만 동시에 예민함을 잘 소화하고 활용하지 못할 경우 그것은 우리에게 오히려 비수가 되어 돌아올 수 있습니다. 약이 되기도 하며 독이 되기도 하는 것입니다.

이런 예민함을 지금 당장 불편하다고 해서 버리고 싶어 하는 사람들이 있습니다. 물론, 어리석은 생각입니다. 또한 예민하지 못한 사람들은 자신이 너무 무디고 느려서 세상살이에 항상 뒤처지고 불리해서 손해를 본다고 우울해합니다. 예민함이란 이미 타고난 유전적인 성향으로서 절대로 수술이나 약으로 잘라낼 수 없습니다. 중요한 것은 그것을 어떻게 잘 활용하느냐 입니다. 잘만 활용하면 우리의 예민함은 정말 크나큰 축복이요, 보기 좋은 개성이 됩니다.

앞서 말했듯 우리가 불안하고 긴장되면 교감신경은 활성화되어 몸과 마음에 여러 가지 증상들을 유발합니다. 이는 몸의 여기저기를 불편하게 만들어서 미래의 위험으로부터 빠르게 대처하도록 만들려는 본능의 명령입니다. 만약, 미래의 위험에 대한 좋은 대안을 잘 마련하면 우리는 안심하게 되고, 교감신경은 다시 안정 상태로 접어들어 몸의 불편한 증상은 사라져버립니다. 바로 이 경로가 가장 자연스러운 해결 방법입니다. 그러나 미래의 위험에 대하여 제대로 된 대안을 만들어내지 못할 경우, 불안과 긴장상태를 지속하고 그 결과 교감신경은 장시간 항진하여 계속 몸을 아프고 불편하게 만듭니다.

바로 그렇게 몸이 불편한 시간은 그 자체로 '스트레스'입니다. 대안을 잘 찾을 수 없는 것 또한 스트레스의 한 요인입니다. 스트레스가 스트레스를 만들고, 그것이 해결되지 않아 새로운 스트레스가 또 다른 스트레스를 계속 창조해나가는 굴레에 빠집니다. 바로 여기서 예민함의 정도를 낮출 필요가 있습니다. 예민함을 발휘해서 지금 당장 해결될 일이라면 집중해서 그것을 해결해야 빨리 안정을 취할 수 있습니다. 아무리 예민함을 유지해도 지금 뾰족한 대안이 없을 경우는 스트레스를 받지 말고 생각 활동만 하는 방식으로 스트레스를 줄이거나 아니면 좋은 생각이 떠오를 때까지 일의 해결을 유보해두는 방식으로 스트레스를 줄이는 방법이 좋습니다.

"그게 말처럼 쉬울까요?"

세상사 모든 것이 그렇듯 처음 해보는 것은 당연히 힘듭니다. 그러나 두 번, 세 번 자꾸 연습하다 보면 어느새 힘들었던 그 일이 차츰 쉬워집니다. 나중에는 눈을 감고도 할 수 있습니다.

하늘로부터 받은 선물인 예민함을 잘 활용해서 행복해지는 데 사용합시다. 예민함은 축복입니다. 다만, 예민해서 스트레스를 쉽게 받을 때도 있지만 그래도 우리가 받은 좋은 선물을 축복으로 누리고, 스트레스를 최대한 줄이거나 불러오지 않는 요령과 방법을 배우고 깨달아야 합니다. 그 구체적인 방법들은 뒷장에서 말씀드리겠습니다.

우리의 신체, 생각보다 강하다

현생 인류는 수십만 년 전부터 지금까지 가장 성공적으로 생존해왔습니다. 그만큼 인간의 신체는 강하고 효율적입니다.

공황장애 환우들은 스스로 굉장히 나약하다고 믿습니다. 공황 이전에는 그렇지 않았지만 지금은 나약해졌다고 생각합니다. 갑자기 쓰러져 죽지 않을까, 이 증상이 치명적인 질환은 아닐까 걱정합니다. 또는 도움을 받지 못하거나 쉽게 빠져나올 수 없는 곳에서 갑자기 몸에 뭔가 이상이 발생할까 봐 염려합니다.

우리는 공황장애 완치를 위해 신체의 강인함을 먼저 체험하고 깨달아야 합니다. 스스로 너무나 건강하다는 것을 확신하면, 공황장애 완치의 목표는 최단 시간 내에 도달할 수 있는 가까운 곳으로 다가옵니다.

40대 초반인 박 씨(남)는 얼마 전 회사를 그만뒀습니다. 수시로 양상을 달리해가며 나타나는 신체 증상들 때문에 도저히 회사 생활을 할 수 없다고 생각했습니다. 회사에서 장시간 회의에 참가하거나 회식자리에 참가하는 것조차 두려워했고 힘들어했습니다.

온종일 회의와 전화 통화를 하고 일에 몰두하는 행위로 인해 몸 구석구석에 무리가 가해져 뭔가 큰 병이 생길 것 같다고 믿어버렸습니다. 즉, 어떤 증상이나 소소한 무리함이 쌓여가면서 자신의 몸에 큰 문제가 생길 것이고 그로 인해 정말 큰 병이 걸릴 수 있다는 의심을 하게 된 것입니다.

경기도 광명시에 사는 20대 후반 임 씨(여. 교사)는 얼마 전 휴직계를 냈습니다. 집에서 학교까지 출퇴근 거리가 약 40분인데 지하철을 타기가 너무 두려웠기 때문입니다. 공황장애가 시작된 지 벌써 2년이 되었기 때문에 임 씨는 공황 자체보다는 수시로 나타나는 신체 증상(어지러움. 두근거림)과 광장공포증이 가장 괴로운 적이 있었습니다. 그녀는 사람이 많은 지하철을 이용할 때 갑자기 자신이 쓰러지거나 하면 옆에서 도와줄 사람이 없을까 봐 걱정했습니다.

위 사례의 박 씨나 임 씨는 모두 '신체가 굉장히 나약하고 병에 취약하다'고 잘못 알고 있습니다. 실제로 두 분 모두 공황 발병 이후 단 한 번도 정신을 완전히 잃거나 사람들 앞에서 쓰러져 곤욕을 치른 적은 없었습니다.

고고학자와 인류학자들이 영장류의 진화에 대한 많은 연구를 거듭하면서, 그동안 발견한 수많은 종류의 유인원들 중 근골격학적으로 가장 약한 종이 바로 현생인류라는 것을 밝혔습니다. 하지만, 역설적이게도 현생인류를 제외한 모든 원시인들은 이미 다 멸종되어 현재 찾아볼 수 없습니다. 왜 그럴까요? 어떻게 그것이 가능할까요? 현생인류가 사실상 제일 강한 종은 아니었을까요?

　현생인류에게 역사적으로 닥쳐왔던 위험의 종류는 다양했습니다. 그 당시 위험이라 하면 낭떠러지, 가뭄, 폭풍, 흉작, 홍수, 지진 등 자연재해들이 대부분이었습니다. 현생인류는 신체적 능력과 뛰어난 지능에 특유의 '위험 예측 능력'까지 가미해서 미래에 자신에게 닥쳐올 자연재해를 그냥 몸으로 받아내는 무식한 행위를 하지 않았습니다.

　최근 연구법이 고도로 발전하면서 더욱 새로운 사실들이 속속 발견되고 있습니다. 현생인류는 과거 다른 종보다 월등한 '면역력'과 '체온 조절 능력'을 지녔다는 것도 그중 일부입니다. 눈에 보이지 않는 세균이나 바이러스는 모든 생물들에게 치명적입니다. 아무리 물리적으로 강인한 종도 면역력이 뛰어나지 않으면 세균이나 바이러스의 재물이 되어 버립니다. 우리는 어지간한 세균이나 바이러스는 몸속의 면역기제를 통하여 간단히 면역됩니다. 즉, 한 번 면역이 이뤄지면 이후 같은 종류나 방식의 세균, 바이러스의 공격도 결코 먹혀들지 않습니다. 하지만, 수없이 많은 현생인류

이전의 인간 영장류들이 세균과 바이러스의 공격에 속수무책으로 무너지고 멸종되었습니다.

또한, 우리는 뛰어난 체온 조절 능력을 가졌습니다. 사자나 호랑이는 얼마 되지 않는 거리를 달리고 나면 급속도로 치솟는 체온을 식히기 위해 장시간 휴식이 필요합니다. 반면 인간은 장거리 뛰기에 있어 어지간한 동물들보다 적은 영양분으로 긴 거리를 일정 속도를 유지하면서 뛸 수 있는 능력을 갖고 있습니다.

장거리를 뛰는 것은 단거리보다 훨씬 복잡하고 안정적인 전신 조절 기구들이 필요합니다. 체내에서 발생하는 피로물질들을 계속해서 꾸준히 해소해야 하고, 피하지방과 간에 저장된 영양분을 아주 조금씩 꾸준하게 전신으로 보내야 하며, 계속 끝을 모르고 치솟는 체온을 털이 없이 노출된 피부와 땀으로 신속하게 식혀줘야 합니다. 그 균형은 가히 정교한 공학적 예술 그 자체라고도 할 수 있습니다.

강한 신체는 골격과 근육만 강해선 안 됩니다. 면역력, 체온 조절 능력에 더하여 뛰어난 지능까지 결합되어야 그 신체는 더욱 완전해지고 강해집니다. 그렇게 살아남아 검증된 신체가 바로 현생 인류, 즉 우리입니다. 안심하십시오.

몸은 마음과 연결되어 있습니다. 기분이 좋으면 몸도 가벼워지고 기분이 가라앉으면 몸도 안 좋아집니다. 또한, 자신감을 가지면 몸도 강해지고 자신감을 잃으면 몸은 약해집니다. 지난 수십만 년 동안 훌륭하게 생존해온 현생인류의 후손인 우리의 몸과 마음은 정말 완벽할 정도로 훌륭하게 설계되어 있습니다.

이렇게 강인한 몸과 마음에 공황장애란 병이 생겼습니다. 그 결과 여러 증상으로 인해 몸이 힘들어졌습니다. 몸이 힘들어지니까 마음은 더 안 좋아지는 악순환의 굴레에 빠져버렸습니다. 하지만, 그로부터 탈출하는 법은 의외로 간단해서 역으로 우리의 몸을 단련해나가는 방법입니다. 꾸준히 단련해나가면 자신감은 돌아오고 동시에 마음도 훨훨 날아갈 듯이 밝아집니다. 그 결과 몸이 마음을 개선시키고 그것이 반복될수록 우리는 완치를 향해 더 빠르게 달려갈 수 있습니다. 필자도 그 방식을 이용하여 정말 큰 효험을 보았고, 지금도 타 환우분들께 자신 있게 조언해 드리는 방법입니다.

향후 환우분들께서는 완치를 위해 꼭 하셔야 할 노력들이 많습니다. 그중 신체단련은 당연히 필수입니다. 자신의 신체에 대하여 도무지 신뢰가 없는 사람은 절대로 공황장애로부터 벗어날 수 없습니다. 반면, 자신의 신체에 날마다 신뢰를 쌓아가는 사람에겐 완치가 훨씬 앞당겨집니다. 즉, 신체에 대한 자신감과 신뢰는 공황장애로 인한 증상의 위력을 감소시킵니다.

공황장애 이전에 우리는 과연 어땠을까?

가만히 돌이켜보면 우리가 공황을 만나기 전 이미
공황이 올만한 조건을 마그마처럼 갖추고 있었습니다.
공황은 그 마그마가 단번에 분출한 것에 지나지 않습니다.

인터넷에서 공황장애를 검색하면 '어느 날 갑자기 예기치 못하게 생겨나는…'이라는 문장을 만나게 됩니다. 말 그대로 첫 공황 경험 이전에는 몸과 마음이 모두 건강했음에도 갑자기 공황 증상이 나타난 것으로 오해할 수 있습니다. 과연 그럴까요? 공황 전에는 정말 아무 증상이나 전조가 없었던 것이 맞을까요?

필자가 이상의 질문을 환우분들께 드리는 이유는, 정말 멀쩡하게 몸도 마음도 건강한 상태라서 아무런 문제도 없었는데, 순수하게 유전적 소인으로 인해 발생하는 것이 공황이라고 오해하실까 염려해서입니다. 공황은 대부분의 경우 전조가 있습니다. 그 전조는 아주 가벼운 신체적 느낌일 수도 있고, 우울감이나 공포감, 이유 없는 불안감일 수도 있습니다.

대부분의 환우들께서는 첫 공황을 경험 후 그리 오래되지 않은 시점까지는 '이상의 전조증상이나 마음 상태, 스트레스에 대단히 취약했던 자신의 상태'를 별로 대수롭지 않게 생각하거나 부정합니다. 그러나 공황장애가 깊이 진행되어 몸과 마음이 많이 힘들어지면서 자신의 내부를 조용히 돌아보기 시작합니다. 결국 대다수의 환우들은 공황 이전에도 여러 가지 전조증상이나 스트레스에 취약한 상태에 있어왔음을 그리 어렵지 않게 인정합니다.

공황이란 어느 날 갑자기 이유도 없이 터져 나오는 현상이 아닙니다. 공황은 화산 폭발과 같습니다. 이미 땅속 깊은 곳에 거대한 용암이 자리 잡아 오랜 시간 그 세를 키우고 있었습니다. 마그마가 땅 밖으로 터져 나오지 않는 이유는 얇디얇은 지각이 버티고 있기 때문입니다. 하지만 그 취약한 껍데기인 지각이 더 이상 버티지 못하면 화산은 거대한 폭발음과 함께 무시무시한 화염과 연기를 분출하며 단번에 폭발하게 됩니다. 첫 공황은 바로 그 화산과 똑같습니다. 오랜 시간 몸과 마음 깊은 곳에서 언제든지 폭발할 수 있는 무서운 마그마를 방치해 온 것입니다. 그 전조증상은 조만간 공황이라는 거대한 화산 폭발이 일어날 것이란 사전 경고를 우리의 몸과 마음에 해온 것입니다.

공황장애를 완치하려면 공황 훨씬 이전부터 오랫동안 쌓아온 응어리들을 제대로 직면하고 들여다봐야 합니다. 그 응어리들은 우리의 습관, 외면, 회피가 쌓아온 총체적 스트레스의 잔재물들입니다. 충분히 스트레스 받지 않을 수 있는 일들도 쉽게 넘기지 못하고 꼬박꼬박 내부에 쌓아온 결과물입니다. 동시에, 그 결과물을 해소하지 않고 그대로 외면하고 방치해온 대가이기도 합니다.

해소되지 못한 스트레스는 마음이든 몸이든 결과적으로 문제를 야기합니다. 그 문제들은 곧 질병을 의미합니다. 앞서 말씀드린 대로 사람은 누구나 예외 없이 취약한 유전인자를 갖고 있습니다. 어떤 분은 고혈압, 어떤 분은 당뇨, 어떤 분은 암, 어떤 분은 백내장 등 모두 예외 없이 병에 대하여 취약성을 갖고 태어납니다. 스트레스를 오랜 시간 쌓아나가면 결국 취약했던 부분이 질병으로 터져 나오는데, 우리에게는 공황장애라는 병으로 나타난 것입니다.

완치를 위해서는 긴 시간을 노력해야 합니다. 그 노력의 처음부터 끝까지 '자기 돌아보기'에 성실해야 하며, 자신의 마음속을 돌아볼 줄 모르면, 자신의 내부에 쌓여가는 스트레스를 인식할 수 없습니다. 인식하지 못하면 스트레스도 절대 해소될 수 없습니다. 그리고 그렇게 인식된 스트레스의 결과물이 바로 공황임을 인정해야 합니다.

참으로 신기한 것은 공황이 무엇인지를 잘 이해하고 오랫동안 쌓아온 스트레스를 쳐다보고 인정하며, 공황을 야기한 자신의 잘못된 습관을 바라본 것만으로도 커다란 호전을 느낄 수 있습니다. 이렇게 잘못된 습관을 어떻게 바라볼 것이며 스트레스를 받지 않기 위해 어떤 요령을 터득해야 할 것인지는 나중에 뒤에서 다루도록 하겠습니다.

신지우(38)_회사원

네이버 '공황장애 완치 카페' ID_annasui

이 책은 공황장애란 무엇이며, 어떤 염려와 악습을 병적으로 하며 살아왔는지 나를 뒤돌아보게 만들어 주었고, 제 삶은 변화되어 갔습니다.

생각의 흐름을 간파하고 염려를 멈추는 법. 나 자신을 믿고 신뢰하는 법. 타인의 시선이 아닌 나의 시선이 기준인 삶. 건강한 몸과 마음의 주도력과 자신감. 공황장애를 유발하는 환경과 바탕의 개선.

신기루처럼 느껴졌던 완치를 이루어가던 중 유방암 진단을 받았지만, 투병 과정을 흔들림 없이 이겨내었고 이 과정을 통해 공황장애라는 병에 더욱 감사함을 느낄 수 있었습니다. 공황장애는 재앙이 아니었습니다. 나를 변화하게 해준 감사한 전환점이었습니다.

이 책을 읽는 모든 분이 책과 함께 변화와 완치를 이뤄가시길 진심으로 바랍니다.

제 3 장

지우기

다른 의심들은 비교적 쉽게 교정이 가능합니다. 하지만, 각종 신체 증상들이 혹시나 큰 병이 아닐지를 걱정하는 건강 염려만큼은 그리 쉽게 사라지지 않습니다. 공황장애 환우분들의 건강 염려는 각별히 심각해서, 첫 공황이 지나간 후 일정 기간이 지나 안정기에 접어들면서부터는 오히려 건강 염려가 불안과 긴장을 야기하고 공황장애를 더욱 악화시키는 첫 번째 주범이 되는 경우가 정말 흔합니다. 따라서 환우분들이 가장 많이 염려하고 의심하는 질환들을 예로 들어 먼저 우리가 느끼는 신체 증상들이 치명적인 질환이 아님을 이해하고 그 흔적을 나로부터 지워나가는 것이 중요합니다.

심장마비, 숨차고 두근대며 죄어오고 콕콕 찔러요

환우분들이 가장 염려하고 그 함정으로부터
빠져나오지 못하는 질환이 바로 심장마비입니다.

　　부산에 사는 30대 중반 이 씨(남, 회사원)의 사례를 들어봅니다. 이 씨는 무더운 여름 어느 날 회사 근처에서 동료들과 시원한 맥주를 들이켰습니다. 즐거운 술자리를 파한 후 저녁 10시 30분경 귀가를 위해 택시를 탔습니다. 택시 탄 후 10분 정도 지나서 왠지 호흡이 가쁘고 가슴에서 이상한 느낌이 오는 것을 느꼈습니다. 이런 증상은 별로 겪어보지 않았기 때문에 살짝 긴장했지만 '아무 일 없으려니' 하고 심호흡을 하면서 불편한 증상이 지나가길 기다렸습니다. 약 20분 정도 지나자 집 근처에 도착했고, 요금을 지불하고 일어서려는데 갑자기 가슴에서 '쏴' 하는 느낌이 느껴졌습니다. 그리고 뒤이어 가슴이 '쿵' 함을 느끼면서 그때부터 걷잡을 수 없이 가슴이 뛰고 어지러워지기 시작했습니다.

　　이 씨는 당연히 '심장마비'라는 단어를 제일 먼저 떠올렸습니다. 동시에 '누군가의 도움이 필요해. 119를 부르자'란 생각을 하고는 바로 전화를 걸었습니다. 119 앰뷸런스가 도착하기까지 약 8분여 동안 정말 미치도록 힘들고 불안했습니다. 땅에 주저앉아 식은땀을 흘리며 조여오는 듯한 가슴을 부여잡고 헉헉 숨을 몰아쉬었습니다. 이후 그는 119 앰뷸런스로 근처 응급실에 도착하였습니다. 응급실 도착 후 즉시 심전도검사, 흉부 엑스레이 검사, 혈액검사를 받았습니다.

하지만, 결과는 '이상 없음'으로 나왔습니다. 한편으로는 '참 다행이다' 안심했지만, 또 한편으로는 '오진이 아닐까'란 의심이 들 수밖에 없었습니다. 이후 이 씨는 응급 의의 권고에 따라 신경정신과에서 공황장애라는 진단을 받았지만 흉부 불쾌감이 나타날 때마다 심장마비를 두려워하면서 결국 여지없이 공황까지 맞이하는 패턴을 반복했습니다.

경기도 시흥에 사는 강 씨(남. 개인사업)도 위의 이 씨와 비슷한 경우로 응급실에 수차례 내원을 한 적이 있었습니다. 하지만, 그는 어떤 의사로부터도 '공황장애로 의심된다'는 권고를 받지 못했습니다. 응급실 갈 때마다 그냥 막연하게 '이상 없다' 내지는 '과호흡을 한 것 같다' 정도의 결과만 받았습니다. 하지만, 그는 역시 '심장마비'에 대한 걱정이 날이 갈수록 커져만 갔고 심지어 밤에 잠을 잘 때도 운동복을 입고 잤습니다. 언제 응급 증상이 올지 모른다고 걱정했기 때문에, 언제든 운동복 상태로 119 앰뷸런스에 실려 갈 수 있도록 준비해 두기 위한 목적이었습니다. 그는 이후 8개월이 더 지나서야 자신이 공황장애라는 것을 알게 되었습니다.

또한 부산에 사는 오 씨(여. 주부)도 비슷한 경험을 했습니다. 그

녀는 자신도 모르는 사이 거의 종일 수시로 손목의 맥을 짚어보는 습관이 생겼습니다. 하루에도 수십 차례 생각날 때마다 손목의 맥을 짚어 심장이 제대로 뛰는지, 맥박이 불규칙하지 않은지를 체크해야 비로소 약간의 안심이 되었습니다. 또한 자신이 공황장애인 줄 이미 알고 있었지만 수시로 '심장마비'나 '부정맥' 등에 대한 걱정과 염려를 가슴에 지니고 살아왔습니다.

위 사례들처럼 '심장마비'는 환우분들이 가장 두려워하고 염려하는 질환입니다. 내과에서 아무리 '이상 없다'는 검사 결과를 받아도, 불과 몇 주만 지나면 또 어김없이 심장마비에 대한 의심을 털어내지 못하는 분들이 굉장히 많습니다. 이런 현상은 심장마비에 대해 정확히 이해하지 못해서 생겨납니다. 또한 신체 증상에서 느껴지는 흉부 불쾌감과 심장마비 간의 정확한 차이점을 모르기 때문에 반복적으로 걱정에서 벗어나지 못하는 것입니다.

심장과 혈관 등을 통틀어 '순환기'라고 부르며, 이것을 검사하고 진단하고 치료하는 곳을 '순환기 내과'라고 합니다. 순환기 내과에서는 심장에 대한 모든 검사를 할 수 있고 그 정확도는 아주 높습니다. 하지만, 모든 환자에게 순환기 내과의 검사가 필요한 것은 아닙니다. 절대 다수의 경우에서 응급실이나 일반적인 내과나 외과에서도 어지간한 검사는 가능합니다. 특히 응급실에서는 순환기의 응급한 질환에 대해서 가장 효과적이고 신속하게 치료하고 진단할 수 있는 의료진과 의료기기를 보유하고 있습니다.

환우분들의 대다수는 이미 응급실 또는 내과, 순환기 내과에서 중요한 검사를 완료했을 것입니다. 물론 검사 결과 '이상 없음, 정상'이란 소견을 받았을 것이며, 정상 소견을 받았다면 정말로 아무 걱정할 필요가 없습니다.

심장은 강한 근육으로 이루어져 있습니다. 근육이 적절한 속도와 힘으로 죄어지면서 피를 뿜어냅니다. 혈압이란 심장이 죄어질 때와 느슨해질 때 두 가지 압력을 수치로 나타낸 것입니다. 흔히 120-80이라는 의미는 죄어질 때 압력이 120이고 느슨해질 때 압력이 80이라는 것을 의미합니다.

혈압은 우리가 무엇을 하고, 어떤 기분이냐에 따라 하루에도 수시로 변합니다. 우리가 누워있으면 피는 온몸을 훨씬 수월하게 돌 수 있습니다. 따라서 혈압이 낮아집니다. 반면 서 있을 때는 당연히 혈압이 올라가서 중력의 영향을 극복하고 혈액 순환을 이상 없이 작용하게 합니다. 달릴 때는 당연히 혈압이 크게 치솟고 가만히 있을 때는 혈압이 다시 낮아집니다. 마찬가지로 불안하고 긴장하고 집중해 있으면 혈압이 올라가고, 안정되고 이완되어 있으면 혈압은 내려갑니다. 고혈압이란 안정되어 있고 특별히 스트레스 상태에 있지 않음에도 혈압이 정상치보다 현저하게 높은 것을 의미합니다.

혈압이 높은 상태를 계속 유지할 경우, 혈관과 심장에는 무리가

옵니다. 잠 잘 때도 혈압이 높고, 누워도 높고, 안정되어도 높으면 혈관과 심장은 휴식을 취할 수 없습니다. 바로 이것을 고혈압이라고 합니다. 다행히도 고혈압은 약으로 잘 조절되고 최근 나오는 혈압 약들은 효과가 뛰어나며 부작용이 적습니다.

맥박은 심장이 뛰는 속도를 의미합니다. 우리가 달리면 당연히 몸은 많은 피를 필요로 하기 때문에 맥박은 매우 빨라집니다. 반면 잠을 자고 있을 때는 많은 피를 필요로 하지 않기 때문에 맥박은 느려집니다. 정상 맥박이란 우리가 안정되어 편히 앉아 있을 때 잰 수치를 의미합니다. 하지만, 어떤 이유로 맥박이 계속 빠르게 유지되는 경우가 있습니다. 그때는 적절한 검사를 해서 그에 대한 치료를 받아야 합니다.

혈압이나 맥박은 중요한 것으로, 고혈압이나 비정상 맥박은 스스로 걸리고 싶어도 걸릴 수 없는 질환입니다. 즉, 고혈압이나 비정상 맥박은 결국 '유전적 소인'에 기인한 질환이라는 의미입니다. 높은 혈압이나 비정상 맥박이 장기간 유지된다면 그것은 공황 때문이 아닙니다.

하지만 대다수의 환우분들은 공황 그 순간에 높아진 혈압에 대단히 걱정하고 두려워합니다. 물론 기우입니다. 공황은 온몸의 불안 상태가 최고조에 이르는 현상으로서 불안에 기인하므로 당연히 혈압이 높게 나와야 정상입니다. 맥박도 아주 빠른 경향을 보이게 됩니다. 또한 공황이 갑자기 발생했을 때 응급실에서는 혈압 강하제나 맥박강하제 등을 쉽게 투여하지 않습니다. 이유는 대상자의 혈압 수치와 맥박 수치가 '높긴 하지만 정상으로 간주할 수 있는 상황'이기 때문입니다.

심장마비는 심장이 제 기능을 못하는 현상으로 보면 됩니다. 심장마비의 가장 흔한 케이스는 심근경색이라는 질환입니다. 심근경색은 심장 근육에 혈액을 공급해 주는 심혈관이 막혀 피가 제대로 공급되지 않기 때문에 생겨납니다. 심근경색은 소위 '급사'라고 불리는 치명적인 질환입니다. 만약 심근경색이 발생했다면 이미 우리 심장은 심근세포가 일부 괴사 상태에 들어가면서 심전도 기기를 통해 검사한 '심전도 그래프' 상에 예외 없이 명료한 흔적을 남깁니다. 이 세상에 심전도 그래프에 흔적을 남기지 않는 심장마비란 없습니다.

또한, 심장마비는 환우분들이 느꼈던 흉부 불쾌감과는 차원이 다른 훨씬 더 강력하고 극렬한 가슴 통증을 유발합니다. 동시에 많은 경우에서 심장마비 환자들은 이후 의식을 소실합니다. 왜냐면 심장이 제 기능을 잃기 때문에 뇌로 공급되는 혈액량이 줄어 의식을 잃게 되는 것입니다.

반면, 환우분들이 순환기 내과 등에서 호소하는 흉부 불쾌감은 그 부위나 호소법이 대단히 모호하고 특이합니다. 예를 들면, '콕콕 쑤시다', '조이다', '저리다', '철렁하다', '부르르 떨리다' 등이라 할 수 있습니다. 하루에도 수백 명의 환자를 외래진료하는 순환기 내과는 실제로 환자가 호소하는 모습과 증상 설명만 듣고도 그 환자가 정말 심장마비나 그 전조증상을 경험했는지를 가늠할 수 있습니다. 진짜 심장에 문제가 있어 증상을 호소하는 환자의 그것과 공황장애 환자의 그것은 서로 많이 다릅니다.

심장마비 검사에서 가장 대표적이고 정확한 장비 중 하나는 역시 심전도입니다. 심전도는 심장의 여러 군데에서 발생하는 전류를 상호 체크하여 심장이 정상적으로 기능하고 있는지를 검사하는 장비이며, 최근 기술의 발전으로 검사 속도가 엄청나게 빨라졌음은 물론, 그 정확도도 아주 높아졌습니다. 그 결과 이젠 응급실에 심장마비 의심 환자가 도착하면 다른 어떤 것보다도 제일 먼저 심전도검사를 즉각 실시합니다. 또한 심전도에 이상이 포착될 경우 다른 검사 없이 곧바로 그에 대한 조치에 들어갈 수 있을 정도입니다. 그만큼 심전도검사는 편리하고 신속하며 정확하다는 점을 꼭 명심하십시오. 환우분들은 대부분 심전도검사를 이미 받았고 그 결과 문제가 없다는 진단도 받았습니다. 즉, 심장엔 별다른 문제가 일어난 바가 없습니다. 심장마비를 경험한 것이 아님을 의심하지 마십시오.

뿐만 아니라, 환우분들께서는 혈액검사, 운동 부하 검사 심지어 심장 초음파 검사 등 정밀검사까지 모두 받으신 분들이 많습니다.

그 정도 검사면 해볼 만한 검사는 다한 셈입니다. 따라서 우리가 심장마비를 경험했을 확률이나 앞으로 근시일 내에 발생할 확률은 거의 제로에 가깝다는 것을 꼭 명심하십시오.

하지만, 검사받은 지 얼마 안 되었을 무렵, 다시 내과에 방문해서 재검사를 요망하는 경우도 정말 흔합니다. 물론, 내과에서는 재검사를 해줍니다. 환자가 원할 경우 의료진은 그 요구를 거부할 합리적 이유가 없는 한 검사해야 할 의무가 있기 때문입니다. 결국 환우분은 불필요한 검사에 비용을 지불해야 하고, 병원에서는 다른 심장질환 환자를 돌볼 시간과 기회를 빼앗기게 되며, 국가적으로는 불필요한 검사에 건강보험 예산을 낭비하는 결과를 야기하게 될 뿐입니다.

때로는 협심증을 의심하는 분들도 꽤 많습니다. 협심증은 심장 혈관이 아직 막히지 않았지만 많이 좁아져 있어 발생하는 증상입니다. 보통 운동을 하면 자연스럽게 혈압이 오르고 그 결과 혈류량이 크게 증가합니다. 만약 협심증이 있다면 많은 양의 혈액이 좁아진 혈관 안으로 제대로 흐르지 못해 전형적인 협심 증세를 보이게 됩니다. 하지만, 환우분들은 잘 걷고 잘 뜁니다. 운동량을 늘려도 잘 수행합니다. 협심증 환자분들은 절대 그렇게 못합니다. 운동량이 조금만 늘어도 숨이 차고 가슴에 큰 통증을 느낍니다. 심지어 심한 경우 몇 발자국 걷는 것도 힘이 들 정도입니다. 이런 증상이 바로 협심증의 대표적인 증상인데, 정말 내가 그 증상을 겪은 것이 맞을까요?

우리의 심장은 아주 건강합니다. 공황이 시작되면 혈압이 급상 승하고 맥박이 빨라지므로 엄청난 양의 피가 혈관을 통과합니다. 심장 혈관이 심근경색으로 인해 막혀있었다면 그 피는 심장 혈관 이 막혀있는 곳을 통과하지 못합니다. 그 경우 이미 저세상에 가 있거나 심전도 그래프에 아주 명료한 흔적을 남겼을 것입니다. 또 한, 협심증이었다면 제대로 운동하지도 못했을 것이며, 심전도와 운동부하검사 등에서도 확연한 이상이 발견되었을 것입니다. 즉, 우리는 심근경색이나 협심증 같은 치명적이고 응급한 심장질환 을 겪은 적이 없는 것입니다.

그래도 여전히 의심되고 염려가 되십니까? 만약 그렇다면 한번 확실하게 검사받고 확인한 후 제대로 잊어버리는 방법도 좋습니 다. 아직도 의심스럽다면 지금 당장 내과에 가서 심전도검사를 다 시 한번 받으십시오. 물론 '이상 없다'는 결과가 나올 것입니다. 바 로 그때 해당 내과 선생님께 과감하게 요청하십시오.

"저의 심전도검사 결과가 왜 정상이죠?"
"심장마비나 심장질환 환자의 심전도 그래프와 어떻게 다른가 요?"

의료인은 환자의 질문에 대해 성실히 답변할 의무를 가집니다. 대다수의 의사선생님들은 왜 그런지 비록 간략하나마 그 차이를 성의 있게 설명해 주실 것입니다. 의심이 확실히 풀릴 정도로 반드시 제대로 물어보고 확인하십시오. 그런 다음 깨끗하게 잊어버리십시오.

다른 어떤 증상보다 흉부 불쾌감은 '꾸준한 유산소운동'에 의해 훨씬 빠르고 효과적으로 경감될 수 있습니다. 추후 뒤에서 말씀드리게 될 '유산소운동'과 '끊임없이 움직이기'에서 그 방법과 요령을 배우고 차근차근 꾸준히 실행하면 빠르게 호전될 것입니다. 이제 심장마비라는 단어는 잊어버리십시오!

◈ 깊게 들어가기 - 위험한 부정맥과 위험하지 않은 부정맥

내과에서 각종 검사를 통해 일부 '부정맥'이 발견된 경우, 환우들은 매우 염려합니다. 이는 부정맥이라는 단어가 갖는 두려움 때문입니다. 그러나 부정맥이란 용어는 매우 넓은 의미라서, 그 자체가 병명은 아닙니다. 부정맥은 교과서적인 정상 맥의 패턴이 아닌 모든 경우를 일컫는 말이고, 부정맥이라고 해서 모두 위험하거나 큰 질환의 전조가 되는 것은 아님을 잘 유념해야 합니다.

실제로 부정맥 중에서 가장 위험한 경우는 '혈관성 질환에 의한 부정맥'입니다. 이는 심장의 주요 부분에 존재하는 혈관이 좁아지거나 막혀서 심장 근육에 여러 요소들이 제대로 공급되지 못해 유발되는 부정맥으로, 이 경우 심전도검사에서 거의 예외 없이 포착됩니다. 또한 혈관을 좁아지도록 만든 혈액 자체의 원인들도 혈액 검사를 통해 대부분 포착됩니다. 이러한 혈관성 질환에 의한 부정맥들은 대다수의 경우가 응급이므로, 최대한 빠른 시간 내에 조치와 시술에 들어가는 유형입니다.

반면, 공황장애 환우들이 듣는 부정맥은 대부분 비혈관성 부정맥인 경우입니다. 심장에는 전류가 흐르기 위한 복잡하고 다양한 경로들이 있고 이는 마치 전기회로처럼 심장 곳곳에 퍼져 있습니다. 그 회로에 일부 잘못된 신호가 유발될 경우 심장은 부정맥 현상을 보일 수 있고, 이 경우 대다수는 응급이 아니므로 당장 생명과 직결되지도 않습니다. 그래서 대부분은 응급이 아닌 외래로 진료를 받습니다.

이 외에도 부정맥 유발의 가장 흔한 요인들로는 스트레스, 약물, 술, 과식, 수면 부족, 과로, 몸살이나 다른 여타 문제들까지, 열거하기가 불가능할 정도의 다양한 이유들이 존재합니다. 물론 그 경우 극도로 위험한 약물 섭취 등의 경우가 아니고서는 전혀 응급이 되지 않습니다.

이상 위험하지 않은 부정맥의 경우, 약간의 약들이 처방되기도 하지만 그 약들은 베타차단제 등으로 대변되는 지극히 대중적인 약들로서, 우리의 교감신경에 관련된 호르몬과 물질의 대사를 조절하여 두근거림이나 부정맥 증상을 감소시키는 데 도움이 될 목적으로 처방되는 경우입니다. 즉, 부정맥 약을 처방받았다고 해서 이 역시 과도한 염려를 할 필요가 없다는 의미입니다.

만약 여러분이 부정맥이라는 진단을 받았는데, 즉각 시술이나 조치를 하지 않고 이후 예약을 통해 외래진료로 치료를 받도록 권유되었다면, 그것은 위험하지 않은 부정맥으로 여기시면 됩니다. 즉, 부정맥이라는 용어 한마디에 스스로 염려를 통해 불안을 크게 증폭시키는 오류는 아주 어이없는 경우라 할 수 있습니다.

뇌졸중, 어지럽고 아찔하고 묵직해요

알면 두렵지 않습니다. 모르면 두렵습니다.
알면 알수록 그런 치명적인 질환에 걸린 것이 아님을
확신할 수 있어 건강 염려를 키우지 않을 수 있습니다.

뇌는 매우 예민하고 복잡하며 너무나 중요한 역할을 하는 몸의 총사령부입니다. 따라서 뇌에 문제가 생기면 행동, 말, 느낌 등 다른 곳에 영향을 주게 되고 그로 인한 증상 변화와 반응을 관찰할 수 있습니다. 뇌의 문제는 그 양상에 따라 거기에 맞는 특이한 증상들이 나타납니다.

환우분들은 흔히 뇌졸중을 두려워합니다. 물론, '염려'와 '의심' 때문입니다. 심지어 뇌졸중에 대한 검사를 여러 차례 받고도 역시나 신체 증상이 또 나타나면 어김없이 뇌졸중이라는 단어를 또 떠올리고 근심하는 전형적인 건강 염려증의 굴레에 빠져듭니다. 따라서 뇌졸중에 대한 좀 더 자세한 이해와, 필요할 경우 확실히 검사받고 그 검사 결과를 신뢰함으로써 다시는 무의미한 염려를 반복하지 않도록 할 필요가 있습니다.

뇌졸중은 그 절대다수가 뇌출혈과 뇌경색으로 인해 발생합니다. 두 가지 공히 치명적이고 응급 수술을 요하는 질환입니다.

뇌출혈은 쉽게 말해 뇌에 있는 혈관이 터져서 흘러나온 혈액이 뇌를 압박하고 뇌를 변화시킴으로써 생겨납니다. 뇌는 대단히 예민한 젤리 상태의 조직인데 뇌출혈로 흘러나온 혈액이 뇌 조직을 압박하거나 변화시키면 그 즉시 심각한 증상들이 발생하고 경우에 따라 영구적 장애 또는 사망에 이를 수도 있습니다.

이는 결국 혈관이 터져서 발생하는 혈관의 병입니다. 즉, 혈압이 장기간 높게 유지되어 혈관이 약해지거나 탄력을 잃게 되면, 결국 혈관이 파열되면서 뇌출혈이 발생합니다. 혈관이 파열되도록 만드는 인자는 '장기간의 고혈압', '혈관경화(동맥경화 등)', '당뇨' 등이 가장 대표적입니다.

또한 뇌출혈과는 달리, 뇌의 혈관이 막혀서 뇌세포에 피가 제대로 공급되지 않아 뇌세포가 괴사함으로써 발생하는 뇌경색이 있습니다. 뇌경색이 발생하면 막힌 혈관 부분 주변의 뇌세포가 시간이 지남에 따라 서서히 죽어가면서 몸에 여러 가지 증상들을 일으킵니다. 물론 뇌출혈과 마찬가지로 영구적인 장애나 사망을 야기할 수 있는 치명적인 응급 질환입니다.

뇌경색에서 혈관이 막히는 이유는 결국 혈관 내부에 오랫동안 형성되어 온 혈전이라는 찌꺼기나 노폐물들이 주요 원인입니다. 따라서 혈전이 생기도록 만드는 고혈압, 고지혈, 당뇨 등이 주요 원인이 됩니다. 뇌출혈이나 뇌경색이 발생하면 아주 심한 두통이나 극도의 현기증을 시작해서 사지마비, 실신 등에 이르기까지 굉장히 다양한 증상이 순식간에 또는 서서히 정도를 더해가며 나타나는데, 응급실에서는 즉시 CT와 MRI 등을 이용하여 정확한 원인 규명에 들어가게 됩니다. 원인이 밝혀지면 곧바로 막힌 혈관을 뚫어주기 위한 '혈전용해제 투여'나 '혈관조영시술'을 실시합니다. 또한, 뇌출혈은 뇌압을 낮춰주고 뇌 조직에 흘러나와 고인 혈액을 제거해 주는 긴급 수술을 진행하게 됩니다.

뇌졸중이 발생하지 않도록 하는 가장 중요한 원칙은 역시 뭐니 뭐니 해도 '고혈압 조절'과 '당뇨 조절', '혈액 건강 유지', '꾸준한 운동과 절주, 금연' 등이 우선입니다. 혈액검사 결과 정상 혈압과 정상 혈액 효소 양상을 보이고 여타 당뇨 등 다른 질환이 없다면 우선 뇌졸중이 발생할 확률은 극도로 낮아집니다. 또한, 뇌졸중이 발생하면 발생 부위와 양상에 따라 아주 전형적인 증상이 환자에게서 나타나므로, 의사는 환자의 용태와 증상을 관찰한 이후 CT나 MRI 같은 본 검사에 들어갑니다.

환우분들은 공황을 처음 경험한 후 뇌졸중을 의심하기도 했었습니다. 또한, 이후에도 여러 차례 어지러움이나 두통, 머리가 묵직하게 느껴지는 등의 신체 증상이 조금만 나타나도 그것을 불쾌감 이상의 뇌졸중으로 의심하고 염려했습니다. 그 결과 건강 염려증을 더욱 부채질하고 악화시켜 왔습니다.

대다수는 이미 병원에서 그러한 증상을 호소하였고 때로는 요망대로 뇌 혈류 검사나 CT, MRI 검사를 받았습니다. 물론, 결과는 '이상 없음'을 매번 반복해왔습니다. 심지어 우리가 호소하는 어지러움이나 두통 등 머리에서의 불쾌감을 의사에게 자세하게 호소해도 의사들은 전혀 '뇌졸중'을 의심하지 않고 우리의 말을 일축하기도 했습니다. 왜일까요? 그것은 우리가 경험하고 호소한 증상들이 뇌출혈이나 뇌경색에서 보이는 전형적인 증상 케이스와 일치하지 않기 때문입니다.

잘 아시다시피 뇌 관련 검사는 아주 고가의 검사입니다. 고가의 검사를 할 증거나 이유가 없음에도 검사하는 의사는 그리 도덕적이라고 할 수는 없을 것입니다. 반면, 의사가 우리의 호소를 무시한 결과 정말로 뇌출혈이나 뇌경색이 나타났다면 모든 오진 책임은 의사에게 돌아갑니다. 즉, 의사가 정말 뇌출혈과 뇌경색을 조금이라도 의심했다면 바쁘다는 이유로 검사를 하지 않는 일은 없습니다. 우리가 의사라도 환자를 그대로 돌려보내지는 않았을 것입니다. 즉, 우리가 겪은 그 증상들은 뇌출혈이나 뇌경색의 증상들과 별 상관이 없기 때문에 '이상 없음'이란 진단을 받은 것입니다.

그럼에도 아직 뇌출혈이나 뇌경색일지 모른다는 의심을 갖고 계신가요? 그렇다면 정말 마지막으로 제대로 깔끔하게 검사하고 '왜 이상이 없는지?'를 정확히 의사로부터 설명 듣고 이해하려고 시도해봅시다.

나에게 '이상 없음'이란 확신이 없다면 주저 말고 의사에게 정확히 물어보고 설명을 요구합시다. 의사의 설명이 이해되고 왜 뇌출혈이나 뇌경색이 아닌지가 납득되었다면 이제부턴 그 어떤 비슷한 증상이 오더라도 '뇌졸중'이란 단어는 생각 자체를 하지 말고 무시해야 합니다.

공황장애는 잊어버리고 지워버려야 할 것들이 많습니다. 인간은 '의심'과 '호기심'을 기반 삼아 만물의 영장이 될 수 있었습니다. 하지만, 뭐든지 정도가 지나치면 문제가 됩니다. 의심이 염려를 낳고, 염려는 다시 불안을 낳습니다. 그렇게 생겨난 불안은 우리의 온몸과 마음에 여러 가지 증상을 유발합니다. 꾸준하게 무시하는 노력을 결코 게을리하면 안 됩니다. 이해했다면 잊고 무시합시다.

체중 감소, 자꾸만 살이 빠져요

아는 것이 힘입니다. 체중에 대한 잘못된 편견과 오해는 증상에 대해 종일 집착하도록 만들기 쉽습니다.

환우분들 중 많은 수가 '체중 감소'를 우려하고 걱정합니다. 몸무게가 너무 급속도로 많이 빠지므로 "혹시나 암 아닐까?", "혹시나 당뇨 아닐까?" 등 건강 염려를 부추기기 아주 좋은 소재가 되기도 합니다. 또한, 대다수 환우분들 중에는 거의 매일 자신의 몸무게를 재보는 습관이 들어버리신 분들도 흔합니다.

인터넷을 찾아보면 한 달에 몸무게의 10% 이상이 줄어들 경우 내과에서 검진해 볼 것을 권장하고 있습니다. 이에 해당하는 환우들은 이미 의사의 권고대로 충실하게 내과에서 검진을 받았고, 검사 결과 이상이 없음을 이미 확인하였습니다. 그러나 아무리 노력하고 발버둥 쳐도 자꾸 체중이 더 줄어든다면, 그에 대해 극심한 우려와 불안을 느낍니다.

우리의 체중은 굉장히 많은 원인과 변수에 따라 변동됩니다. 그 중 '영양 섭취량'과 '활동으로 인한 소모량'이 가장 상식적인 원인입니다. 유전적으로 체중이 다소 많이 나가는 경우도 있고, 그 반대인 경우도 당연히 정상입니다.

그러나 유전적으로 과체중이거나 식이장애를 동반하는 경우를 체중이 생명을 위협하는 상태로 간주합니다. 그 외 대다수의 경우에는 환자 스스로가 아무리 부정하더라도 과학적 추적 관찰을 해보면, 과체중 또는 저체중이 되는 원인과 이유는 결국 그 환자의 현재 스트레스, 식사습관, 운동습관 등에 의해 좌우됩니다.

공황장애에 걸린 후 갑자기 체중이 크게 줄어드는 것을 경험한 환우가 기존에 공황장애에 대한 이해나 의료지식이 미비한 상태라면, 그와 같은 체중 감소를 자신의 몸에 심각한 문제가 생긴 것으로 염려하는 경우는 매우 흔합니다. 그 결과, 앞서 말씀드린 '심장마비', '뇌졸중'과 더불어 공황장애에 합병되는 '건강 염려증'의 중핵을 이루게 됩니다. 따라서 환우분들께서는 체중에 대한 잘못된 편견과 오해를 깨끗이 씻어내는 과정이 필요합니다.

필자는 2001년 8월 첫 공황을 맞이하기 전 몸무게가 86kg이었습니다. 이후 불과 2개월 만에 62kg이 되었고, 다시 1개월 후에는

56kg으로 바닥을 쳤습니다. 이후 57~59kg을 약 3개월 정도 더 유지하다가 스스로 공황장애임을 알고 부단한 노력을 시작하면서 서서히 체중이 원상태로 복귀되고, 완치가 눈에 보인다고 자신했던 2002년 말경에는 70kg으로 회복되었습니다.

그때부터 지금까지 필자의 체중은 70~71kg을 안정적으로 유지하고 있습니다. 여담이겠지만 공황장애가 필자에게 가져다준 아주 고마운 선물 중 하나가 바로 '다이어트'였습니다. 필자의 키는 현재 177cm이고 몸무게가 71kg 정도이므로 나이 대비 과체중 군에 속하지는 않습니다. 딱 알맞은 몸무게가 되었습니다.

그러나 지금이야 몸무게에 만족하고 있지만, 공황장애인 줄도 모르는 상태에서 몸무게가 계속 빠져가던 시절에는 정말 두려워했고, 간단한 검사로는 발견할 수 없는 어떤 중한 병에 걸린 것이 아닌지 심하게 염려했습니다. 심지어 하루도 안 빼고 체중계에 오르내리며 심한 위장장애에도 불구하고 식사를 억지로 했습니다. 물론, 밥이 제대로 넘어갈 리가 없었기 때문에 스스로 처한 상황이 너무나도 비참하고 우울했습니다. 그 모든 일련의 과정을 다 겪어보았기에 필자는 체중 감소에 대한 환우분들의 염려와 걱정을 누구보다 잘 공감하고 있습니다.

공황장애에서 나타나는 체중 감소는 물론 신체 증상으로 야기된 결과적인 현상입니다. 우리가 불안하면 뇌에 있는 식욕에 관련된 호르몬이 급격히 줄어듭니다. 그 결과 식욕이 크게 저하되고 저하된 식욕은 우울로도 연결됩니다. 식욕이 줄었으므로 당연히 최소량 이상의 식사를 하고 싶어도 속에서 받아주지 않아 먹기도 힘듭니다.

또한, 불안은 소화기관에 혈액 공급을 크게 줄입니다. 혈액 공급이 줄어든 소화기관은 기능적으로 제대로 활동하기 힘겹습니다. 기능이 크게 저하된 소화기관은 음식물을 원활하게 소화시키기 힘들고, 위나 장에서 음식물을 분해하기 위한 침, 위액, 기타 여러 소화액 분비의 균형이 깨어집니다. 그 결과, 물리적으로도 관찰될 수 있는 '위염', '위궤양', '역류성 식도염', '장염' 등에 걸리기 쉬운 상태가 됩니다. 필자도 불안으로 인한 극심한 역류성 식도염과 위궤양, 출혈성 위염을 달고 살았었습니다. 먹고 싶어도 속에서 받아주지 않고, 억지로 먹으면 온몸으로 느껴지는 구역과 메스꺼움, 타는 듯한 통증 및 온종일 계속되는 더부룩함은 지금 생각해도 다시는 경험하고 싶지 않을 정도입니다.

또한, 공황장애로 인하여 우리의 삶의 질은 크게 떨어집니다. 너무 못 먹고 힘들어서 기력도 없고, 이러한 삶이 너무 비참하게 느껴져서 심각한 우울에 빠집니다. 그 결과 활동량 자체가 크게 떨어지고 활동량이 떨어지면 자연스럽게 신체는 식욕을 줄입니다.

불안은 그 자체만으로도 몸에서 많은 에너지를 소모합니다. 몸

안의 모든 신경계를 경계 상태로 유지하고 심박출량을 증가시키며 근육들은 긴장상태를 유지합니다. 하루 동안 활동을 하지 않아도 생명 활동을 유지하기 위해 필요한 에너지양을 '기초대사량'이라고 합니다. 실제로 성인 남자 하루 필요 칼로리 2,400Kcal 중 70% 이상이 몸의 기본적인 운영 유지를 위해 소모됩니다. 우리 몸이 불안 상태를 유지하게 되면 당연히 기초대사량은 크게 증가합니다.

반면 역설적으로 불안은 소화기계에 혈액 공급을 줄이며 에너지 섭취 통로인 소화기의 기능을 저하시킵니다. 따라서 많이 먹지 못하고 에너지를 많이 소모하는 상태에 놓여서 결국 기력이 떨어집니다. 거기에 우울까지 덮치면 기력 저하는 훨씬 더 가속이 붙습니다.

하지만, 필자 자신을 포함하여 환우분들을 유심히 관찰해보면 공황장애로 나타나는 체중 감소는 그 바닥이 존재함을 알 수 있습니다. 필자의 경우는 56~59kg이 그 바닥이었습니다. 즉, 필자의 키를 감안한 기본 체구와 줄어든 식사량이, 그나마 마지못해 억지로라도 먹는 식사량과 균형을 이룬 최저점이 바닥이라고 생각하면 이해하기 쉽습니다. 필자도 그 최저점을 일정 시간 유지하다가 (더 줄어들 줄 알았는데 안 줄어들더군요) 치료의 가닥을 잡으면서 이후 공황장애가 호전되었고 체중도 안정적으로 증가했습니다.

어떤 내외과적 질환이 원인이 되어 과다한 에너지를 소모하도록 만드는 질환을 '소모성 질환'이라고 합니다. 소모성 질환에는 여러 종류가 있지만 역시 환우분들께서 가장 염려하고 두려워하는 것이 바로 '암'입니다. 잘 알다시피 암은 전신적 균형과 상관없이 제멋대로 계속 증식하는 세포군을 의미합니다. 몸 전체에 주어지는 영양소가 거의 없더라도 암세포는 스스로 증식을 위해 가용한 최대한의 에너지를 소모해버립니다.

말기 암 환자는 몸무게가 심각하게 줄어드는 현상이 자주 발생합니다. 하지만, 암의 경우 몸무게가 심각하게 줄어들려면 대부분 말기에 도달한 경우이며, 이미 체중 감소보다 훨씬 더 심한 암성 통증과 각종 합병증이 나타납니다. 즉, 공황장애의 체중 감소와는 그 패턴 자체가 확연히 다릅니다.

환우분들께서는 이미 어지간한 내과 검사를 다 받으셨을 것입니다. 물론 그 검사들 속에는 '혈액검사'는 기본적으로 들어있는데, 혈액검사 결과를 보면 극도의 체중저하라는 내과적 원인은 쉽게 파악이 가능합니다. 또한, 소화기계 불편감을 호소하셨던 환우께서는 내시경 검사를 이미 받으셨을 것입니다. 내시경은 소화기계 검사 수단 중 가장 정확하고 신뢰할 수 있는 도구입니다.

물론 검사 결과 해당 환우들께서 호소하는 극심한 체중저하를 외과적으로 설명할만한 병변이 내시경에서는 관찰되지 않았습니다. 또한, 일부 환우께서는 의사의 만류에도 불구하고 '암표지자 검사'나 머리, 흉부, 복부 등에 대한 CT 검사까지 하는 경우도 많습니다. 물론, 예외 없이 결과는 '이상 없음'으로 나왔습니다. 즉, 이러한 검사 결과를 바탕으로 내외과 질환이 직접적으로 체중 감소를 유발했다는 가정은 완전히 배제됩니다. 즉, 신경성이란 딱지가 붙는 것입니다.

TV나 뉴스에서 간혹 '물만 먹고 00일을 생존한 사람'에 대한 소식을 들어봤을 것입니다. 또한 기도원이나 단식원 등에서는 물만 먹고 1~2주 버티는 단식은 아주 흔한 일입니다. 우리의 몸은 그만큼 생존력이 강합니다. 적정한 양의 수분만 보충해 주면 몸은 매우 강하고 정교해서 1~2주는 물론이요, 심지어 수주까지도 생존이 가능합니다.

신체는 '굶주림'에 강합니다. 이는 수십만 년 동안 진화해온 신체의 특징입니다. 불과 수백 년 전까지만 해도 인류는 헐벗고 굶주렸습니다. 심지어 인류가 제대로 농사를 짓고 정착한 것으로 추측되는 1만 년 전후, 당시 인류의 굶주림 정도는 일상이었고 매우 심각했습니다. 따라서 인간의 신체는 굶주림이 일상이었던 구석기 시대에 적합한 시스템으로 진화해왔고, 한 번 영양소를 섭취하면 최대한 효과적으로 많은 양의 에너지를 제한된 음식물로부터 추출하여 몸속에 저장합니다. 그렇게 저장된 영양분은 수분만 적절히 섭취하면 수주에 걸쳐 천천히 경제적이고 효율적으로 전신에

배분되어 정상 생명을 유지하는 데 지장이 없도록 설계됩니다. 그만큼 신체는 강인하고 끈질기며 뛰어나다는 점을 잊지 마십시오.

환우분들께서는 체중 감소에 집착하지 마십시오. 체중이 줄어드는 원인은 바로 불안 때문이며, 불안은 신체의 많은 에너지를 소모시키고 소화기의 효율을 떨어뜨립니다. 그 결과 체중은 빠질 수밖에 없습니다. 따라서 기본적이고 적절한 내외과 검사를 받았다면 체중 감소에 대하여 더 이상 신경 쓸 필요가 없습니다. 지금 기력이 없다고 절대로 조급해하지 말고 천천히 하나씩 불안을 교정해나가고 천천히 운동을 시작하면서 욕심부리지 말고 조금씩 음식을 즐겁게 먹는 습관을 길러나가면 나중에는 모두 원상 복귀 될수 있는 증상일 뿐입니다. 절대로 체중 감소라는 증상 때문에 불안을 양산해내는 굴레에 빠지면 안 됩니다.

불면증, 도무지 잠들 수가 없어요

잠을 못 자서 죽는 희귀병이 있긴 합니다.
그러나 그 외 모든 경우에서 불면증으로 죽는 일은 없습니다.

잠은 고귀하고 너무나 달콤한 선물입니다. 어린아이들은 정말 열심히 잡니다. 너무 열심히 자기 때문에 업어가도 모를 정도입니다. 그러한 달콤하고 깊은 수면이야말로 공황장애 여부를 떠나 인간의 무병장수를 위한 가장 필요한 요소 중 하나입니다.

인간은 잠을 통해 원기를 보충합니다. 잠을 자는 동안 뇌는 동작을 멈춘 듯 보이지만 실제로는 엄청나게 많은 정리 작업과 준비 작업을 수행합니다. 온몸을 다시 정상화시키기 위한 준비를 하며 깨어있는 동안 입력된 방대한 정보들을 용도에 맞게 정리합니다. 그리고 뇌 자체도 스스로 휴식을 취합니다.

인간이 기초 생존을 위해 가장 필수적인 것을 우선순위로 매긴다면 역시 1순위로는 '수분'이고, 2순위가 '수면'입니다. 기타 음식물 등은 모두 잠보다 우선이 아닙니다. 잠을 못 자면 수분을 공급하지 못하는 것과 동일한 치명적인 문제가 단시간 내에 나타납니다. 그만큼 수면은 중요하고 필수적입니다.

환우분들께서 호소하는 불면증은 사실 진정한 불면증과는 거리가 있습니다. 엄밀히 따지면 '수면장애'로 보는 것이 정확합니다. 즉, 잠을 편하고 쾌적하게 자고 싶은데 어떤 원인으로 인하여 잠을 못자거나, 자주 깨거나, 꿈을 많이 꾸거나, 악몽으로 놀라 깨거나, 잠을 자도 개운치가 않은 경우를 의미합니다. 진정한 불면증은 보다 응급질환인데 반해 수면장애는 덜 응급한 측면도 있습니다. 물론, 환자가 공히 불편과 고통을 느끼는 것은 공통점일 수 있겠습니다.

진정한 불면증은 의학적으로 다음과 같이 규정됩니다.

❶ 적어도 1개월 이상 수면 시작, 수면 유지, 원기회복이 어려운 수면을 호소하다.
❷ 수면 불편감의 결과와 피로감이 평소 정상생활에 심각한 지장을 초래하다.
❸ 기면증이나 호흡곤란 관련으로 유발되거나 다른 수면 관련 중요 질환으로 인한 것이 아니다.
❹ 정신장애(우울증, 공황장애, 불안장애 등)로 인한 것이 아니다.
❺ 각종 물질이나 약물 및 직업, 생리 효과(야간 배변, 야간근무 등)로 인한 것이 아니다.

당연히 환우분들께서는 진정한 '불면증'에 해당되지 않습니다. 주로 위 내용의 ❹와 ❺ 예외 규정에 해당되기 때문입니다. 즉, 환우분들께서 호소하는 증상은 바로 공황장애나 관련 약물 효과로 인해 파생된 수면장애에 해당됩니다. 이를 바꿔 표현하면, 공황장애가 잘 호전되어 가고 관련 약물 효과가 잘 조절될 경우 환우분들이 호소하는 수면장애는 당연히 잘 호전될 것이라는 의미입니다.

우리가 불안하고 긴장하면 수면에도 큰 영향을 줍니다. 특히 환우분들께서 가장 많이 호소하는 수면장애의 패턴은 다음과 같습니다.

❶ 밤새 과도한 꿈이 이어진다.
❷ 때로 악몽(무서운 꿈)이나 그와 비슷한 꿈을 꾸며 공황 및 준공황상태를 경험한다.
❸ 잠에서 자주 깨어난다.
❹ 과거 간간이 경험했던 '수면 중 각성(잠은 깬 것 같은데 몸이 안 움직이는 등)' 증세가 더 심해졌다.
❺ 잠을 자도 피로감이 풀리지 않는다.
❻ 이상의 증상들이 두려워 잠을 자기 힘들 때가 자주 있다.
❼ 잠을 제대로 못 자는데 대한 염려와 두려움이 있다.

여러분은 위 내용에 해당되나요? 쾌적하고 질 좋은 수면을 누리기 위해 단순히 잠자리에 들 때 깊게 자려는 악전고투로 이러한 수면장애가 쉽게 해결되는 것은 아닙니다. 잠자리에 들기 전부터 우리는 합리적이고 당연한 시도와 이해, 확인 작업을 해야 합니다. 그래야 마음이 안심하고, 그 결과로 불안이 줄어들기 때문입니다.

이상의 모든 수면장애 현상의 원인은 결국 그 바탕에 '불안'이란 존재가 도사리고 있는 것입니다.

먼저 곰곰이 생각해봅시다. '정말 우리가 공황 전에는 잘 잤을까요?' 아마도 대부분의 환우분들께서는 공황 이전에도 이미 수면장애의 부분적 증상을 자주 경험했을 것입니다. 즉, 불안이란 존재가 공황 전부터 이미 우리의 마음속에 자리 잡고 있었고 우리의 수면에 일정 수준의 영향을 주어온 것입니다.

모든 것을 다 공황 탓으로 돌리면 안 됩니다. 지금의 수면장애는 결국 공황 이전부터 마음속에 똬리를 틀고 있었던 불안으로부터 출발했고 이후 공황장애로 인해 그 위세가 더 심해진 것입니다. 결코 최근 새롭게 생긴 생소한 현상은 아니란 점이 가장 중요한 포인트입니다. 따라서 우리는 불안을 조절해야 합니다. 불안의 수위를 우리 의지대로 낮출 수 있는 능력을 손에 넣어야 합니다. 불안이 낮아지면 질 좋은 수면은 자동으로 보장될 수 있습니다.

불안을 낮추고 언제든지 원할 때 항상 이완할 수 있어야 하며, 마음의 중심에 똘똘 뭉친 긴장을 풀고, 잠자기 전에 편안하게 몸과 마음의 넋 놓기를 할 수 있어야 합니다. 그 구체적인 요령은 추후 설명하겠습니다.

우리는 수면장애의 그 불쾌한 증상과 '잠이 못 들까 봐 우려하는 마음'에 좀 더 초연해져야 합니다. 동시에 이러한 수면장애가 빨리 해결되길 바라는 조급함을 우선적으로 털어버려야 합니다. 무시하십시오. 좋아질 때까지 충분한 시간을 허락하십시오. 그게 먼저입니다. 그 결과 수면의 질이 아주 조금씩 개선되어 가다가 나중에는 가속도가 붙습니다.

그러나 환우분들 중 일부는 최근 약을 바꾸거나 용량을 변경하거나, 또는 끊은 직후 이러한 수면장애를 심하게 겪고 계신 분들도 있습니다. 당연히 '약물이 원인이 된 수면장애'입니다. 약물에 기인한 수면장애는 정확하고 냉정하게 상의해서 적절한 조치를 받아야 합니다. 이 경우 괜히 불안과 불편감을 키우지 말고 지체 없이 정확한 상담을 한 후 약물에 대한 조정을 하는 것이 우선이라는 점을 명심하십시오.

공황장애에서의 수면장애는 '불안'과 '약물'이 주원인입니다. 불안을 경감시키기 위한 총체적 노력으로 시간을 넉넉히 두고 꾸준하게 해나간다면 '보람과 자신감'이 마음속에 자리 잡아갑니다. 그 대가로 우리의 마음은 안심하게 되고, 그 결과 불안은 고개를 숙여나가는 것입니다. 그것 외에 지름길은 없습니다.

상태가 호전될 때까지 답답하고 힘들겠지만 그 기간 중에는 최대한 수면장애 자체를 무시하십시오. 불면이 불안을 부추기고, 불안이 다시 불면을 부추기는 굴레에 절대 머물지 마십시오.

술·커피·초콜릿, 먹기가 두려워요

불안을 낮추고 대응할 능력과 자신감을 충분히 갖춘 후에
'삶의 즐거움' 차원에서 적당히 즐기면 될 것들에 불과합니다.

우리나라의 직장 생활에서는 '술'이 참 말썽입니다. 술을 못하면 각종 인간관계가 다소 불편해집니다. 종교적인 이유나 다른 내외과 질환이 아닌 공황장애 때문에 술을 회피하게 되었다면 그 사실 자체가 더욱 스트레스가 됩니다.

모든 음식은 똑같습니다. 적당하면 보약이요, 과하면 독약입니다. 술, 커피, 초콜릿 모두 그러합니다. 적당히 하면 그 무엇보다 인간관계를 개선하는 데 큰 도움이 되는 것이 술과 커피고, 개인적인 휴식에도 그만입니다. 그러나 과하면 얻을 게 없고 건강을 해치는 것이 바로 술과 커피입니다.

공황장애 환우들은 누가 시킨 것도 아닌데 커피와 초콜릿 등을 알아서 피하는 경우가 흔합니다. 특히 커피는 첫 공황을 만난 지 얼마 지나지 않아서 곧바로 회피를 시작하는 대상입니다.

우리는 굉장히 영리합니다. 의식적이건 무의식적이건 심장 박동 수가 빨라지는 것을 '심장마비'와 견주어 생각합니다. 가슴이 두근대는 느낌이 공황의 신체 증상들과 매우 닮아있기 때문입니다. 그래서 커피를 아주 영리하게 멀리하는 것입니다. 초콜릿도 예외는 아닙니다. 초콜릿에도 커피와 마찬가지로 카페인이 많이 들어 있습니다. 그래서 환우분들은 누가 시키지 않아도 커피와 초콜릿을 피하곤 합니다. 그 이유는 간단합니다. '카페인 때문에 심장이 두근댈까 봐', '그러다가 공황이 올까 봐'입니다.

적당한 농도로 우려낸 커피의 경우 하루 2~3잔 이내가 권장됩니다. 하지만, 커피를 좋아하는 분들은 하루 10잔 내외를 마시기도 합니다. 잔의 크기나 농도에 따라 달라지지만 하루 20잔 이상이면 위험해지고 30잔 이상이면 심지어 치사량이 될 수도 있습니다. 공황장애를 떠나 커피의 하루 권장량은 3잔 이내입니다.

적당 용량을 편안한 기분으로 즐기면 커피는 정말 좋은 기호식품이 됩니다. 2002년 일본에서는 '좋은 품질의 커피를 하루에 3잔 이내로 적절히 마시면 심장병 등 순환기계 질환에 아주 좋은 예방약이 될 수 있다.'는 연구결과가 뉴스화되기도 했습니다. 하루 권장량 이내의 커피는 공황장애와 하등의 상관이 없습니다.

초콜릿 또한 제품과 종류에 따라 카페인의 함유량이 크게 달라집니다. 따라서 커피처럼 몇 잔이나 몇 그램 등으로 권장량을 표기할 수는 없습니다. 다만, 1회 취식량으로 포장된 제품이면 하루 1~2개 이내가 권장량이 됩니다. 초콜릿의 원료인 카카오는 우리 몸에 정말 좋은 여러 가지 물질을 함유하고 있습니다. 2004년 이후로 일본, 유럽 등지에서는 폴리페놀을 많이 함유한 다크초콜릿이 인기를 끌어왔습니다. 즉, 초콜릿도 적정량 이내로 매일 섭취해도 공황장애에 전혀 악영향을 주지 않습니다.

이상 카페인을 함유한 커피와 초콜릿과는 달리, 술은 공황과 다소 깊은 관계가 있다고 연구되어 왔습니다. 술과 공황과의 관계는 사람마다의 특성과 체질이 달라 '공황장애 환자의 경우 어느 정도의 양까지는 허용된다.'는 등의 자료는 없습니다. 다만, 공황장애를 앓고 있다면 술은 최대한 자제하는 것이 좋다는 것은 엄연한 사실입니다.

특히, 환우분들이 가장 흔하게 복용 중인 'SSRI'나 '벤조디아제핀', '삼환계 항우울제' 등에서는 '복용 중 알코올 섭취는 절대 금기'시 되고 있습니다. 술은 약물의 기능을 과대하게 나타나도록 하거나 아니면 그 반대의 작용을 보일 수 있기 때문입니다.

최근 연구에 따르면 '공황과 알코올리즘(알코올 중독)은 유의미한 관련이 있다.'는 내용도 있습니다. 사실 공황장애뿐 아니라 우울증, 여타 불안장애에서도 환자는 자신의 삶의 질에 대하여 큰 불만족과 고통을 느끼므로, 그러한 증상들을 잊거나 완화할 목적으로 술에 의존하는 경우가 자주 관찰되기도 합니다. 어쨌든 술은 공황장애를 충분히 치료한 후, 약을 끊은 상태에서 스스로 공황에 대처하고 공황과 신체 증상들을 자기조절할 수 있는 자신감과 능력을 갖춘 후 시작하는 것이 현명합니다.

여기까지 다음과 같이 정리할 수 있습니다.

❶ 커피, 카페인 : 공황과 상관없이 하루 적정 권장량 이내로 드시면 좋습니다.
❷ 술 : 공황장애가 충분히 치료된 후 약을 완전히 끊은 상태에서 적정 권장량 이내로 제한하는 것이 좋습니다.

술은 약을 끊기 전까지는 반드시 절제하고 피해야 할 것입니다. 반면, 커피나 초콜릿은 뒤에 설명하는 요령을 통해 회피 대상을 줄여가는 과정에서 서서히 회복시키는 방법을 권장합니다.

의료진 불신, 병원 검사도 믿지 못해요

도울 수 있는 사람을 불신하는 것처럼 불행한 일은 없습니다.

필자는 2001년 말 '공황장애'라는 것을 인터넷 검색을 통해 우연히 인지하게 되었고, 그 결과가 맞는지 확인하고자 집 근처 신경정신과를 방문했습니다. 물론, 광장공포증과 건강 염려증이 심하게 합병되어 있어서 그 개인 의원까지 가는 길은 정말 멀고도 고통스러웠습니다. 하지만 '치료의 희망'이 보일 것 같아서 용기와 힘을 짜내어 가까스로 걸어갔습니다.

그러나 해당 의원의 의사는 아주 퉁명스럽고 권위적이었으며, 필자가 우선 확인하고자 했던 "제가 공황장애가 맞나요?"란 질문을 무시하고 "일단 약이나 드세요. 좀 드시고 난 후 알려드릴게요"라는 식으로 무성의하게 치료를 시작했습니다. 그러한 무성의는 이후 수 주간 계속되었고 결국 필자는 새로운 정신과로 옮겼습니다.

필자가 새로 방문한 신경정신과는 역세권 주변의 아주 좋은 지역에 자리 잡은 정신과라 환자가 굉장히 많았습니다. 하지만, 그곳에서도 원했던 답은 얻을 수 없었습니다. 수 주간 계속 약만 처방해 주었고 상담 시간은 10분을 넘지 못했습니다. 이후 복용한 약의 부작용에 시달렸고 약효를 보지 못하자 약에 대한 거부감까지 생기게 되었습니다. 당연히 필자는 의사에게 부작용에 대해 호소했지만 의사는 임의로 약을 안 먹거나 골라내지 못하도록 모든 약을 가루로 빻아 주었습니다. 필자는 결국 몇 주간 헛고생만하고 다시 큰 대학병원 정신과로 발길을 돌렸습니다.

오랜 시간 외래진료를 대기한 후 시설 좋고 규모가 큰 대학병원 정신과의 의사로부터 치료를 받기 시작했습니다. 그러나 기대와 달리 그 거대한 규모와 좋은 시설 이외에는 바뀐 것이 하나도 없었습니다. 역시 그곳에서도 다른 개인 의원들과 똑같이 첫 진료 초기 큰돈이 들어가는 각종 검사를 중복해서 받아야만 했고, 역시 격주 단위로 약만 처방받고 5분도 지나지 않아서 다음 환자에게 자리를 양보했습니다.

결국 필자의 이미 깊디깊은 '의료진 불신'이라는 또 하나의 우매한 병이 가슴속에 자리 잡게 되어 버렸습니다. 만약 처음부터 신뢰할 수 있고 자상한 주치의를 만났다면 그 예후는 눈부시도록 좋았을 것이라 확신합니다. 그만큼 공황장애 치료에서 주치의는 매우 중요합니다.

환우들 역시 필자와 비슷한 경험들을 하셨으리라 믿습니다. 이러한 의료진 불신이 생기는 원인은 다양하겠으나 간단히 중요한 경우만 추려 정리하면 다음과 같습니다.

❶ 반복적인 예상 밖의 진단을 받았을 때 불신하게 된다.

❷ 의사가 바쁘거나 다른 이유로 나에게 무성의하다고 느낄 때 불신하게 된다.

의료진 불신은 비단 정신과뿐 아니라, 일반 응급실, 내과 등에서도 흔하게 발생합니다. 우리는 극렬한 공황 증세에 압도되어 거의 죽을 지경인데 검사 결과 '문제없다'는 사실이 지겹도록 반복될 경우 의료진을 불신하게 됩니다. 더욱이 문제가 왜 없는지를 자상하게 잘 설명해 주지 않는다면, 당연히 의료진 불신의 늪에 쉽게 빠지고 맙니다. 즉, 정신과건 응급실(또는 내과)이건 간에 의료인은 환자가 무성의하다고 느낄 수 있는 말과 행동은 유의해야 합니다.

이처럼 자신의 주치의를 불신하게 되면 당연히 불안으로 이어집니다. 누차 반복하지만 '불안은 수많은 신체 증상을 낳고 악화시키는 주범'입니다. 모든 환자들은 의사의 흰 가운 자체를 신뢰하려 합니다. 동시에 의사가 자신의 병을 극적으로 치료해낼 것으로 믿어버립니다. 하지만, 바로 그 신뢰가 무너졌을 때 우리의 마음은 불안으로 걷잡을 수 없이 치닫게 됩니다. 브레이크 없는 자동차가 내리막길을 달리는 형상이 되어버리는 것입니다.

환우분들께서는 공황장애를 완치하고 싶은데 지금 자신의 주치의를 신뢰할 수 없다면 어떻게 해야 할까요? 답은 간단합니다. 방치하지 마십시오. 신뢰할 수 있는 주치의를 찾아 지금 바로 움직이면 됩니다. 가만히 앉아있는 것만큼 바보스러운 짓은 없습니다.

그렇다면 신뢰할 수 있는 의사는 어떤 사람일까요? 그것에 대하여 우리가 스스로 정확하고 바람직하게 규정하지 못한다면 신뢰있는 주치의를 만날 수 없습니다. 그런 좋은 주치의를 만나기 위해 먼저 기준을 바로 세워야 합니다.

❶ 병원 규모는 크건 작건 상관없다.
❷ 의료진의 의료기술을 불신하지 말라.
❸ 치료에 충분한 시간을 허락하는 의사
❹ 자상하게 설명해 주고 이해를 시켜주는 의사
❺ 나를 정확하게 기억하고 변화 추이를 정확히 알고 있는 의사
❻ 인간적으로 신뢰가 가며 오랫동안 신뢰를 유지할 수 있는 의사

공황장애는 비록 다루기 까다로운 질환일지 몰라도 최신 장비를 갖춘 큰 병원에서 치료해야 하는 특수한 질환이 아닙니다. 병원의 규모나 시설 등은 전혀 상관이 없습니다. 좋은 주치의를 만나는 것에 병원의 규모는 아무런 상관이 없습니다.

현대 의료기술은 정말 눈부시게 발전해 있습니다. 응급실이나 내과에서 우리가 받았던 검사들은 이미 오랫동안 검증되었고 정확도도 아주 높은 것들입니다. 소위 우리가 의심했던 '오진'은 그 가능성이 너무나 낮아서 걱정할만한 것이 못됩니다. '혹시나 증상

이 특수한 질환에 의한 것이 아닐까' 하는 염려는 기우입니다. 바로 그 의심을 없애는 것 또한 좋은 주치의를 만나기 위한 우리의 기본자세 중 하나입니다.

우리는 자본주의에 살고 있습니다. 병원 또한 시간 대비 수익을 위해 많은 노력을 하지 않을 수 없습니다. 그러한 연유로 한때 소위 '밀어내기'식의 취급을 받았던 경험도 있음을 부정할 수 없습니다. 하지만 환자가 밀려 바쁘다는 것은 병원의 사정이고 해당 의료인의 사정입니다. 우리는 충분한 시간을 환자를 위해 허락하고 부여하는 의사가 필요합니다. 5분, 10분 만에 약만 반복적으로 처방하고 다음 환자를 돌봐야 하는 그런 바쁘기만 한 의사를 주치의로 두어선 안 됩니다.

공황장애는 이해하지 못할 경우 그 치료가 더뎌집니다. 공황장애는 약만으로 완벽에 가깝게 증상이 조절되고 이후 간단히 완치되는 질환이 아닙니다. 우리는 자상하게 이해시켜주고 그 이해를 위하여 충분히 설명해 주는 의사가 필요합니다. 그러한 의사를 만나셨다면 당연히 나의 주치의로 삼고 신뢰하고 의탁하십시오.

의사들은 많은 환자를 치료하므로 모두 일일이 기억하기 힘들 수 있습니다. 그러나 그것 또한 의사의 사정일 뿐입니다. 매번 갈 때마다 '기억이 잘 안 나는 이유로 자꾸만 같은 사항을 되물어 보는 의사'라면 NO입니다. 우리의 치료되는 경과와 추이를 상세히 기억하고 있으며, 그 예후를 정교하게 판단하는 의사가 필요합니다. 만약 그런 의사를 만났다면 마찬가지로 주저 없이 주치의로 삼고 신뢰하십시오.

의사는 때로는 무지하거나 정상적인 자기 이해가 곤란한 환자를 다소 압도할 필요가 있을 수 있습니다. 즉, 권위적이고 명령 투로 지시하는 자세 또한 때로는 그 환자에게 유용할 수 있다는 것을 의미합니다. 그렇다고 하여 궁금한 점을 물어봐도 고압적인 태도로 무시해버리거나 약에 대한 불편감을 호소해도 별다른 설명 없이 일축해버리는 의사는 곤란합니다. 인간적으로 신뢰할 수 있는 의사, 오랫동안 그 신뢰를 꾸준하게 유지해 주는 의사가 필요합니다.

위 내용처럼 우리는 주치의를 정성을 다해 찾아야 합니다. 지금 여러분들의 주치의는 어떤 유형이십니까? 비교적 긍정적이시라면 그 의사를 철저하게 신뢰하고 의심 없이 완치를 향한 도움을 받으십시오. 만약 부정적이라면 상황을 방치하지 말고 용기를 내서 다른 좋은 의사를 찾아 나서십시오.

좋은 주치의는 충분한 시간과 성의를 허락하고, 우리의 변화나 느낌을 정확히 추적 관찰하며, 자세한 설명을 통해 이해시켜 우리가 의심치 않도록 하며, 적절한 약과 가이드, 상담으로 우리를 완치의 세계로 인도하는 등불입니다. 좋은 주치의를 만나는데 쓰는 시간과 정성은 아깝지 않습니다.

◈ 깊게 들어가기 – 공황장애 전문병원과 한의원

환우들이 인터넷을 통해 가장 흔히 접하게 되는 광고 문구가 바로 공황장애 전문병원 또는 한의원입니다. 이 광고를 접하면 마치 해당 의사(한의사)가 공황장애를 전문적으로 연구하고 그에 대한 특화된 라이선스를 보유한 것처럼 오해할 수 있습니다. 또한 그 병원(한의원)이 정부로부터 공황장애를 전문적으로 치료하는 기능의 전문병원 자격을 인증 받은 것으로 착각할 수 있습니다.

사실 공황장애 전문병원(한의원)이란 표현은 관련 법규에 따라 사용할 수 없습니다. 전문병원 인가는 정해진 기간마다 보건복지부에서 수십 개의 의료기관을 선정하지만, 그 선정 항목 중 공황장애 전문은 포함되지 않습니다. 또한 의료인에 대해서도 공황장애 전문의라는 인증 또한 존재하지 않습니다.

박정희(37) 광고 디자이너

네이버 '공황장애 완치 카페' ID_amor

공황장애에 걸린 후에야 내가 살아온 삶을 뒤돌아볼 수 있었습니다. 타고난 민감성 외에도 스스로를 채찍질하며 과부하로 몰아넣는 욕심, 타인에 대한 과한 의식, 새로운 것을 회피하던 습관, 행복한 순간에도 최악의 시나리오를 미리 상상해 두는 과한 염려까지...

이 책을 접하고 극복 노력을 통해 완치를 향해 갈수록, 공황장애에 걸린 것은 내게 축복이었다는 것을 깨닫게 되었습니다.

극복 노력은 나를 새롭게 변화시켜주었고, 완치 후 지금까지 수많은 사건사고들이 내 삶에 찾아왔지만 나는 더이상 흔들림없이 공황장애 이전보다 오히려 행복한 삶을 살 수 있게 되었습니다.

제 4 장

초연

불안은 우리의 온몸에 여러 증상을 일으킵니다. 그 증상에 연연하면 더욱 예민해지고 결코 완치에 도달할 수 없습니다. 증상을 낮추려면 불안을 낮춰야 합니다. 불안을 낮추기 위해서는 절대적인 시간이 필요합니다. 그 시간 동안 꾸준히 노력하되 과정 중에 나타나는 증상은 무시합니다. 동시에 수시로 조급함이 머리를 쳐들어도 절대 조급해하지 말고 '아주 천천히 간다'는 마음으로 자기 자신에게 충분하고 넉넉한 시간을 허락해야 합니다. 이번 장에서는 우리가 무시해야 할 것들을 전달합니다. 무시할 것들에 대하여 초연해지도록 노력하면 그것만으로도 완치에 한결 가까이 접근할 수 있습니다.

조급이라는 독약

공황장애 완치의 최대 적은 '조급함'입니다.

    필자는 원래 굉장히 급한 성격이었습니다. 해야 할 것을 당장 하지 않으면 안절부절못하며 걱정하는 성격이었습니다. 또한, 시간이 해결해 줄 수 있는 걱정거리도 미리부터 안달복달 걱정하며 살았습니다. 물론, 모든 것은 양날의 검입니다. 이런 급한 성격은 또 다른 필자의 특징인 '완벽주의'와 결합하여, 적어도 회사에서는 겉보기에 굉장히 신뢰도 높게 어려운 일도 뚝딱 해치우는 능력도 발휘했습니다. 그러나 단기적으로는 그러한 이득을 제공해 주기도 했지만, 장기적으로는 여러 손해를 야기하는 원천이 되기도 했습니다. 그 손해 중 가장 중요한 것은 역시 건강이었습니다.

    모든 환자들은 조급합니다. 현재의 고통스러운 증상들이 빨리 치료되어서 완쾌되길 희망합니다. 하지만, 그러한 희망과는 달리 질병에는 완쾌를 위한 절대적 시간이 필요합니다. 공황장애는 적어도 그 자체가 물리적으로는 치명적이지 않지만, 완치를 위해서는 비교적 긴 회복 시간이 필요합니다. 동시에 의사한테 모든 것을 전적으로 맡긴다고 쉽게 해결되는 병도 아닙니다. 즉, 공황장애는 시간이 필요한 병입니다.

환우분들께서는 하루라도 빨리 극적인 호전이나 완치를 간절히 바라고 있습니다. 그러나 간절함을 넘어 조급함을 갖게 되면, 오히려 공황장애는 그 깊이를 더해갑니다. 공황장애의 깊이가 더해갈수록 우리는 근원적 노력을 포기한 자포자기의 상태로 그냥 힘들게 긴 시간을 머물러 있게 됩니다. 따라서 조급함은 반드시 완치를 위해 던져버려야 합니다.

조급함은 공황장애를 심화시키는 데 아주 큰 역할을 합니다. 조급하면 우린 불안해지고 항상 같은 흐름을 반복하게 됩니다. 그런 식으로 불안은 신체 증상을 강화시키고, 신체 증상은 더욱 불안을 증가시키면서 공황장애는 그 깊이를 더해 나가는 악순환을 반복합니다.

조급해지면 호전되는지를 감시하기 위해 더더욱 자신의 몸을 관찰하면서 예민함이 증가합니다. 예민해지면 그만큼 신체의 증상들이 강하게 느껴집니다. 심지어 예민한 상태에서는 가벼운 느낌이나 감각마저도 쉽게 공황의 신체 증상과 언제든지 비교하는 경계 상태에 돌입하기 일쑤입니다. 이러한 상태는 곧 '불안 상태'를 의미합니다. 경계 상태가 유지되려면 불안이 뒷받침되어야 합니다. 즉, 예민함은 공황장애의 최대 주범인 불안을 우리 내부로부터 강화시키는 역할을 합니다.

시간이 지날수록 증상이 호전될 것이라고 믿었지만, 다시 증상이 나타나는 경우 우린 쉽게 실망합니다. 실망은 우울을 극적으로 증가시킵니다. 우울은 건강 염려와 더불어 공황장애와 가장 친한 친구입니다.

우리가 우울하면 우리의 몸도 우울해집니다. 활발한 신진대사가 우울로 인하여 방해받고 그 결과 우리는 더욱 늘어지고 쳐집니다. 이러한 상태에서는 완치를 위한 적극적인 시도와 행동들이 어려워집니다. 또한, 완치를 위해 필요한 운동량 늘리기나 긍정적 사고 연습 자체가 불가능해집니다. 그 결과 이러한 나의 상황에 큰 실망을 느끼게 되는데, 그 실망과 좌절감은 공황장애 완치에 최악의 요인으로 작용한다는 것을 명심해야 합니다.

앞서 말씀 드린 대로 우리가 조급해지면 예민도가 증가하고 쉽게 실망하며, 그 결과 우린 더욱 깊은 공황의 수렁에 빠져듭니다. 따라서 조급함을 버려야 합니다. 조급함을 버리기 위해서는 굉장히 방대한 것들을 이해하고, 자기 자신을 돌이켜보는 과정이 필요하며, 여러 종류의 습관 개선 연습이 필요합니다. 그것들은 나중에 설명하기로 하고 우선 우리가 명심해야 할 것은 다음과 같습니다.

❶ 넉넉한 마음
❷ 자기 사랑과 여유
❸ 즐거운 것들에 주의분산

아무리 힘들어도 넉넉한 마음을 가지도록 노력합시다. 한 템포 또는 두 템포 느리게 생각하고 행동하며 반응하려고 노력해야 합니다. 애써 빨리 반응하지 않더라도 우리가 하고 있는 일의 대부분은 아무런 지장이 없습니다. 오히려 실수를 예방하고 더 정확하게 해낼 수 있습니다.

또한, 자기 자신을 사랑하고 충분한 여유를 허락합니다. 자신에 대한 채찍질은 그만 멈춥시다. 이미 과부하가 걸려 있는 우리의 몸과 마음을 편하고 자연스럽게 흐르도록 사랑하는 마음으로 내버려 둬야 합니다. 사랑이란 감정은 우리로 하여금 극적인 여유를 갖도록 만듭니다. 반면, 사랑하지 못하는 상태에서 여유를 갖기란 정말 힘든 일입니다.

마지막으로, 즐거움에 주의를 최대한 분산시켜야 합니다. 환우분들은 종일 자기의 상태와 신체 증상에 주의를 쏟고 감시를 합니다. 잠시도 뇌리에서 공황이란 두 글자를 떠나보내지 않고, 불편한 신체 증상의 변동 추이로부터 다른 곳으로 주의를 돌리지 않습니다. 그런 상태에서 이 병의 해결을 기대하기란 어렵습니다. 당연히 우린 즐거운 다른 일상으로 주의를 돌려 우리의 뇌가 신체 증상이나 힘든 상황이 아닌 것들로 잠시나마 쉴 수 있도록 해줘야 합니다. 24시간 똑같은 일을 반복하는 노동은 굉장히 힘들고 고되며 건강에도 좋지 않습니다. 마찬가지로 뇌도 24시간 신체 증상과 공황의 추이에만 계속 집중되어 있는 상태는 정말 바람직하지 않습니다. 즐거운 일을 갑자기 찾으려면 처음부터 쉬울 리가 없음은 당연합니다. 하나씩 하면서 꾸준히 연습해나가는 노력이 필요합니다.

목숨이 걸린 전쟁에서도 밥을 먹고 잠을 자며 작전을 수행합니다. 하물며 전쟁보다 작은 스케일인 공황장애이기에, 우리 뇌가 잠시라도 쉬고 여유를 갖도록 해줘야 완치의 길이 더 수월하게 열린다는 사실을 꼭 명심하십시오. 절대로 조급해하지 마십시오. 스스로에게 넉넉하고 사랑하는 마음으로 충분한 시간을 허락해야 합니다.

순환기계 증상, 심장은 불안의 명령에 따른다

공황 치료의 첫 단계는 신체 증상에 대해 무심해지기로부터 출발하며, 신체 증상 중 순환기계 증상부터 우선 극복해야 합니다.

앞서 우리는 우리가 겪었던 가슴 불편감들이 진짜 심장마비의 그것과 다르다는 것을 알았습니다. 또한, 응급실, 내과 등에서 검사한 심전도검사 등이 얼마나 정확한지도 알았습니다. 더불어 순간순간 나타났다 사라지는 가슴 불편 증상들도 무시하고 개의치 않아야 함도 배웠습니다.

오늘 이후로 이러한 증상을 다시 경험하게 되더라도 안심하십시오. 절대 괜찮습니다. 우리의 심장은 정말 튼튼합니다. 1년 또는 2년에 한 번씩 정기적으로 기본검사를 받고 적절한 운동과 삶의 절제만 잘 유지한다면 우리의 심장은 늙어죽는 그날까지 신뢰 있게 잘 동작합니다.

우리가 느끼는 가슴 불편감을 '흉부 불쾌감'이라 부릅니다. 그 어떤 증상과 불편감을 호소하시더라도 이미 검증된 순환기계 증상과 확연하게 다르며 관련 검사에서 모두 정상으로 나오므로 '감'이란 글자를 더해 '흉부 불쾌감'으로 부르는 것입니다. '감'이란 곧 '느낌'일 뿐입니다. 아무리 힘들어도 결국 병이 아닌 '느낌'일 뿐입니다.

우리의 가슴에는 중요한 기관이 많습니다. 가슴에 들어있는 대표적인 중요 기관은 심장과 폐입니다. 심장과 폐가 손상되면 매우 치명적이고 심지어 즉사할 수 있습니다. 그 점을 잘 알기 때문에 가슴 쪽의 통증에 대하여 대단히 예민할 수밖에 없으며, 그것은 공황장애 환자가 아니더라도 마찬가지입니다. 설사 불편감이 그리 크지 않거나 없을 때에도 가슴 쪽에 대해 온 신경과 감각을 쏟아붓는 모습을 보이는 분들도 흔합니다.

〈공황장애 신체 증상 중 흉부 불쾌감의 사례들〉

❶ 가슴이 결린다.

❷ 가슴이 콕콕 찌르는 듯하다.

❸ 때로 숨이 차고 두근거린다.

❹ 옆구리 쪽이 결리고 아프며 불편하다.

❺ 가슴에 전기가 오는듯 저린다.

❻ 가슴이 조여드는 것 같다.

❼ 가슴이 갑자기 뜨거운 느낌이 날 때가 있거나, 차갑게 느껴질 때가 있다.

❽ 맥박이 다소 빠르다. 온종일 수시로 맥박을 재곤 한다.

❾ 혈압이 높은 것 같아서 두렵다.

❿ 혈압이 너무 낮아서 두렵다.

다음은 신촌에 사는 유 씨(남. 32)의 사례입니다.

"어제 저녁때부터 심장이 조이는 느낌과 함께 호흡이 불편했습니다. 잠을 자다가 심장이 심하게 죄는 듯한 느낌을 받아 깨고는, 자다가 깨기를 반복했습니다. 그 순간 저는 '혹시 부정맥일 수도 있지 않을까?'란 생각을 했습니다. 하지만, 저는 이미 모 대학병원에서 심장 관련 검사를 모두 받았습니다. 동맥혈검사, 심전도, 24시간 홀터검사, 심장초음파검사, 운동부하검사 등 받을 건 다 받았습니다. 하지만, 이 증상이 나타나면 여지없이 두렵습니다. 병원에 가봤자 또 정상이라는 결과를 들을게 뻔한 걸 알지만, 그때마다 정말 힘들고 두렵습니다."

다음은 30대 중반 여성의 사례입니다.

"서울의 유명한 병원이란 병원은 다 돌아다녔습니다. 지금은 계속 몸이 좋지 않아서 6년 넘게 집에만 갇혀 지내는 중입니다. 물론 검사 때마다 결과는 정상으로 나옵니다. 저는 죽고 싶을 정도로 여러 가지 증상들에 시달리고 있습니다. 분당 110회 정도의 빠른 맥박, 부정맥, 어지러움, 가슴 통증과 답답함, 불안감 등입니다. 저는 이렇게 힘든데 검사를 받고 나면 의사들은 이상 없다고 하면서 정신적인 요인 때문이라고 합니다."

이 사례들은 공황장애의 아주 전형적이고 흔한 순환기계 증상인 흉부 불쾌감의 경우들입니다. 여러분들과 큰 차이가 있나요?

흉부 불쾌감은 중요한 기관이 위치한 가슴 부분에서 느낌이 생기므로 공황장애의 신체 증상 중 그 느낌의 강렬함이 가장 강하다고 볼 수 있습니다. 강렬하게 느껴질수록 당연히 두려움과 불안도가 높아지고, 그 결과 신체 증상은 더 강화됩니다. 이러한 흉부 불쾌감을 극복하는 것은 공황장애 완치를 위해 꼭 해결하고 넘어가야 할 부분이며 환우분들이 가장 힘들어하는 부분이기도 합니다. 그러나 항상 명심할 것은 충분히 극복 가능하고 또 많은 분들이 훌륭하게 극복했다는 사실입니다.

흉부 불쾌감을 극복하기 위해서는 다음을 명심해야 합니다.

〈흉부 불쾌감 극복을 위한 철칙〉

❶ 적절한 내과(순환기계) 검진을 받았는가?

❷ 검사 결과 '이상 없음'이 나왔다면 안심하자.

❸ 흉부 불쾌감이 있을수록 '정상 생활과 범위'를 유지하라.

❹ 무시하라. 죽지 않는다. 쳐다볼수록 불쾌감은 강해진다.

우리는 대부분 심전도 등의 적절한 검사를 이미 받았습니다. 하지만, 검사를 받지 않은 경우 이러한 공황장애의 흉부 불쾌감을 느끼고 그에 대하여 두려움과 불안이 큰 상태라면 지체하지 말고 내과에서 검사받으십시오.

심전도 검사는 아주 정확하고 신뢰할만한 검사입니다. 일반적으로 우리가 누워서 받는 기본적인 심전도 검사의 정확도는 굉장히 신뢰할만할 뿐 아니라, 만약 우리의 심장에 문제가 있어 우리가 흉통을 겪을 정도의 심근경색이나 협심증을 경험한 것이라면 심전도 그래프에는 명료한 흔적이 보입니다. 설사 심장 문제가 아니라 갑상선 기능 항진이나 저하에 의하여 유발되는 '심계항진 증상'까지도 심전도 그래프를 통하여 해석이 가능합니다. 따라서 기본적인 심전도 검사를 받으셨다면 우선 안심해도 됩니다.

또한, 불안정한 협심 증세나 부정맥이 나타날 수 있는 드문 경우가 있습니다. 이러한 현상은 비록 드물지만 그래도 더 정확하게 판별해내기 위해서 '24시간 홀터검사'를 하기도 합니다. 위의 심전도에 해당하는 기기(센서)를 몸에 간단히 부착하고 약 24시간 동안 일상생활을 하면서 심전도 변화 추이를 체크하는 기구입니다. 이 검사를 받으면 만의 하나라도 불안정적으로 나타날 수 있는 협심 증세나 부정맥까지도 체크할 수 있습니다. 물론, 이 검사가 필요한지의 여부는 순환기 내과 전문의가 판단합니다. 대부분의 경우 이 검사까지는 필요 없지만, 현실적으로는 환우분들의 성화와 호소로 인하여 이 검사까지 진행하는 경우도 자주 있습니다. 물론, 검사 결과 이상 없다고 나오면 정말 안심하셔도 됩니다.

이상의 검사로도 만족하지 못하는 환우분들 또한 드물지 않습니다. 그 경우 비침습적인 심장 기능 검사 중 가장 확실한 검사법 중의 하나가 바로 운동부하검사입니다. 이 검사는 환자에게 20~30분 정도 호흡측정기, 심전도 센서를 부착한 후 적절히 프로그램된 속도로 걷거나 달리도록 하는 검사입니다. 검사를 마치면 운동량 대비 우리의 심장 활동과 호흡 패턴이 정확하게 검출되어 그 수치로 진단을 내리는 것입니다. 물론, 우리는 모두 이 검사 결과 정상으로 밝혀졌습니다. 결국, 환우분들의 적극적인 어필이 없다면 대부분의 경우 이 검사를 하지 않습니다. 왜냐하면 필요가 없기 때문입니다.

도저히 의심이 되고 가슴 불편감이 심하다면 이상 검사 중 꼭 필요한 검사만 선택적으로 받길 권장합니다. 그리고 검사 결과 이상 없다고 나오면, 심장에 대한 의심과 염려는 신경을 완전히 끊어야 합니다. 심장에 대해서만큼은 확고하게 안심하라는 의미입니다.

심전도에 정상으로 나오는 심장병은 없습니다. 그래도 혹시나 하여 드물게 24시간 홀터나 운동부하검사까지 할 수는 있습니다. 즉, 이상 없다고 결론이 났다면 몸에 존재하는 미지의 심장병은 이 세상에 없다고 보아도 됩니다.

이렇게 말씀드리면 어떤 환우분께서는 심근염이나 대동맥박리 등 인터넷을 뒤져 심장에 관련된 다른 병명을 모두 찾아 그것으로 새로운 고민을 하는 분도 있습니다. 하지만 위에 열거한 흉부 불쾌감의 영역이라면 그러한 다른 심장 관련 질환과는 아무런 관련이 없기 때문에 내과 의사들이 그에 대한 검사를 하지 않은 것입니다. 따라서 신경을 완전히 끊으십시오.

물리적 병변에 의하여 생겨난 흉부 불쾌감이 아니라는 것을 우리의 머릿속에 아주 정확히 각인시켜야 합니다. 또한 이상 없음을 믿어도 여전히 흉부 불쾌감은 나타납니다. 그럴 경우 완치를 향한 최선의 자기 노력에 의한 원칙들을 실행해나갑니다.

치유법의 우선 단계는 '어떤 컨디션, 증상이 있더라도, 절대 평소의 생활 범위와 패턴을 유지하기'입니다.

흉부 불쾌감 극복에는 유산소운동(이후 뒤에서 자세히 설명)과 생활 범위 유지가 정말 중요합니다. 사실 이것들만 잘해도 일정 시간 이후에는 자신감이 극적으로 상승되고 그 결과 불안이 크게 경감되면서 흉부 불쾌감이 많이 줄어들기 시작합니다. 가슴이 불편하다고 집에만 틀어박혀 있으면 절대로 공황장애 완치는 불가능합니다. 지금 이 순간 여러분의 가슴이 뻐근하고 조여들고 두근거려도 그것이 절대로 심장 문제가 아니라는 것을 되뇌고 운동화 끈을 졸라매고 밖으로 나가십시오. 구두끈을 졸라매고 회사나 일터로 나가십시오. 모든 것을 평소와 똑같이 유지하십시오. 힘이 들수록 평소 그 패턴을 유지해야 합니다. 강한 의지와 확신으로 운동을 하고 평소처럼 일하고 가사를 수행하는 와중에 흉부 불쾌감은 다시 찾아올 수도 있습니다. 그럴 때마다 다음 사항을 크게 외치거나 속으로 다짐하십시오.

〈흉부 불쾌감이 올 때 자신에게 소리칠 것들〉

❶ 이것은 절대 심장마비가 아니다.

❷ 이것은 공황장애의 불안이 만들어내는 신체 증상이며 단지 불쾌감일 뿐이다.

❸ 이것으로 죽은 사람은 한 명도 없다. 때문에 병원에서는 약도 안 준다.

❹ 이 순간을 무시하자. 이 순간을 그냥 넘어가자!

❺ 이렇게 하루하루 지나면 결국 없어질 증상이다. 그렇게 완치된 사람들이 있지 않은가?

❻ 지금 이 순간을 잘 넘기면 그만큼 장한 일을 해낸 것이다.

필자 또한 흉부 불쾌감을 수백 번 아니 수천 번도 더 경험했습니다. 그러나 심장질환에 대하여 정확하게 이해하고, 그 진단 결과를 믿으려 노력하고, 설사 흉부 불쾌감이 또 고개를 쳐들더라도 확실히 무시하고 그 순간을 잘 넘겨내려 노력했습니다. 또한, 흉부 불쾌감 때문에 컨디션이 바닥을 친 날이라도 어김없이 굽은 허리와 무릎을 펴고 아무리 힘들어도 일터로 나가거나 운동하려고 노력했습니다. 그렇게 불과 석 달이 지나지 않아 흉부 불쾌감은 그 위력이 급감하게 되었고, 수개월 후에는 거의 신경이 쓰이지 않을 정도였으며, 이후 한두 번의 강한 불쾌감이 올 때도 있었지만 결국 모두 제압해버린 결과, 사라져 버렸습니다. 완치 이후 이러한 불쾌감은 없습니다. 불안이 도망가니까 흉부 불쾌감은 설 자리를 잃어버린 것입니다.

소화기계 증상, 불안하면 위장은 기능하지 못한다

위장은 마음의 얼굴이라고 합니다.
마음이 웃으면 위장도 웃고, 마음이 울면 위장도 웁니다.

필자는 첫 공황 1~2주 후부터 속이 불편한 증상이 시작되었습니다. 이후 6개월여 동안 극심한 위장장애에 시달렸습니다. 완치가 마무리된 시점에서는 잘 먹고 속 편안하게 잘 살아왔지만 위장장애는 좋아지기까지 정말 오랜 시간이 걸린 신체 증상 중 하나였습니다. 위장장애로 인해 86kg이던 체중이 하도 못먹어서 56kg까지 빠졌고, 극심한 메스꺼움과 위통(위궤양, 출혈성 위염), 흉통(역류성 식도염)이 온종일 이어졌으며, 제대로 먹지 못하는만큼 심한 기력저하와 만성피로는 우울증 악화에 힘을 더했습니다.

전북 익산에 사는 40대 초반 김 씨(여. 주부)는 속이 너무 좋지 않아서 음식을 제대로 먹지 못할 지경이 되었습니다. 결국 동네 내과에서 상부위내시경을 했지만 결과는 약간의 '위염' 외에 특별한 병변이 없었습니다. 병원에서 처방한 일반 위염약을 복용했으나 약효도 별로 느끼지 못했고, 이러한 생활을 2년 반복하다가 너무 힘들어서 내시경을 한 달 걸러 한번씩 하기에 이르렀습니다. 문제는 이 고통을 설명할 확실한 병명이 계속 나오지 않는 것이었습니다. 어떨 땐 죽고 싶을 정도고, 어떨 땐 자살을 생각할 정도로 기력이 떨어지는 무기력한 생활을 계속 이어갔습니다.

공황장애의 신체 증상 중 소화기계 증상을 겪고 계신 분들은 정말 생활의 불편이 크십니다. 어떤 병이든 잘 이겨내기 위해서는 잘 먹는 것이 무엇보다 중요한데 소화기계의 고통으로 인해 식사를 못하기 때문에 이만저만 고통스러운 것이 아닙니다. 특히 억울한 것은 큰맘 먹고 내시경 검사를 해도 결과는 이상 없음으로 나오거나, 약간의 염증 소견 말고는 아무것도 안 나온다는 점입니다. 이러한 불편감이 지속되면 음식 섭취량 자체가 줄어들기 때문에 온몸의 기력이 크게 떨어집니다. 그 결과 만성피로감과 두통이 심해지고 우울증을 더 강화시키기도 합니다. 소화기계 증상은 완치를 위해서 반드시 잡아야 할 대상이며, 또한 쏟아부은 열의만큼 발휘한 용기만큼 조금씩 좋아지는 증상이기도 합니다.

우리의 소화기계는 입, 식도, 위, 십이지장, 소장, 대장, 항문과 간, 쓸개, 췌장 등 주변 소화기계 장기들로 이루어져 있습니다. 이 장기들 중 단 하나만 불균형 상태에 빠지더라도 우리의 음식 섭취는 곧바로 지장을 받습니다.

이러한 우리의 소화기계는 불안이란 요소와 그 무엇보다 실시
간 연계 현상을 보입니다. 불안하면 긴장을 유발하는 호르몬이 분
비되고 그 즉시 소화기관으로 가는 혈액량이 급감합니다. 그 결과
다음과 같은 증상들이 나타납니다.

〈불안 시 소화기계의 반응들〉

❶ 입이 마른다: 침 분비량 감소

❷ 목에 이물감 생긴다: 식도 연동 운동력과 식도 괄약근 기능 저
하

❸ 위통: 위장 운동 저하. 염증, 궤양 유발

❹ 속 쓰림: 위액 분비 과다 또는 과소 현상 유발

❺ 흉통: 식도, 위, 십이지장 등의 운동력 저하. 위액 역류

❻ 복통: 소장 기능 저하

❼ 변비, 설사: 대장 기능 저하. 염증 유발

❽ 식욕부진, 구역, 구토 등: 소화기의 전체적인 기능 저하. 기타
소화 효소 분비 기능 저하

혈액이 줄어든 우리의 소화기관은 그 기능이 현저히 떨어지고,

소화액을 분비하는 기관들은 분비작용이 줄어들거나 잘 조절되지 못한 이유로 분비작용이 지나치게 늘어나는 현상을 보입니다. 또한, 위장, 십이지장, 소장, 대장의 운동기능이 크게 떨어지면서 음식물의 소화시간이 많이 지체되고, 그 지체되는 시간만큼 소화액에 장의 점막 등이 장시간 노출되면서 각종 통증, 속 쓰림, 구역 등의 불쾌감으로부터 시작하여 물리적인 염증과 궤양 등이 생겨날 수도 있습니다. 물론, 염증 소견 등이 진찰에서 발견되지 않더라도 '기능성 소화기 장애' 상태일 경우 마찬가지로 극심한 통증이나 불편감, 식욕부진이 동일하게 찾아오기도 합니다.

환우분들 중 다수가 상부 위내시경 검사를 이미 받으셨을 줄 압니다. 내시경 검사는 인류가 발명해낸 소화기 검사 방법 중 가장 정확한 방법이고 아주 작은 병변까지 여지없이 찾아내는 신뢰할 만한 검사법입니다. 내시경 검사 결과 염증이 발견되거나 드문 경우 궤양이 발견되기도 하는데, 물론 이러한 소견에 비하여 우리 환우분들의 호소하는 증세나 정도는 내과 의사들에겐 지극히 과장되게 들리기도 합니다. 심지어 내시경에서 아무런 병변이 관찰되지 않은 경우 '기능성'이란 딱지가 붙게 됩니다. 즉, 물리적인 병변이 보이지 않는데 환자가 극심한 통증이나 불편감을 호소하는 경우가 이에 해당됩니다. 이 경우 구체적인 병변이 원인이라기보다는 해당 소화기관의 활동 능력에 문제가 있다고 판정받습니다. 그래서 '기능성'이란 단어가 어두에 결합하는 것입니다.

여하튼 내시경 검사의 결과를 의심할 필요는 전혀 없습니다. 병원에서 실시하는 모든 검사 중 가장 정확한 검사이기 때문입니다. 내시경 검사를 받고도 통증이 계속될 경우 우린 '암'이나 다른 치명적인 그 무엇을 염려하기 시작합니다. 하지만, 분명한 것은 내시경검사 결과 문제가 없다면 위암이나 식도암 등 소화기 암에 걸린 것이 아니란 점입니다. 따라서 혹시 그러한 분일 경우 절대로 내시경 검사를 반복하지 마십시오. 1~2년에 1회씩 시행되는 내시경 검사를 제외한 염려에 기초한 반복 내시경 검사는 돈 낭비이며 내 몸만 축내는 행위라는 점을 꼭 명심해야 합니다.

우리는 소화 기능이 떨어지면 식사량이 줄어들면서 '기력 저하'가 큰 문제가 되기도 합니다. 기력이 저하되면 몸 전체가 처지고 늘어집니다. 그에 따라 기분도 크게 나빠지고 '불안'과 '우울'이 하늘 높은 줄 모르고 치솟게 됩니다. 그렇게 치솟은 불안과 우울은 다시 소화기의 상태를 더 악화시키고 결국 반복적 악화의 굴레에 빠집니다. 수년간 그 굴레에서 맴돌며 탈출하지 못하는 환우를 찾기란 그리 어려운 일이 아닙니다.

의심이 존재하는 한 완치는 없습니다. 의심을 확실히 없애는 것이 완치의 가장 중요한 포인트입니다. 아무리 힘들어도 내시경 결과가 가벼운 병변이면 그걸로 끝입니다. 즉, 불편감의 정도와 실제 병변의 심각 정도는 서로 비례하지만은 않습니다. 실제로 소화기 내과 병동에서는 환자가 호소하는 불편감으로 병변의 심각도를 판단하지 않습니다.

〈소화기계 증상으로부터 탈출하기 위해 할 것〉

❶ 아직 검사 전이라면 위내시경 검사받기(1회)

❷ 검사 결과가 이상 없거나 가벼운 병변(염증, 가벼운 궤양)이라면 의심과 염려 중단하기

❸ 유산소 운동 즉시 시작하기

❹ 종일 끊임없이 움직이기

❺ 소량이라도 삼시세끼 정확한 시간에 먹기

❻ 자기가 좋아하는 음식을 우선으로 먹되, 양 대비 영양가 높은 것으로 먹기

❼ 아침 생략하지 않기

❽ 잠들기 2시간 전에는 절대 먹지 않기

❾ 음식 섭취 후 절대 누워 있지 않기. 정 힘들면 비스듬히 기대기

❿ 배 따뜻하게 하고, 배를 조이는 옷은 피하기

⓫ 불안이 불편의 원인임을 잠시도 잊지 말기

⓬ 불편감의 세기와 병변의 심각도는 서로 비례하지 않는다는 것을 명심하기

⓭ 할 수 있다면 수시로 웃고, 억지로라도 웃기

어떤 환자는 아무런 자각 증세가 없음에도 암세포가 위장을 온통 뒤덮기도 하고, 어떤 환자는 죽겠다고 발을 동동 구르지만 내시경 검사를 해보면 아무런 병변이 나타나지 않으며, 어떤 환자는

위장에 구멍이 거의 뚫려가고 있음에도 약간의 속 쓰림만 느끼고 있고, 어떤 환자는 위에 살짝 염증이 생길까 말까 한데도 응급실을 급히 방문하여 식은땀을 뻘뻘 흘릴 정도의 통증에 시달리는 모습도 볼 수 있습니다.

내시경 검사 결과 이상이 없거나 큰 문제가 아니면 곧바로 모든 염려를 즉시 중단해야 합니다. 그걸로 끝을 내야 합니다. 자꾸 생각나더라도 무시하십시오. 무시할수록 생각은 덜나게 됩니다.

우리의 소화기관을 위해서는 적당한 유산소 운동이 최고의 보약입니다. 그 이상의 소화제를 우리 인류는 아직도 개발하지 못했습니다. 적당한 유산소운동은 소화기 전체의 활동을 도울 뿐 아니라 몸 전체에 활발한 신진대사를 보증하는 가장 획기적이고 뛰어난 건강 활동입니다.

최소 30분 빠르게 걷는 유산소 운동을 하루도 빠짐없이 꾸준하게 해준다면, 소화 기능 장애의 상당 부분을 빠른 시간 안에 해결할 수 있습니다. 반면 이것을 해주지 않을 경우 증상은 설사 좋아지더라도 굉장히 더딜 것이란 사실을 분명히 명심하십시오. 유산소운동의 구체적인 방법들은 뒤에 설명하겠습니다.

또한, 종일 끊임없이 움직이는 자세도 아주 중요하고 효과적입니다. 우리의 예민도가 높아져 있을 때 가만히 움직이지 않고 멈춰 있으면 신체 증상 등에 대한 집중도와 집착이 더욱 높아집니다. 따라서 최대한 증상에 대한 집착과 예민한 관찰을 줄이기 위해 시간 되는대로 틈틈이 자유롭게 움직이는 방법 또한 소화기계 증상 감소에 정말 큰 도움이 됩니다. 잠시 TV를 볼 때도 가만히 있지 말고 앉았다 일어나기를 아주 천천히 반복하고, 누워서 있을 때도 생각나는 대로 스트레칭 등을 가볍게 천천히 계속하며, 뭔가를 기다릴 때도 기회가 허락된다면 왔다 갔다 걷는 등 할 수 있는 모든 움직임들을 무리하지 않는 선에서, 깨어 있는 모든 시간 동안 편안한 범위 내에서 계속해주는 것이 포인트입니다. 이에 대한 자세한 설명은 뒤에 별도로 다루겠습니다.

먹는 것은 요령이 아주 중요합니다. 속에서 음식을 받아주지 않음에도 억지로 삼키는 것은 정말 힘이 듭니다. 그러므로 비록 소량을 먹을 수밖에 없더라도 그 핵심적인 요령을 꼭 기억하고 행동으로 옮기십시오. 우선, 하루 세 끼는 정확한 시간에 먹을 만큼 소량이라도 반드시 먹어야 합니다. 한 숟갈밖에 못 먹겠다 싶으면 단 한 숟갈이라도 반드시 정해진 시간에 먹어야 합니다. 이는 우리의 위장을 길들인다는 의미입니다. 군대 생활을 경험해보신 분은 정확한 시간의 식사가 우리의 몸과 건강에 얼마나 중요한 결과를 보여주는지 알 수 있습니다.

또한, 소량을 먹을 수밖에 없다면 '기왕이면 영양가 높은 것'을 먹어야 합니다. 높은 칼로리에 소화가 잘되고 다른 미네랄이나 비타민, 단백질 등이 많이 함유된 좋은 음식을 적은 양을 먹더라도 섭취해야 합니다. 소화기의 기능이 떨어져 있으면 흡수율도 떨어지고 소화력 자체가 크게 저하됩니다. 따라서 양을 늘리기보다는 먼저 영양이 많은 것을 섭취하는 것이 현명합니다. 그러면 속이 덜 부대끼고 소화시간도 짧기 때문입니다. 물론 자기 자신이 좋아하는 메뉴를 선택할 것을 권장합니다.

아무리 입맛이 없더라도 아침 식사는 한 숟가락이라도 꼭 탄수화물을 섭취해야 합니다. 탄수화물은 우리 온몸의 영양소이고 뇌가 꼭 필요로 하는 중요한 영양소입니다. 뇌는 오로지 탄수화물, 당만을 영양소로 삼습니다. 동시에 탄수화물은 우리의 혈중 당도를 가장 신속히 회복시키는 역할을 합니다. 많은 양의 식사가 힘듦으로 탄수화물이 식사의 중심에 서도록 해서 부족한 기력을 최대한 빨리 회복하고 뇌가 정상적인 활동을 하는 데 도움이 될 수 있도록 하십시오.

식사를 한 지 얼마 안돼서 누우면 위액과 섞인 음식물이 식도로 역류합니다. 또한, 위에서의 소화시간이 더 길어집니다. 그 결과, 역류성 식도염이나 소화불량, 위통을 더 겪게 됩니다. 따라서 힘들어도 식후 1시간 이전에는 절대로 눕지 말아야 합니다. 도저히 힘들다면 약간 비스듬히 기대어 눕습니다. 또한, 잠들기 전 2시간 이내에는 적당한 수분 외엔 절대로 다른 음식을 섭취하면 안 됩니다. 소화기에 굉장히 좋지 않습니다. 복부는 따뜻하게 해주는 등 흔히 우리가 소화에 좋은 여러 가지 행위나 민간요법들을 꾸준하게 해주면 더욱 좋습니다.

속이 아플 때마다 생각하십시오. '이 불편함과 통증을 유발하는 근원은 불안이다.' 이 문장을 되새기십시오. 불안을 경감시키는 것이 지름길임을 스스로에게 세뇌시키십시오. 아플 때마다 암이나 다른 치명적인 질병을 의미없이 떠올리는 일을 멈추고, 불안이 원인임을 거듭 외쳐야 합니다. 그러한 행위 자체만으로도 불안과 몸을 최대한 분리시킬 수 있습니다. 그 분리작업이 곧 '스트레스를 받지 않는 기법'으로 발전시킬 수 있는 토대가 됩니다.

할 수만 있다면 '활짝 웃기'를 명심하고 순간순간 실행하십시오. 참으로 신기한 것은 실제로 우리가 웃으면 위장도 웃는다는 점입니다. 이것은 실험을 통해 이미 입증된 사실입니다. 우리가 웃는 표정을 짓기만 해도 위장은 활발해지고 이완되며 기능이 향상됩니다. 거기에 마음까지 밝아진다면 위장 기능에게는 더할 나위 없이 좋습니다. 그러나 우리가 찡그리거나 우울한 인상을 지으면 위장도 그렇게 됩니다. 실제로 엑스레이를 위장에 비추고 그 실험을 했을 때, 그와 같은 현상이 정말로 관찰됩니다. 위장은 우리 마음의 얼굴입니다. 얼굴을 찡그리면 소화기는 병이 납니다. 얼굴을 밝게 하면 정말로 소화기도 활짝 웃습니다. 그 점을 꼭 명심하십시오.

◈ 깊게 들어가기 - 위염과 식도염, 장염의 증상

위치하는 지점으로 본다면 식도는 우리 목으로부터 명치 바로 위까지, 위장은 명치로부터 윗배, 대장은 아랫배로 흔히 인식합니다. 그 부위가 아프면 그 장기가 아픈 것으로 여기는 것은 상식이기도 합니다. 그러나 실제로 식도염, 위염, 장염은 그 장기가 위치한 지점의 부근이 아닌 전혀 예상치 못한 지점에서 통증으로 느껴지는 경우가 비일비재합니다. 물론 이는 심장도 마찬가지입니다.

식도염의 경우 심지어 목소리가 쉬거나 칼칼한 증세가 나타나기도 합니다. 이는 역류한 위산 성분이 목으로 넘어오면서 후두 부위에 부종, 염증 등을 유발한 경우입니다. 또한 가슴 앞부분이 아니라 등 쪽에서 증상을 느끼는 경우도 흔합니다. 물론 어떤 이는 타는 듯한 통증, 다른 이는 콕콕 찌르는 통증, 뭔가로 긁는 듯한 느낌, 조이는 느낌, 저리는 느낌까지 표현 가능한 모든 느낌으로부터 불쾌감을 비롯해 구체적인 통증까지 언제든 나타날 수 있습니다.

위염이나 위궤양도 마찬가지로, 증상이 옆구리에서 느껴지기도 하고 심지어 가슴, 허리 등 지점을 특정할 수 없을 정도로 여러 군데에서 나타나기도 합니다. 또한 환자는 아파 죽겠다고 호소해도 막상 내시경을 해보면 별 문제 없는 경우도 흔하고, 거꾸로 환자가 별 증상을 느끼지 못하는 데도 내시경에서 큰 궤양이 곳곳에서 발견되는 경우도 드물지 않습니다. 즉 증상 정도와 위치만으로 위염인지 위궤양인지를 판단하기는 쉽지 않습니다.

이와 같은 사실들에 무지한 많은 환우들은 지난번에는 배가 아팠는데, 이번에는 등이 아프다고 또 온갖 검사를 반복하고, 다음번에는 옆구리가 저리거나 뜨끔거린다고 간암, 폐암 등 가장 최악의 질환들을 두루 염려하는 경우도 역시 흔합니다. 이 모든 오해들은 결국 그 환우의 염려 정도를 더 확대하여, 공황장애의 예후 전반에 부정적인 영향을 주게 됩니다. 알려면 제대로 노력해서 정확히 알아야 소모적인 염려로 흐르는 오류를 막을 수 있습니다. 반면 무지와 오해를 벗어나려 하지 않는 환우들은 공황장애를 벗어나기가 매우 어렵습니다.

중추신경계 증상, 불안하면 더 예민하게 느낀다

'어지러움, 아찔함, 이상하게 느껴지는 시야,
짜릿하고 불쾌한 느낌, 묵직하게 머리가 죄는 느낌 등'
모든 것들은 뇌가 증상을 잘못 해석하고 있기 때문입니다.

필자도 극심한 중추신경계 증상에 시달렸습니다. 온 종일 머리가 죄어드는 무거운 증상, 생각이 맑지 못한 느낌, 눈에 보이는 것이 왠지 생시 같지 않은 증상, 눈부심이나 때로는 눈이 침침한 증상, 날카로운 통증이 찡 하고 뇌에 울리는 듯한 현상, 귀가 멍멍한 이명 증상 등 뭐라고 다 나열하기 힘들 만큼 다종다양하고 때로는 너무나 강력한 중추신경계 증상에 압도되어 짓눌리기 일쑤였습니다.

그토록 괴로운데 병원에서는 이상 없다는 말만 하고, 나중에는 검사 결과에 대한 의심과 불신까지 겹쳐 너무나 지치고 우울했습니다. 필자뿐만 아니라, 이러한 증상으로 힘겨워 하는 환우분들은 굉장히 많습니다.

마산에 사는 양 씨(남. 30대 초반)의 사례입니다. "저는 온종일 너무나 힘겹습니다. 특히 순간순간 뭔가가 머리를 확 지나가는 듯한 느낌이 들 때는 정말 무섭고 눈물이 날 정도입니다. 어떤 때는 무거운 띠로 머리를 옥죄는 것 같고, 어떤 때는 편두통이, 어떤 때는 눈에 보이는 것이 생시 같지 않습니다. 순간 멍하고 띵한 느낌이 들 때는 마치 정신을 잃을 것 같기도 하고 그런 느낌이 너무 무섭고 힘들어 종일 누워만 있을 때가 많습니다."

다음은 강릉에 사는 강 씨(여. 20대 후반)의 사례입니다. "첫 공황을 맞은 후 바로 약을 먹기 시작했는데 처음에는 좀 좋아졌습니다. 하지만 한두 달이 지나자 이젠 약을 먹어도 어지럽고, 눈에 보이는 게 이상합니다. 때론 눈이 부셔서 눈물이 자주 흐를 때가 많습니다. 특히 가만히 있는 데도 귀에서 '두르르르르' 하는 이명이 생길 때는 정말 미칠 것 같습니다. 이 증상이 나타나면 제 머릿속에 뇌종양이나 다른 병이 있을 것 같아서 정말 걱정됩니다. 신경외과에서 여러 번 검사를 받았지만 이상이 없다고 하거나, 아예 돈 낭비라고 검사도 안 해줍니다. 이것만 없으면 살 것 같습니다."

성남에 사는 김 씨(여. 50대 초반)의 사례를 볼까요? "저는 한 4년 이상 공황을 앓았고 최근 많이 좋아져서 정상적으로 생활하고 있어왔는데요, 언젠가 한번 TV를 보다가 갑자기 머리에서 날카로운 이상한 느낌을 느낀 다음부터는 많이 불안해졌습니다. 그 다음부터는 서서히 없던 신체 증상이 하나둘씩 나타나면서 공황이 다시 재발할 듯했습니다. 병원에 갔더니 약을 다시 늘려 처방해주기 시작했고 원인에 대해서는 설명이 없었습니다. 그래서 대학병원에서 MRI 검사를 받았는데 이상이 없다고 합니다."

이상의 사례들 말고도 너무나 다양하고 많은 사례들이 있습니다. 여러분들께서도 비록 부분적으로 독특한 증상이 있더라도 아마도 이상의 범주와 크게 다르지는 않을 것입니다. 아래 대표적인 공황장애의 중추신경계 증상들을 정리해봅니다.

〈공황장애 중추신경계 증상의 사례들〉

❶ 어지럽다.

❷ 정신을 잃을 것 같아 주저앉기도 한다.

❸ 머리에서 날카로운 현기증을 동반한 불쾌감이 스치거나 지속된다.

❹ 귀가 멍하며 이명 같은 증상을 자주 경험한다.

❺ 머리가 항시 둔하고 맑지 못하다.

❻ 두통을 자주 경험한다.

❼ 시야가 불편하다. 눈부시거나 어둡거나 보이는 것들이 왠지 낯선 듯이 느껴지기도 한다.

❽ 머리 쪽이 저린다.

❾ 머리에서 찌릿찌릿한 느낌을 자주 느낀다.

물론, 이상과 똑같지 않더라도 대부분 표현의 차이일 것입니다. 우리는 복습하고 또 복습해서 우리의 몸과 마음을 공히 철저하게 세뇌시켜 나가야 합니다.(엄밀히 말하자면 세뇌가 아니라 사실입니다. 사실을 못 믿고 불안해하므로 사실을 사실대로 믿도록 암시하는 것입니다.) 앞서 배운 대로 우리가 갖고 있는 불안은 온몸에 각종 신체 증상을 일으키고, 그 증상을 염려하고 두려워함으로써 건강 염려증을 키우게 됩니다. 잘못된 우려나 위험이 사실인 것으로 믿어버림으로써 광장공포증을 합병합니다. 그 결과 삶의 질은 극도로 떨어지고 우울증까지 초래합니다. 바로 그러한 굴레에 절대로 빠져선 안 됩니다. 우리가 잘못 믿은 것들에 대한 끊임없는 세뇌 노력을 통해 오해와 의심, 염려에 길들여진 우리 뇌의 습관을 바로잡아야 합니다.

뇌는 모종의 자극을 느끼게 되면 그 자극에 대한 해석 과정에 들어갑니다. 적정한 수준의 자극에 대하여 뇌는 일반적인 자극으로 느껴야 합니다. 적정한 느낌 또한 일반적인 느낌으로 느껴야 옳습니다. 하지만, 뇌는 정말 신비해서 뇌가 해석한 결과에 따라 자극과 느낌을 통증으로 느끼기도 합니다. 그 반대로 명료한 통증을 쾌감으로 해석해버리기도 합니다. 뇌가 이처럼 자기 멋대로 해석하는 이유는 뇌의 기저면에 '학습과 경험을 통해 습관화된 해석 기전'이 존재하기 때문입니다.

뇌는 수많은 신경(뉴런)이 결집되어 특정한 기능을 할 수 있도록 서로 긴밀하고 복잡하며 정교한 관계를 이뤄 작동합니다. 우리가 만약 24시간 각종 자극이나 느낌에 신경을 곤두세우게 되면, 뇌는 정말로 모든 자극이나 느낌을 증폭하여 훨씬 더 예민하게 느낍니다. 즉, 그 자극과 느낌에 대한 모든 촉각을 곤두세우고 관찰하는 상태가 됩니다. 그렇게 촉각이 곤두서게 되면 작은 느낌에도 뇌는 아주 강렬하고 예민하게 그 자극을 감지하고 그만큼 증폭된 해석을 수행합니다. 공황장애가 아닌 일반 사람들이 그냥 넘겨버리는 작은 느낌도 공황장애 환자의 뇌는 대단히 민감하게 느끼고 그것을 통증이나 불편으로 강렬하게 해석합니다.

이처럼 뇌의 특성은 '습관 훈련'에 의해 더욱 활성화될 수도 있고, 반대로 '습관 훈련'에 의하여 둔감해질 수도 있습니다. 히말라야의 고승들은 추위나 통증을 초월하기 위한 수련 과정을 거치기도 합니다. 영하 십여 도가 되는 강추위에 그대로 온몸을 노출하고 하루 이틀을 명상 속에서 보내기도 합니다. 그럴 경우 고승들은 오히려 땀을 흘리거나 열기를 느낍니다. 이는 스스로 오랜 수련을 통해 터득한 강력한 명령으로, 뇌가 추위를 고통으로 해석하지 않을뿐더러 온몸의 체온을 정상으로 유지하려는 생리작용들을 무의식적으로 극대화하기 때문입니다.

어떤 승려들은 자신의 살갗에 날카로운 쇠붙이를 관통하여 높은 믿음의 차원을 대중들에게 공개하기도 합니다. 그러나 그 승려들에겐 그러한 날카로운 통증마저도 단지 작은 자극에 불과하게 느껴집니다. 오랜 시간 명상과 수련을 통해 승려는 자신의 뇌가 그러한 통증에 대하여 둔감하게 반응토록 훈련해왔기에 가능한 것입니다. 이러한 뇌의 능력은 사실 '불가사의'가 아니라 '뇌가 원래부터 가진 능력'이며, 비록 그 정도는 아닐지라도 노력하고 연습하면 언제든지 우리의 뇌가 신체 증상이나 불쾌감을 간단히 여기고 넘겨버릴 수 있도록 훈련할 수 있다는 것을 의미합니다.(엄밀히 말하자면 뇌의 예민성을 다시 정상화시키는 원상복구 노력입니다.)

〈중추신경계 증상을 줄이기 위해 해야 할 것들〉

❶ 의심되거나 걱정되면 건강검진 차원에서 신경과 검사받기

❷ 검사 결과가 문제없으면 다시는 의심하지 않도록 다짐하기

❸ 느낀 증상 그대로를 잘 기억해두기

❹ 무시하기, 넋 놓기, 세뇌하기

❺ 잘 자기 위한 노력에 힘쓰기

우리는 중추신경계 증상에 대하여 둔감해져야 합니다. 시간과 노력이 필요하지만 그리 어렵지 않습니다.

필자를 포함한 수많은 환우분들이 그 과정을 거친것과 같이 누구나 할 수 있는 습관 바꾸기의 차원일 뿐입니다.

이제부터는 어떤 중추신경계 증상이 오더라도 '무시'를 실천합시다. 처음에는 무시하려 해도 그동안 잘못 길들여진 뇌는 여전히

작은 감각을 불편과 통증으로 해석합니다. 하지만, 오랜 시간 동안 무시하기를 성실히 노력하고 행하면, 결국 뇌는 우리의 명령대로 다시 원래의 자리로 돌아가게 될 것입니다.

대부분은 이미 내과 또는 응급실, 신경과 등에서 중추신경계 증상에 대하여 자세하게 설명했습니다. 이를 듣고 나서 의사들은 적절히 검사를 하거나, 검사할 필요가 없다고 일축하거나, "신경 쓰지 말라. 큰 병 아니다."라고 말했습니다. 만약, 우리 뇌에 정말로 문제가 있어서 우리가 이러한 증상을 느낀 것이었다면, 의사들은 우리를 그냥 보내지 않았을 것입니다.

뇌의 병변은 각 유형별로 특이한 증상과 반응을 보이게 되어 있습니다. 그러한 증상과 반응은 이미 매뉴얼화되어 있어 의사들은 해당 진단 기준을 근거로 정밀검사 여부를 결정합니다. 매뉴얼화된 증상, 반응은 지난 수십 년 동안 임상에서 실제로 뇌병변이 있는 수많은 환자들을 대상으로 수집되고 체계화된 기준으로서, 해당 기준에 들어맞으면 실제로 뇌에 문제가 있을 확률이 아주 높고, 그렇지 않을 경우 뇌에는 문제가 없습니다.

하지만, 자신의 중추신경계 증상이 불편함에도 아직까지 의사들에게 그 증상에 대하여 언급한 적이 없었으며 자신의 증상이 큰 병이 아닐까 너무나 염려돼서 병을 키우고 있다고 판단되면, 지체 말고 의사에게 증상을 자세히 설명하고 검사받으십시오.

검사는 MRI 등의 정밀검사를 할 수도 있고, 간단한 혈액 검사정 도로 끝날 수도 있으며, 심지어 약간의 질의응답만으로도 끝나버 릴 수 있습니다. 설사 후자의 경우처럼 약간이 질의응답만으로 뇌 병변 가능성을 의사가 일축해버릴 경우 그것은 당연한 조치라는 점을 명심하십시오. MRI 등의 정밀검사는 굉장히 비싼 검사이며 실제로 꼭 필요한 경우에 한하여 검사하도록 되어 있습니다.

단순한 불안이나 근거 없는 증상 나열로 MRI 촬영을 할 경우 그것은 돈 낭비일 뿐 아니라 국가적 의료 자산의 무의미한 낭비일 뿐입니다. 의사의 일축 행위는 당연히 옳고 타당하다는 점을 명심 하십시오. 반대로 의사는 뇌병변일 수 있다고 판단되는 데도 환자 를 그냥 일축하고 돌려보내지는 않음을 명심하셔야 합니다. 검사 결과 문제가 없다고 나오거나 의사가 더 이상의 정밀검사는 필요 없다고 말하면, 그때부터는 정말로 뇌에 대한 세뇌 작업을 들어가 야 합니다. 증상이 오는 그 순간에 강하게 외치십시오.

"흥! 아냐! 또 속지 않는다!"
"이건 뇌 문제가 아니라고 전문가들이 말했어! 무시하자! 신경쓰 지 말자!"

이처럼 강하게 외치는 동시에 하던 일을 멈추지 말고 계속합시 다. 증상이 나타날수록 더욱 평상 생활을 유지하십시오. 그래야 쓸 모없고 의미 없는 다운 현상을 경험하지 않습니다. 반드시 명심하십시오. 강하게 외쳐야 합니다.

그리고 느껴진 증상을 잘 기억해 두십시오. 기억된 그 증상은 결국 모두 '허상'입니다. 뇌가 멋대로 통증이나 불쾌감으로 해석해버린 것입니다. 만약 다음에 또 그런 비슷하거나 동일한 증상이 나타나면 이렇게 외치십시오.

"음... 이거 지난번 그 녀석이군! 안 속아! 절대 똑같이 안 속는다니까! 웃기는 놈!"

그 증상을 철저하게 짓밟고 무시해 주십시오. 증상이 심해질수록 더 웃고 더욱 개의치 마십시오. 그럴수록 그 녀석들은 당황하고 무안해서 서서히 사라져 버립니다. 즉, 관심을 안 주면 제풀에 사라집니다.

또한, 뇌는 일한 만큼 쉬어야 합니다. 달콤하고 깊은 수면은 우리 뇌뿐만 아니라 몸의 많은 병까지 고칩니다. 어린아이들이나 동물들은 아프면 수면을 깊고 길게 취합니다. 우리 몸은 수면 중에 최소한의 에너지로 최대한의 면역력을 길러내고 많은 불순물과 노폐물을 정리하며 잘못 틀어진 모든 것들을 다시 원위치시킵니다.

뇌는 깊고 편안한 수면이 필수입니다. 따라서 편히 잘 수 있는 모든 수단을 강구하되 그것에 집착하지는 마십시오. 잘 자는 것도 노력의 결과이고 시간을 투자해야 가능합니다. 뇌가 잘 쉴 수 있도록 하는 것도 뇌를 어떻게 길들이냐에 달린 결과이기 때문입니다. 천천히 충분한 시간을 들여 잘 자도록 모든 노력을 하십시오.

이상 반드시 명심하고 해야 할 것들을 말씀드렸습니다. 잘 이해하셨다면 이제 충분한 시간을 들여 천천히 실행하면서 깨달아가야 합니다. 뇌는 훈련시키기 나름이라는 점을 꼭 명심하십시오!

◈ 깊게 들어가기 - 중추신경계 증상과 이석증세 분별

귀에는 전정기관이라는 균형 감각에 관여된 기관이 위치합니다. 이 기관은 매우 민감해서 사실 치료가 불가능할 정도로 매우 미미한 기능적 또는 물리적 문제가 생기기만 해도, 그 환자는 심한 어지럼증을 느낄 수 있습니다. 이러한 경우의 증상을 '이석증세'라고 하며, 그 담당과는 이비인후과입니다.

환우분들이 통상 어지럽다고 호소하면 병원에서는 이비인후과 영역인 이석 증세에 우선적으로 혐의를 둡니다. 소위 전정기관 기능검사는 그 경우 행하는 가장 대표적인 검사의 한 가지입니다. 만약 그 검사를 받았음에도 문제가 없다거나 이비인후과에서 그 검사가 필요하지 않다고 결론이 난 경우, 그 환우는 전정기관에 큰 문제가 생긴 것이 아닙니다.

또한 이석증세에 의한 어지럼증은 뚜렷한 특징을 보입니다. 실제로 천정이 빙글빙글 도는 것으로 보이는 현상, 일어서거나 앉기 어려울 정도로 균형을 잡을 수 없는 현상뿐 아니라, 그에 동반하여 토하거나 구역을 느끼는 현상이 그것입니다. 이런 증세를 보이지만 전정기관 검사에서 별로 문제가 나타나지 않았을 경우라도, 앞서 언급한 대로 워낙 민감한 기관인지라 이석증세로 간주하게 됩니다.

반면, 이석증세의 특징이 나타나지 않고 환자가 모호한 불쾌함을 머리 쪽에서 호소하는 경우, 시야가 불편하거나 보이는 것이 비현실적이라고 진술하는 경우는 이석증세가 아닌 중추신경계 불쾌감(증상)이라고 간주합니다. 물론 그 환자는 불편함에도 불구하고 균형을 잡고 걷는 데 하등의 문제가 없는 경우입니다.

환우분들의 대부분은 당연히 위의 후자, 중추신경계 불쾌감을 어지럽다고 표현합니다. 어지럼증이라는 같은 표현을 사용하지만 원인은 전혀 다름을 잘 유의해야 합니다.

그러나 드물지 않게, 실제로 이석증세를 겪고 나서 그 증세가 또 나타날까 염려하는 시일을 보내며 차츰 공황장애와 똑같은 양상으로 심화되는 분들도 계십니다. 이분들은 이석증세가 계기가 된 공황장애 양상으로 간주하며, 실제로 그에 대한 대처방법도 공황장애의 그것과 동일할 수밖에 없습니다. 최초 공황발작이 이석증세로 대체된 것 외에 차이가 없기 때문입니다. 이런 경우는 남성보다는 주로 삼사십 대 여성 환우들에게서 자주 목격됩니다.

호시탐탐 기회를 엿보는 기타 증상들

그 어떤 증상이 나타나더라도 무시합시다. 무시할수록 증상은
단순해지고 무뎌지며, 촉각을 곤두세울수록 증상은
더욱 다양해지고 날카로워집니다.

환우분들이 가장 두려워하는 주된 증상은 지금까지 함께 알아본 '순환기계 증상', '소화기계 증상', '중추신경계 증상' 등입니다. 사실 위의 세 가지를 제외하고는 소위 '급사'라는 무서운 단어와 그리 큰 상관은 없지만, 수시로 나타나는 기타 증상은 우리를 많이 불편하게 만들고 그 결과 불필요한 불안과 긴장, 우울을 양산하곤 합니다.

이번에는 기타 증상들의 여러 유형을 살펴보겠습니다. 기타 증상들은 모두 앞선 순환기계 증상, 소화기계 증상, 중추신경계 증상의 연장선이거나 약간 변형되거나 그 결과로써 나타나는 증상들이지만, 많은 환우분들이 고통을 겪고 불안을 키워내는 증상들이

기에 별도로 다루었습니다.

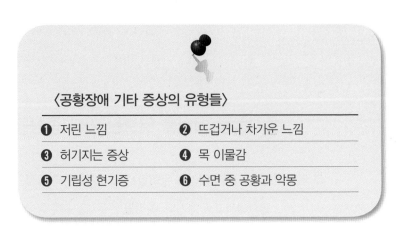

〈공황장애 기타 증상의 유형들〉

❶ 저린 느낌   ❷ 뜨겁거나 차가운 느낌

❸ 허기지는 증상   ❹ 목 이물감

❺ 기립성 현기증   ❻ 수면 중 공황과 악몽

'스멀스멀 이상한 느낌이다', '저릿저릿한 듯하다.' 등은 모두 비
슷한 카테고리의 느낌입니다. 바로 이 느낌 때문에 환우분들께서
는 '근전도검사'까지 받곤 합니다. 물론, 결과는 '이상 없다'를 반복
합니다. 이상 없는 느낌은 모두 '신경성'으로 간주됩니다. 이 증상
은 뭔가 큰 병변으로 인해 느껴진 것이 아니므로 환자를 죽일 수
없다고 보는 것입니다.

원주의 최 씨(남. 30대 초반. 회사원)의 사례를 들어봅니다.
"낮에 열심히 일을 하다가도 목과 옆구리 쪽에서 뭔가 전기가
오듯 순간적으로 찌릿한 느낌이 종일 저를 불안하게 합니다. 이
증상이 느껴지면 적어도 삼사 일간은 컨디션이 나빠지고 밥도 제
대로 못 먹을 정도가 됩니다. 신경과에서 이 증상에 대한 검사를

받았지만 이상이 없다고 합니다. 시간이 지나면 사라질 증상이라고 하지만, 그날이 언제 올지 정말 까마득하게만 느껴집니다."

많은 분들은 '뜨겁다', '차갑다', '따끔거리듯 후끈거린다' 등 체감온도와 관련된 증상들을 호소합니다. 이 증상을 병원에서 언급하면 대부분 의사의 표정도 썰렁해지기 십상이며 절대다수의 환우분들께서는 환자취급조차 못 받기도 하고, 그나마 마지못해 대증적 처방을 받기도 합니다.

군산의 박 모 씨(여. 30대 중반)의 사례를 들어봅니다.

"밥을 하다가 갑자기 목과 얼굴 쪽이 후끈 달아오르는 느낌을 자주 경험합니다. 순간 가슴이 철렁 내려앉으면서 손발까지 후들거릴 정도가 되어버립니다. 곧바로 공황이 올 것 같은 느낌이 들면서 배운 대로 스스로를 안심시키려 하지만 운이 나쁜 날은 공황 상태까지 경험합니다. 한번은 밥을 하다가 그냥 가스 불을 꺼버리고 침대에 드러누워 울다가 잠들어버린 날도 있습니다. 오랫동안 이런 증상이 이어지고 그만큼 제가 우울해지니까 남편도 이젠 거의 포기한듯합니다. 미치겠습니다."

물론, 기타 증상에는 '허기지는 증상'도 정말 흔합니다. 필자 또한 이 증상에 수개월을 시달렸습니다. 심지어 가방 안에 항상 뭔가 먹을 것을 넣고 다니기까지 했습니다. 혹시 당뇨가 아닐까 등 다양한 염려를 하도록 만든 주범이기도 했습니다. 이 증상은 환우분들로 하여금 내과에서 혈액검사를 반복적으로 하도록 만드는 주범입니다. 물론, 결과는 항상 이상 없다고 나옵니다.

대구의 임 모 씨(여. 40대 중반)의 사례를 들어봅니다.

"밥을 먹은 지 한 시간도 안 되어 갑자기 허기가 지고 불안해집니다. 언제 어느 순간 허기지는 느낌을 느낄지 모르기 때문에 속이 불편하지만 항상 먹을 것을 옆에 둬야 안심됩니다. 신랑이 혹시 당뇨 아니냐는 이야기를 하는 바람에 너무나 두려워져서 도저히 참지 못하고 응급실에 바로 달려가 혈액 검사를 받기도 했습니다. 혈액검사 결과를 체크하면서 응급실 내과 의사가 이해할 수 없다는 표정으로 외래진료로 저를 돌려버리는 바람에 며칠 후 외래진료까지 받았습니다. 내과 교수님 또한 저를 물끄러미 바라보시다가 '정신과'를 조심스럽게 권고하셨고 저는 다시 다람쥐처럼 제자리로 돌아와 버렸습니다. 이 증상으로부터 정말 벗어나고 싶습니다."

당뇨가 아주 심한 정도가 되어야 '갈증이 몹시 심한 증상'이나 '허기지는 증상'이 나타납니다. 대부분 가벼운 당뇨에서는 환자들이 별 증상을 느끼지 못하는 경우가 많습니다. 그 결과 진성 당뇨 환자들은 정기적인 건강검진에서 자신이 당뇨라는 사실을 우연히 알게 되거나, 이미 당뇨가 꽤 오랫동안 깊어진 상태에서 이상 신호를 느끼고 병원을 찾게 됩니다.

환우들께서는 이미 상당수가 혈액검사를 받으셨습니다. 혈액검사에는 혈당 수치 및 관련 효소 수치가 기본으로 포함되어 있습니다. 결과에 문제가 없고 다른 내과질환의 증거가 없을 경우 오히려 의사들에게 우리 같은 환자들은 정말 난감한 존재가 되곤 합니다.

목 이물감도 아주 흔한 기타 증상입니다. 목 이물감은 특히 환자로 하여금 아주 신경질적이고 예민하도록 만드는 증상이기도 해서, 심할 경우 우울증이 깊어지는 등 아주 피곤하고 끈질긴 대표적인 기타 증상 중 하나입니다. 물론, 필자도 이로 인해 수개월을 고생했습니다.

서울에 사는 유 모 씨(남. 30대 초반. 회사원)는 여러 가지 신체 증상에 시달리고 있었지만 그중에서도 목 이물감은 오랫동안 그를 괴롭혀 왔습니다. 그는 목 이물감을 해소하기 위해 수시로 침을 뱉는 습관이 생긴 지 오래였고, 당연히 이 나쁜 습관을 버려야 한다는 것도 잘 알고 있었습니다. 그러나 억지로 침을 뱉지 않을 경우 목 이물감이 참을 수 없을 정도로 심해져서 그를 안절부절못하게 만들었습니다.

목 이물감은 이비인후과의 영역입니다. 환자가 목 이물감을 호소하면 아주 간단한 '후두경 검사'와 증상을 경청만 해도 쉽게 진찰이 가능합니다. 물론, 환우분들은 모두 이상 없다는 결과만을 받거나, 설사 필요한 경우더라도 정말 가볍고 대중적인 약을 일부 처방받는데 그칩니다. 심지어는 소화기 내과에서 이 증상 때문에 상부 위내시경까지 하는 환우들도 많습니다. 행여 식도의 문제가 아닐까 하는 염려 때문입니다. 내시경을 한 달에 한 번씩 하는 환우까지 있을 정도로 괴로운 증상인데 문제는 항상 그렇듯이 '문제 없다'는 결과만을 반복적으로 받습니다. 검사 결과에서 문제가 없다고 드러난 목 이물감은 모두 '신경성'으로 치부됩니다.

우리가 앉아 있다가 갑자기 일어날 때 순간 시야가 어두워지면서 현기증을 느낄 수 있습니다. 현기증은 빈혈이나 다소 낮은 혈압 등에도 쉽게 관찰되는데, 빈혈은 혈액검사로 알 수 있는 질환이며, 낮은 혈압은 졸도나 실신 등 생활과 건강에 심각한 수준이 아닌 이상 병으로 다뤄지지 않습니다.(※ 오히려 다소 낮은 혈압은 내과적으로 권장되기도 합니다. 혈관에 그만큼 무리를 덜 주기 때문입니다.)

반면, 환우분들에게 이러한 증상은 공황의 순간에 겪었던 불쾌한 증상과 다소 닮아있는데다가, '졸도'나 '실신', '뇌졸중' 등의 치명적인 병명을 순간 암시하면서 더 괴롭고 강렬하게 느껴지는 경향이 있습니다. 의학적으로 특별히 의미 없는 정도의 낮은 혈압이나 현기증은 느낌일 뿐이라는 사실을 꼭 명심하십시오.

잠을 자다가 공황을 경험하거나 악몽과 연계된 신체 증상에 시달리며, 그로 인해 잠들기조차 두려워하는 환우들도 굉장히 흔합니다. 꿈은 우리의 정신활동이 이루어내는 산물입니다. 불안하면 꿈이 많아지고 두렵고 무서운 꿈이 더 자주 강하게 생겨납니다. 흔히 환자들에게 잠을 좀 더 수월하게 들거나 깊게 잘 수 있도록 해주는 처방들은 그 불안의 수치를 낮춰서 꿈을 완화시키려는 목적에 있습니다.

〈기타 증상 경감을 위해 할 것들〉

❶ 똑바로 쳐다보기

❷ 무뎌지기

❸ 느낌과 생각 분리하기

이상 기타 증상들을 여러 가지 열거해보았습니다. 이것 말고도 굉장히 다양한 기타 증상들이 공황장애에 있어 아주 흔합니다. 그 모든 증상에 대한 의학적인 원인과 해법을 설명하는 것은 별로 생산적이지 않습니다. 왜냐하면 모든 이유는 결국 '불안'에 있기 때문입니다. 불안은 다양한 신체 증상과 정서 증상을 유발합니다. 여러분은 기타 증상이 생겨날 때 '불안'이란 단어를 제일 먼저 떠올리셔야 합니다. "이것은 지금 내가 불안하기 때문이다." 이 말을 강하게 외치십시오.

기타 증상들을 경감하는 방법은 여타 신체 증상을 경감하는 방법과 동일선상에 있습니다. 그러나 그 증상들을 보다 효과적으로 경감시키기 위해 할 것들을 잘 이해하고 지금 당장 따라 하십시오.

증상이 나타난 그 순간에 '어? 이거 뭐지?'란 생각은 절대 금물입니다. 그것은 놀라움이나 당황의 의미를 내포하기 때문입니다. 따라서 증상이 나타나면 눈을 크게 뜨고 정신을 똑바로 차리고 그 증상을 똑똑히 쳐다봐 주십시오. 반드시 이를 악물고 "한 판 붙어보자!"라는 자세로 절대 회피하거나 외면하지 않고 증상에 대응합니다. 그리고 냉정하게 관찰합니다.

"흐음, 이거 아픈 게 맞나?"
"이게 정말 못 견딜 정도로 고통스럽나?"

자신의 손가락이 실수로 날카로운 칼에 베었다고 가정하고, 그때 느껴질 통증과 비교하십시오. 베었을 때가 아플까요? 아니면, 지금 이 증상이 아플까요? 냉정하게 똑바로 쳐다보십시오. 이것을 자주 반복하다 보면 바보가 아닌 이상 객관적으로 아래의 답을 깨닫게 될 것입니다.

"솔직히 칼이 더 아프다."

네. 맞습니다. 칼이 훨씬 더 아픕니다. 손가락이 살짝 베었을 때가 이것보다 훨씬 아프고 시뻘건 피가 뚝뚝 흘러나오므로 더 무섭습니다. 그렇게 똑바로 증상을 계속 노려보면서 제압해버리십시오. 자꾸 반복하면 결국에는 그 증상은 우습도록 작아집니다. 그리고 우리는 무뎌질 줄 알아야 합니다. 작은 개미 새끼 한 마리가 발등 위에 올라온다면 시큰둥한 태도로 개미를 툭 털어버립니다. 겨우 '개미 새끼 한 마리'니까요.

그렇게 증상을 노려보면서 똑바로 쳐다봐주는 연습이 거듭 반복되면 그 증상에서 '두려움'이란 거품이 사라져갑니다. 결국, 증상의 크기가 자꾸만 작아져서 겨우 개미 새끼 한 마리보다 작은 크기로 작아집니다. 작은 미물에 대해선 '시큰둥' 하게 대해줘야 합니다. 그 개미가 몹시 기분 나쁘고 자존심 상할 정도로 시큰둥하게 대해주십시오.

그리고 느낌과 생각을 서로 분리할 줄 알아야 합니다. 느낌은 느낌입니다. 느껴지면 그냥 느껴지는 것으로 끝냅니다. 자기도 모르는 순간에 생각을 진행해나가면 결국 떠오르는 건 '치명적인 질환', '무서운 미지의 어떤 질환' 등이 됩니다. 생각을 즉시 멈추십시오. 느낌과 생각을 분리하는 훈련은 나중에 뒤에서 자세히 설명합니다. 그 요령을 터득하시는 분은 완치란 목표에 누구보다 빨리 도달할 수 있습니다.

별것 아닌 존재를 지나치게 잘 대해주면 기고만장해져서 나중엔

기어오릅니다. 기타 증상들 중 특별한 의학적 증거 없이 '신경성'으로 분류되는 그러한 별것 아닌 존재는 그에 적합한 수준으로 각별하게 무시해 주고 단절시켜 주십시오. 연습 또 연습하고 경험 또 경험하면서 그 요령을 완전하게 숙달해 나가야 합니다.

제 5 장

실행

완치를 원한다면 지금부터 모든 것을 기록하고 행동으로 옮겨나가야 합니다. 이제까지 모든 것들을 의사에게 맡겨 왔다면 지금부터는 의사는 조연이며 환우 스스로가 하나씩 배우고 이해하고 행동으로 옮겨나가야 합니다. 공황장애는 주사나 약으로 간단히 치료되는 질환이 아닙니다. 또한 환우 스스로가 완치의 물꼬를 터 나가는 병입니다. 지금부터는 마음을 강하게 먹고 제5장의 모든 것을 완전히 숙달하도록 충실히 해나가면 호전 속도는 한결 빨라질 것입니다. 모든 병은 완치가 목표입니다. 자신감을 갖고 충분한 시간을 들여 성의 있게 배우고 행동하는 것 외엔 지름길이 없습니다. 눈을 똑바로 뜨십시오! 굽은 허리와 무릎을 똑바로 펴십시오! 이를 악무십시오! 누구나 해낼 수 있습니다. 가만히 있는 바보는 완치할 수 없습니다. 이 장에서는 완치를 위해 가장 중요한 필수적인 무기들을 설명합니다.

반드시 기록하라

기록은 모든 것을 구체화합니다.
기록은 공황장애 완치의 첫걸음입니다. 기록은 무섭습니다.
기록하면 엄청난 효과가 뇌 속에서 이루어집니다.
날마다 꾸준히 한 기록들은 역사를 바꿉니다.

공황장애의 완치는 기록으로부터 출발한다고 해도 과언이 아닙니다. 기록은 그 자체만으로도 완치를 앞당깁니다. 기록은 '자동화 사고'를 멈추도록 유도하여 불안을 직접적으로 경감시킵니다. 기록하지 않으면서 완치를 앞당기려 하지 마십시오. 모든 것을 기록합시다.

자신의 행동들을 기록하고, 증상 하나하나를 꼼꼼하게 기록합니다. 그리고 기록을 통해 증상과 자신의 생각 오류를 스스로 분석합니다. 분석한 정보는 다시 깔끔하게 기록으로 정리합니다. 그 과정에서 수많은 것들을 깨닫고, 이루 말할 수 없을 정도의 '균형'을 스스로 잡게 됩니다.

앞으로 완치가 되는 그날까지 생활에서 나타나는 공황과 관련된 모든 증상과 생각은 물론, 자신의 노력들과 생각들을 '기본 기록지'

에 기재합니다. 기본 기록지는 간략하지만 꼼꼼하게 기록합니다. 기본 기록지를 배우기 전 다음과 같은 유의사항을 숙지합시다.

〈기본 기록지 사용 유의사항〉

❶ 여러 장을 복사하여 항시 휴대한다.

❷ 공황과 조금이라도 관련된 것들은 상황이 허락되면 최대한 그 자리 그 순간에 기록한다.

❸ 나 자신을 위한 기록이므로 '있는 그대로 진실'을 기록한다.

❹ 기록 자체가 완치를 향해 나를 이끌게 될 것을 믿는다.

❺ 수시로 내가 기록한 것을 다시 읽어보고 지나간 순간들을 통해 철저하게 배운다.

❻ 일주일이 지나서 작성이 완료된 페이지는 '기본 기록지 철'을 만들어 빠짐없이 보관한다.

기본 기록지는 앞으로 공황장애 완치의 그날까지 빠짐없이 작성한다고 굳게 마음을 먹읍시다. 절대 그 어떤 이유로도 타협하지 않는다고 다짐합시다. 기본 기록지의 빈 양식은 사용하기 편하게 적절히 작성하여 여러 장을 복사해 둡니다. 그리고 자신의 가방이나 수첩에 펜과 함께 항시 휴대합니다.

기본 기록지는 공황과 관련된 모든 증상, 느낌, 생각, 분석, 판단, 배운 것, 기억 떠올리기 등 하나도 빠짐없이 기록하는 '자신의 공황 장애 완치 연대기'로 삼도록 합니다. 또한, 완치를 갈구하는 자기 자신만의 기록이므로 오로지 진실만을 기록합니다.

의학적으로도 기록은 놀라운 효과를 발휘합니다. 순간순간 의식하지도 못하는 사이 자극에 대하여 조건반사적인 '위험 예측 사고'를 해버립니다. '두근두근'은 반사적으로 '부정맥', '어찔한 느낌'은 반사적으로 '뇌졸중' 등이 그것입니다. 우린 본능적으로 위험한 것을 1순위로 생각하는 습성이 있습니다.

바로 이러한 '위험 예측 사고'를 곧바로 멈추게 만드는 것이 바로 기록 행위이며, 행여나 조금 위험 예측을 해버렸다고 해도 증거주의에 입각한 올바른 사고로 다시 재교정을 해주는 것이 기록 행위입니다. 또한 기록하면 시간을 벌 수 있습니다. 시간이 생겨나면 냉정해질 수 있고 증거가 없는 상태에서 범한 '오류'나 '오해'를 더 잘 교정할 수 있습니다.

기본 기록지를 성실히 기록하는 것은 끈기가 필요하며 집념이 필요한 작업입니다. 그러나 그 대가는 눈부십니다. 그것을 성실히 오랜 시간 기록하는 행위 자체만으로도 대견스러워 할 만한 성취감을 얻을 수 있습니다. 성취감은 곧 보람입니다. 보람을 느끼면 더욱 기록 행위를 충실히 수행할 수 있고 그 결과 더 큰 쾌감을 성취하게 됩니다.

즉, 기본 기록지를 꾸준히 성실하게 기록하면 그것 자체만으로도 보람과 자신감이란 큰 선물을 얻습니다. '자신감'은 '자기에 대한 신뢰'입니다. 자기를 신뢰하게 되면 자신의 몸과 마음을 믿게 됩니다. 자신을 믿는 상태에서는 공황이 쉽게 다가올 수 없습니다. 설사 공황이 온다손 치더라도 그것이 장애화되는 일은 결코 없습니다.

어릴 적 썼던 일기를 읽으면서 큰 재미를 느낀 기억이 있습니다. 이 세상에 자신의 이야기보다 재미있는 이야기는 없습니다. 게다가 자신의 이야기에서 감동을 얻게 되면 스스로를 사랑하고 존중하게 됩니다. 자신을 사랑할수록 삶의 모든 면들이 풍요로워지고 여유로워집니다. 물리적으로 아무리 몸이 바빠도 우리의 마음은 여유롭고 풍요롭습니다.

조금씩 그런 상태가 될수록 주변에서 발생하는 모든 일들은 결코 '스트레스'가 될 수 없습니다. 기본 기록지를 날마다 작성하고 수시로 시간 날 때마다 과거의 이야기를 들춰 보면, 그 자체가 즐거움과 보람이 되며, 이런 행위를 오래 지속하다 보면 사랑과 여유란 큰 선물을 얻게 됩니다.

즐거운 마음으로 과거를 돌이킬 수 있는 사람은 행복할 수밖에 없습니다. 스스로를 대견스럽게 생각하고 존중할 수밖에 없는 것입니다. 기본 기록지는 우리를 아주 천천히 행복하고 여유로운 사람으로 바꿔 줄 것입니다.

이렇게 작성이 완료된 기본 기록지는 일주일 단위로 잘 철해 두고 영구히 보관합니다. 보관된 자신의 기본 기록지는 그 자체가 일대기이며 역사기록이 됩니다.

또한 완치라는 목표를 달성한 후 자신의 기본 기록지는 도움이 필요한 환우들에게 극적인 치료약이 될 수도 있습니다. 세종대왕, 알렉산더, 칭기즈칸 등을 우리가 존경하는 이유는 결국 기록이란 것이 그들의 삶과 투쟁을 우리에게 전달해 줬기 때문입니다. 여러분의 기본 기록지는 바로 그러한 위인전기와 맞먹는 위력을 다른 환우분들에게 발휘하게 될 것입니다. 자. 이제 기본 기록지의 생김새를 알아봅시다.

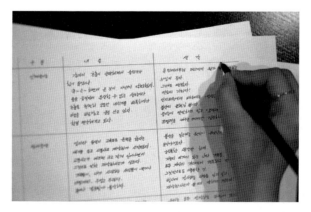

어느 환우분의 기본 기록지 작성 방법

〈기본 기록지〉

표 1은 기본 기록지의 모습입니다. 정확히 정해진 양식은 없습니다. 필자는 이상과 같은 기본 기록지를 날마다 빠짐없이 작성했습니다.

〈표 1 : 기본 기록지〉

일시	구분	내 용	생 각
2011.1.15. 오전 12시	신체 증상	사무실에서 갑자기 두근거림이 시작됐다. 약 30분 정도 많이 두근거렸고 이후로 약 1시간 동안 불안했다. 지금은 많이 안정되었다.	똑바로 증상을 쳐다보았다. 실제로 칼로 베이는 것 보다는 안 아픈 게 맞다. 무시하려고 노력했다. 이렇게 노력하면 언젠간 사라질 거라고 믿어본다.
2011.1.15. 오후 8시	운동 결과	아파트에서 약 25분간 빠르게 걸었다. 숨이 조금 가쁘면서 불안했지만 MP3를 들으면서 스스로를 안심시켰다.	운동 이후 기분이 조금 가볍다. 그러나 숨이 차고 두근대는 것은 조금 부담스럽다. 진짜 심장마비는 굉장히 고통스러워서 사람이 앞으로 고꾸라질 정도라고 한다. 오늘 불편감은 그런 통증의 백분의 일도 안 되는 것이 맞는 것 같다. 날마다 열심히 빠짐없이 해볼 것이다. 2주 동안은 타협 없이 할 것이다.
2011.1.16.	아침식사	힘을 내기 위해 아침밥을 먹었다. 두 숟갈 밖에 못 먹었다. 계란프라이는 냄새가 아직 싫다. 속이 아플까 봐 걱정 돼서 많이는 못 먹었다.	날마다 조금씩 먹고 양은 천천히 늘려가라고 했다. 급하게 양을 늘리지 말자. 힘이 들수록 운동은 절대로 빼먹지 않을 거다. 절대로!

기본 기록지의 내용은 특별한 원칙이 없습니다. 다만, 그 어떤 내용이건 간에 공황장애와 조금이라도 관계가 된 모든 내용이면 무방합니다. 특히 자신의 생각을 자세하게 적는 행위가 무엇보다

가장 중요합니다. 생각은 곧, 그 내용이 자신에게 어떻게 느껴졌고 받아들여졌으며, 자신에게 어떤 영향을 주었으며, 가장 바람직한 대처 자세나 앞으로의 계획, 의지 등의 내용이면 족합니다.

〈기본 기록지의 각 항목 및 작성 요령〉

❶ 일시 : 기록한 연월일

❷ 구분 : 개략적인 구분

❸ 내용 : 기본적인 간략 내용

❹ 생각 : 적은 내용을 스스로 분석하고 이해하며 암시, 계획을 수
립하는 모든 내용

처음부터 장황하게 쓸 필요가 없습니다. 가장 진실하고 투명하며 알맹이가 살아있는 나의 모든 느낌과 증상과 생각과 경험, 그리고 판단 행위란 것이 중요합니다.

한 가지 예를 들면 우린 학창 시절 반성문을 써 본 경험이 있습니다. 반성문을 쓰는 행위는 자기가 했던 행위를 꼼꼼히 돌이켜보며 그러한 행위가 어디에 문제가 있었는지 그리고 앞으로 어떻게 그 행위를 교정하며 어떻게 노력해 나갈 것인지가 과제의 포인트입니다.

기본 기록지도 마찬가지입니다. 기본 기록지는 자신이 궁극적으로 가야 할 방향을 스스로에게 각인하고 암시하는 행위인 것입니다. 기본 기록지를 쓰면서 '결심 기간'을 설정하는 것도 매우 유효합니다. 결심 기간이란 '나는 기본 기록지를 언제까지 어떤 일이 있어도 작성할 것이다.'란 마음가짐이요, 목표입니다. 우선 첫 1주일을 목표로 하여 해당 1주일 동안은 그 어떤 이유가 있건 사정이 있건 간에 무조건 기본 기록지를 성실히 작성하려는 본인의 의지를 실험하는 기간을 의미합니다. 결심 기간을 반드시 설정하고 기본 기록지가 효과가 있건 없건 무조건 열심히 기록하고 생각하며 다시 읽어보고 정리하는 일을 철저하게 수행합시다.

마지막으로 그렇게 작성된 기본 기록지를 '프라이버시'한 내용만 생략하고, '공황장애 완치 카페'에 타 환우가 볼 수 있는 관련 게시판 등에 올리는 것도 도움이 됩니다.

이러한 공개 행위는 타 환우의 공감과 지지, 또한 자기 스스로에게 자기 완치 노력을 굳건히 하기 위한 인내 유지 효과를 직접 가져다 줄 것입니다. 혼자서 하는 투쟁은 외롭고 힘듭니다. 따라서 타 환우와 더불어 자신의 투쟁을 공유하고 필요하다면 다음 목표 등을 공약하면서 자신의 의지를 계속 유지하기 위한 현명한 공개 행위를 행동으로 옮기십시오.

우리는 완치를 애타게 원합니다. "완치만 될 수 있다면 그 어떤 것도 하겠다."는 환우분들도 많습니다. "이 증상만 사라질 수 있다면 팔 하나쯤은 잘려도 좋겠다."고 하는 분들도 있습니다. 우린 그만큼 완치가 절실합니다. 그렇다면 기본 기록지를 성실히 기록하고, 자신이 기록한 기본 기록지를 타 환우 앞에 용감하게 공개해 보십시오. 그 결과 여러분의 완치를 향한 투쟁은 한결 덜 외롭고 덜 고단해질 것입니다. 자! 지금 바로 기본 기록지를 시작하십시오.

◈ 깊게 들어가기 - 전지적 관찰과 감투정신

한 실험을 먼저 예로 들어 봅니다. 미국 메릴랜드 주의 한 호텔에서 행해진 실험입니다.

호텔 직원들은 다소 높은 급여 수준이긴 하지만, 매우 고되고 힘든 업종입니다. 손님들이 머무는 층은 깔끔하고 조용하게 잘 정돈되어 있지만, 지하층들로 대변되는 직원들이 일하는 층은 매우 번잡하고 숨 돌릴 여유 없이 바쁘고 고된 일이 종일 진행됩니다. 업종 특성상, 호텔에 종사하는 직원들은 매우 높은 스트레스를 겪고 있고, 그 결과 각종 신경성 질환에 더 많이 노출되어 있기도 합니다. 높은 스트레스는 고성, 강요, 욕설까지 그 고되고 여유가 없는 환경에서 필연적으로 따르게 되는 여러 행위들로 인해 직원 상호간의 관계에 있어 추가적인 스트레스를 더 얹어 줍니다. 이러한 호텔 환경에서 아주 작은 변수를 주어 그 스트레스를 크게 감소시킬 수 있다는 결과를 도출한 실험을 하나 소개하려 합니다.

해당 호텔에서는 실험용 카메라를 직원들이 근무하는 곳곳에 설치하였습니다. 카메라를 설치하면서 모든 직원들에게 그 취지를 설명했는데, 이 호텔의 최고 경영진들과 최대 주주들이 카메라를 통해서 여러분들의 수고를 직접 보고 앞으로 근무환경 개선과 복지 강화에 참고하길 희망한다는 것이 그 취지였습니다.

이후 직원들은 자신들이 어딜 가든 관찰 카메라가 보고 있다는 것을 항시 유의하며 일을 했습니다. 그렇게 석 달 후 두 가지 놀라운 결과가 나타났음을 확인할 수 있었는데, 카메라 설치 전보다 직원들의 스트레스가 크게 감소했음이 하나요, 또 다른 하나는 고위 및 중간 책임자들의 솔선수범이 크게 증가했고, 그 결과 하위 실무 직원들이 과거와 달리 상급 책임자들에 대해 마음에서 우러나는 존경과 존중이 크게 증가했다는 결과가 그것이었습니다.

이 실험 결과는 우리에게 중요한 것들을 알려줍니다. 혼자 하는 것보다, 자신의 행위를 타인에게 공개하는 것이 언행과 마음가짐을 좋게 개선하는 데 큰 도움이 된다는 것입니다. 또한 공개로 인해 자연스럽게 형성되는 개인의 마음속 감투정신은 자신이 업무를 훌륭하게 소화하면서도 충분히 책임감 있고 강인하다는 일종의 과시를 생활화하게 됩니다.

인터넷 카페에 자신의 극복 기록을 매일 올리는 행위도 바로 이상의 실험과 같은 효과를 유발할 수 있는 좋은 방법입니다. 실제로 카페의 지난 10년 여 역사에 걸쳐 그 기록에 충실한 이들이 그렇지 못한 이들보다 이후 호전과 완치를 이룰 확률은 압도적으로 높다는 것도 이를 뒷받침하는 강력한 증거이기도 합니다.

혼자 하는 노력은 그 자체로도 외롭지만, 소위 작심삼일로 변질되기도 쉽습니다. 작심삼일은 단순히 결심했던 것을 못하게 되는 것으로 간단히 끝나지 않습니다. 그러한 포기와 실패는 거듭 나의 내면에 무기력을 강화하게 되고, 나의 내적 자존을 하락시켜 나간다는 것에 유의해야 합니다. 앞서 말씀드린 대로 무기력은 우울과 나 자신에 대한 분노를 강화시킵니다. 즉, 어느 정도 자신을 조금은 의무적으로 통제할 수 있는 테두리 내에 위치시키는 것이 공황장애 극복에 매우 큰 도움이 된다는 것을 유념하시길 바랍니다.

유산소운동은 만병통치약

유산소운동은 만병을 예방하고 치료합니다. 유산소운동은 호르몬 대사 정상화, 소화 기능 촉진, 심폐 기능 강화, 신체 증상 경감, 우울 경감, 체력과 기력 회복, 노출 훈련 효과, 광장공포증 경감 등 모든 면에서 가장 효과적인 치료법 중 하나입니다.

몸과 마음을 따로 분리해 생각하는 시대는 이미 오래 전에 끝났습니다. 뇌에 대한 연구가 진척될수록 몸과 마음은 서로 긴밀한 연관성이 있어서 마음이 몸을 견인하고 몸이 다시 마음을 견인한다는 것은 익히 알려져 있는 상식이 되었습니다. 공황장애 완치를 위해 여러분께서는 지금부터 '유산소운동'이란 강력한 치료 도구를 백분 활용하게 될 것입니다.

유산소운동은 만병을 예방하고 통치합니다. 날마다 꾸준하게 지속될수록 우리 몸과 마음의 질병을 호전시키고 앞으로 다가올 병에 대한 면역력과 예방 능력을 극대화합니다. 그 어떤 운동도 유산소운동만큼 결정적 역할을 하지 못합니다. 따라서 오늘부터 유산소운동을 매일 꾸준히 해나가길 권합니다.

공황장애는 생각만으로는 절대 완치가 불가능합니다. 몸으로 체험되고 결국 자신감이 생겨나 그것이 생각과 결합되면 그 어떤 것도 완치를 향한 속도를 떨어뜨리지 못합니다. 지금 다음 문장을 크게 외치십시오! 외치면서 당신의 가슴속에 세뇌시키고 확신시키십시오!

"움직이면 완치된다! 걷고 또 걸어라!"

유산소운동은 그 무엇보다 자신감 회복의 특효약입니다. 유산소운동을 통해 여러분은 '자신의 몸이 얼마나 훌륭하고 강한지'를 직접 체험해야 합니다. 자신의 몸을 믿지 못하니까 약간의 이상한 느낌만으로도 겁을 먹고 치명적인 질환을 걱정하는 것입니다.

자신의 몸을 믿으세요. 이미 우리는 보통 사람들이 평생을 통해 받을 수 있는 병원 검사를 단시간 내에 다 받아버렸고 그 결과 이상이 없다고 증명된 완벽에 가까운 신체적 능력을 갖고 있습니다.

유산소운동을 하면 할수록 '자신감'이 증가됩니다. 그렇게 증가된 자신감은 우리 뇌의 예민성을 감소시킵니다. 그 결과 유산소운동은 우리의 신체 증상을 직접적으로 경감시킵니다. 날마다 신체 증상을 호소하면서 괴로워하는 이 지긋지긋한 진흙탕에 언제까지 머물러 계실 겁니까? 오늘부터 유산소운동을 날마다 절대 타협 없이 해나갑니다. 완치하는 그날까지.

유산소운동에 대한 구체적인 요령을 배우기 전에 우선 유산소운동이 왜 완치에 결정적으로 뛰어난 효과를 발휘하는지 이해해봅시다.

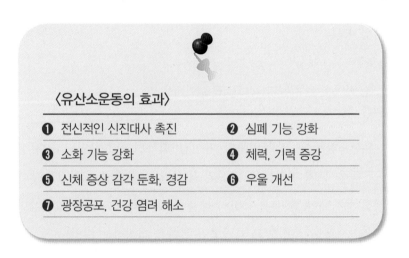

〈유산소운동의 효과〉

❶ 전신적인 신진대사 촉진   ❷ 심폐 기능 강화

❸ 소화 기능 강화   ❹ 체력, 기력 증강

❺ 신체 증상 감각 둔화, 경감   ❻ 우울 개선

❼ 광장공포, 건강 염려 해소

유산소운동은 우리 몸의 전신적 신진대사를 직접 촉진시킵니다. 유산소운동을 할 때 우리의 팔과 다리는 '펌프' 역할을 합니다. 팔과 다리가 힘차게 움직이면서 온몸의 혈액과 체액들을 활발하게 순환시키고 그 과정에서 영양분과 노폐물을 신속하게 이동시킵니다.

물론 체액에는 뇌 신경전달물질들도 포함되어 있습니다. 이미 의학적으로 유산소운동이 얼마나 신체의 신진대사에 탁월한지는 너무나 잘 연구되어 있으므로 조금도 의심할 필요가 없습니다. 신진대사가 활발한 몸에는 그 어떤 유해한 자극들도 무효합니다.

특히 유산소운동은 심폐 기능 강화에 직접적으로 효과를 발휘합니다. 어지간한 고혈압, 당뇨마저도 유산소운동을 꾸준하게 함으로써 아주 간단하게 정상으로 되돌려 놓을 수 있을 정도입니다. 유산소운동은 우리 심장을 단련하는 데 최고의 도구이며 우리의 호흡 기능도 크게 개선합니다. 또한 유산소운동은 소화 기능을 강화합니다. 운동을 하면 소화가 잘된다는 사실은 이미 오래전부터의 상식입니다.

유산소운동을 통해 신진대사가 촉진되고 심폐 기능과 소화 기능이 강화되면 결국 체력과 기력이 크게 향상됩니다. 모든 병은 체력과의 싸움입니다. 우리의 체력이 강할수록 병은 쉽게 치료될뿐더러 재발하지도 않습니다. 체력은 면역력과 아주 밀접합니다. 체력이 강화된다는 것은 곧 모든 질병에 대한 면역력이 당연히 포함되는 것입니다.

또한 유산소운동을 하는 동안 우리 몸에서는 다채로운 느낌들이 생겨납니다. 심박수가 빨라지고 혈압이 상승하며 호흡수가 증가하고 폐활량도 증가합니다. 몸 전체에 혈액이 활발하게 순환되면서 각종 에너지와 효소들의 이동이 빨라집니다. 그 결과, 운동에 따른 여러 신체 느낌들이 느껴지게 됩니다.

환우분들은 이러한 느낌을 지금까지 신체 증상으로 해석해왔고 두려움을 느껴 왔습니다. 그러나 유산소운동을 통해 꾸준히 그 느낌들을 경험하면 결국 뇌는 그 느낌을 '통증'이 아닌 '당연한 느낌이자 상쾌함'으로 해석하기 시작합니다. 즉, 유산소운동은 우리의 신체 증상을 경감시키는 데 아주 탁월한 효능을 발휘합니다.

유산소운동으로 몸 전체의 컨디션이 향상되면 그로 인해 자신감 회복이라는 큰 선물을 얻습니다. 이렇게 좋은 상태에서는 우울의 수위가 크게 낮아집니다. 생활 속 깊이 우울함이 자리 잡고 있는 환우는 유산소운동이야말로 최고의 해법이자 약이 될 수 있습니다. 게다가 광장공포나 건강 염려까지도 덤으로 확실히 줄여낼 수 있습니다. 유산소운동을 생략하면서 완치를 기대하지 마십시오. 유산소운동은 환우분들이 복용하는 그 어떤 약물보다 '부작용 없는 특효'를 가진 최고의 약이란 사실을 명심하십시오.

자. 이제부터는 유산소운동을 배워봅니다. 내용은 매우 간단하니, 다음 요령을 따르십시오.

유산소운동의 표준은 걷기입니다. 물론 자신의 취향과 상태에 따라 '수영', '사이클링' 등으로 대체 가능합니다. 우선 상기 요령은 의학적으로 가장 권장되고 특별한 장비나 환경이 필요 없는 '빠르게 걷기 운동'을 기준으로 합니다.

걸을 때는 자신이 가장 편하다고 느끼는 보폭이면 됩니다. 무리하게 보폭을 넓힐 필요가 전혀 없습니다. 걷는 속도는 약간 숨이 찰 정도면 족합니다. 뛰거나 마라톤 등을 하는 분들도 계시지만 유산소운동의 목표에 가장 적합한 수준은 '빠르게 걷는 속도'가

최고입니다.

〈유산소운동-걷기-요령〉

❶ 가장 편안한 보폭으로 약간 숨 찰 정도의 속도를 유지한다.

❷ 팔은 달릴 때처럼 주먹을 쥐고 앞뒤로 적당히 힘차게 흔든다.

❸ 최초 20분으로 시작해서 매주 단위로 5분씩 증가시킨다. 최대 1시간을 넘지 않는다.

❹ 매일 하루도 거르지 않고 실시한다.

❺ 유산소운동 기록지(이하 표 2 참조)에 날마다 꼼꼼히 적는다.

❻ 매주 단위로 자신의 몸을 점검하고 달라진 컨디션과 자신감을 점검해 본다.

❼ 날마다 자신의 유산소운동 노력을 카페나 커뮤니티 등에 꾸준하게 올려 타 환우와 노력을 공유함과 동시에 자신의 꾸준한 노력을 계속 유지하고 지지 받는 발판으로 삼는다.

팔은 힘차게 흔들되 억지로 넓게 흔들 필요는 없습니다. 전체적으로 자신의 몸에 가장 무리 없는 편한 빠른 걸음의 상태를 유지하는 것이 포인트입니다.

시간은 최초 매일 빠짐없이 20분으로 시작합니다. 그렇게 1주일을 좋든 싫든 유지하고 더 하고 싶어도 최대한 자제하며, 아무리 컨디션이 나빠도 비가 오나 눈이 오나(극도의 혹한이나 폭풍, 폭우가 아닌 이상) 절대로 매일 유지합니다. 그 어떤 타협도 안 됩니다. 최초 1주일이 지나면 시간을 5분 늘립니다. 그렇게 1주일을 유지합니다. 그 어떤 타협도 보아선 안 됩니다. 최초 1주일이 지나면 시간을 5분 더 늘립니다. 그렇게 또 1주일을 유지합니다. 계속 그런 식으로 최대 1시간으로 늘어날 때까지 계속 반복합니다. 1시간에 도달하기 위해서는 최소 수주 이상이 소요됩니다. 그 과정 중에서 아무리 더 하고 싶어도 시간을 무리하게 늘려선 안 됩니다. 정해진 시간만큼 엄중하게 시간을 지키고 하루도 빠짐없이 꼬박 유지하는 것이 필수입니다.

〈표 2 : 유산소운동 기록지〉

일시	내용	느 낌	생 각
2008.1.21. 20분간	동네 초등학교 운동장 20분간 걷기	약간 불안했음. 숨이 차고 두근거렸음.	처음 나갔을 때 약간 불안했지만 무리하지 않을 생각으로 조금 천천히 20분을 다 채웠다. 생각보다 심한 증상이나 불안은 오지 않았다. 끝난 후 기분은 좋았다.
2008.1.22. 20분간	상동	어제보다는 훨씬 덜 불안했음. 숨이 조금 많이 찼지만 큰 문제 없었음. 운동 중에 약간 어지러웠음.	오늘은 약간 더 빠르게 걸었더니 어지러움과 숨찬 증상이 더 강하게 느껴졌다. 그러나 결과적으로 특별한 일 없었고, 조금씩 자신이 붙는다. 내일부터는 음악을 들으면서 해봐야 겠다.

유산소운동을 하고 나면 편한 시간에 다음과 같은 '유산소운동 기록지'에 꼼꼼히 적어 봅니다. 이미 배웠던 기본 기록지와 같은 요령으로 적습니다. 유산소운동 기록지는 운동을 끝낸 후 샤워를 하고 가장 편안할 때 기록하는 것이 좋습니다. 기록지 작성에서 가장 중요한 포인트는 '자신이 느낀 불안이나 신체 느낌들에 대한 생각을 교정하는 것'입니다. 과거 두근거리거나 조금만 숨차도 불안하게 여겼다면, 이젠 그런 증상이 나타나도 그 증상들을 직시하고 그것이 위험하지 않다는 것을 깔끔 명료하게 날마다 정리해 나가는 것입니다.

그 과정에서 자연스럽게 시간을 두고 우리 뇌는 불필요한 예민함을 낮추게 되며, 그 결과 신체 증상을 더 이상 통증이나 고통으로 해석하지 않을 수 있습니다. 이토록 훌륭한 치료수단인 유산소운동이지만 상황에 따라 다음 내용을 고려하여 시행합시다.

디스크 등 관절 질환이 있으신 분은 맨땅에서 걷는 것이 그리 좋지 않을 수 있습니다. 그럴 경우 수영이나 사이클링 등 관절이 충격받지 않는 유산소운동으로 대체하는 것이 현명합니다. 수영을 할 때는 빨리 앞으로 나아가지 말고 최대한 오래 물에 떠서 천천히 느린 동작을 장시간 유지합니다.

〈유산소운동 추가 고려 사항〉

❶ 근골격계 질환(디스크, 관절염 등)이 있을 경우 수영 등 관절에
무리가 없는 유산소운동으로 대체한다.

❷ 수영은 최대한 천천히 느린 동작으로 오랜 시간 유지하는 것
이 중요하다.

❸ 좋아하는 음악과 이어폰 등 지루함 완화에 도움될 수 있는 것
들을 적극 활용한다.

❹ 광장공포증 등이 심한 환우는 초기 함께 운동을 같이 해 줄 수
있는 가족과 친지의 도움을 받아도 좋다.

❺ 자신의 유산소운동 유지 상황과 경과는 필히 인터넷 카페 등
에 게재함으로써, 타인의 지지와 격려를 최대한 활용한다.

❻ 이른 아침보다 덜 분주한 늦은 오전 또는 저녁시간을 권장한다.

❼ 잠자기 2시간 전에는 유산소운동을 자제하여 수면에 방해되지
않도록 한다.

또한 걷는 행위는 상황과 개인적 취향에 따라 지루할 수 있습니
다. 지루하면 날마다 오랫동안 유지하기에 어려울 수 있습니다. 따
라서 MP3 등 지루함을 달랠 수 있는 모든 수단과 방법을 사용해
서 꾸준함을 유지하는 것이 필요합니다.

다시 한번 강조합니다. 인터넷 카페 등에 자신의 유산소운동 기록을 남기는 행위는 그 자체로써 치유에 매우 도움이 되며 다른 사람에게 자신의 노력 상황을 공개함으로써 타 환우들의 지지를 받고 유산소운동을 더욱 꾸준하게 할 수 있습니다.

이전의 '기본 기록지'와 더불어 '유산소운동 기록지' 또한 매일 단위로 잘 작성하고 매주 단위로 잘 철해 놓고 자신의 극복 연대기로 삼으십시오. 몸이 안 좋을 때일수록 자신의 기록지들을 돌이켜 보면서 이 정도까지 좋아지고 조절 능력을 갖춰가는 자신에게 끊임없이 격려하십시오. 약으로만 완치를 기대하는 행위야말로 가장 무모한 짓이며, 행운에 모든 것을 거는 도박입니다. 약으로만 완치를 기대하는 환우를 수도 없이 보아왔지만, 결코 완치에 도달하는 경우를 목격하지 못했습니다. 약은 우리가 힘들 때 그 증상을 눌러주는 진통제에 불과하다는 것을 명심하십시오.

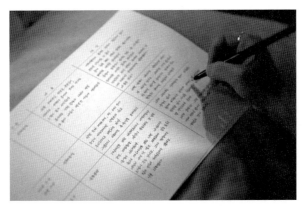

어느 환우분의 유산소운동 기록지 작성 방법

완치는 몸과 마음에 존재하는 '궁극의 치료 에너지'를 끌어올리는 작업입니다. 그 에너지는 자기 내부에 충분히 존재합니다. 그 에너지는 의존성도 없고 끊을 필요도 없으며 부작용도 없습니다. 기본 기록지와 유산소운동 기록지는 우리가 완치를 달성하는 그날까지 삶의 일부분으로 함께 호흡해 나갈 가족이자 친구라는 사실을 명심하십시오.

끊임없이 움직여라

불안한 마음이 혼자 돌아다니도록 가만두지 마십시오. 마음이 불안하다면 우리 몸을 끊임없이 움직여 몸과 마음이 따로 떨어지지 않도록 해야 합니다. 몸과 마음은 하나입니다.

불안하면 안절부절못합니다. 그런 자신을 발견하면 더 불안해집니다. 이 두 가지를 서로 맞물려 반복하면 우리의 불안은 더 커지고 악화의 굴레에 빠져듭니다. 우리는 반드시 불안을 눌러야 합니다.

하지만, 불안을 누르기 위한 특정한 노력들인 기본 기록지 작성, 유산소운동 기록지 작성 이외에도 틈이 날 때마다 몸과 마음을 일치시켜 서로 떨어지지 않도록 해주는 노력이 필요합니다. 그에 매우 유효한 방법이 바로 '끊임없이 움직이기'입니다.

몸과 마음은 하나이며 서로 상호작용을 해야 안정됩니다. 마음이 불안하면 몸은 마음을 위해 할 것이 없는지 뭔가를 찾아 헤맵니다. 그것이 바로 안절부절못하는 원인입니다. 그 반대로 몸이 뭔가 문제가 있을 때, 마음은 몸을 지키고 도와주기 위해 뭔가를 찾습니다. 그게 바로 '위험 탐색'입니다. 우리가 느끼는 '원인 모를 불안'이나 '불확실한 미래에 대한 근거 없는 잘못된 예측 및 재앙화 사고' 등은 결국 문제가 발생한 몸을 어떻게든 도와야 한다는 마음이 움직인 결과입니다.

따라서 몸과 마음을 서로 조화롭게 합치시키는 노력을 쉬지 말고 해야 합니다. 그 결과 몸은 마음을 신뢰하고 마음은 몸을 신뢰하여 서로 한 가지로 호흡하는 '균형과 조화 상태'를 최대한 달성해나가야 합니다. 그 목표를 위해 우린 '끊임없이 움직이기'를 시작합니다.

〈몸과 마음을 하나로 합치기 위한 목표〉

❶ 마음만 따로 동떨어져서 쓸데없는 염려와 증상 관찰하기 등의
행위를 하지 못하도록 원천 봉쇄한다.
❷ 몸이 일하면 마음도 몸을 돕는다는 것을 기억한다.
❸ 몸이 피곤하면 마음도 함께 깊은 휴식을 취하도록 한다.

몸이 일하면 마음도 몸을 도와 움직입니다. 몸이 일을 하는데 마
음속에 근심이나 속상한 일이 있으면 '일이 손에 안 잡힌다.'고 흔
히들 말하듯이 우리의 몸과 마음은 함께 집중하고 함께 동고동락
을 해야 합니다. 마음은 불안과 우울에 휩싸여 있는데 몸은 그와
상관없이 가만히 있어도 마찬가지로 불안과 우울은 더 심해집니
다. 즉, 우리는 몸을 움직여서 마음만 따로 놀지 못하도록 '끊임없
이 움직이기'를 통해 완치를 향한 작업들에 가속도를 붙여줘
야 합니다.

이상의 목표를 달성해 나갑시다. 이 목표는 절대로 요원한 것이
아니므로, 몇 주만 '끊임없이 움직이기'를 실천해도 몸이 긍정적으로
반응하는 것을 체감하게 될 것입니다. 열심히 보람을 쌓아간다면 그
결실의 대가를 받게 될 것임을 굳게 믿으십시오.

〈끊임없이 움직이기 요령〉

❶ 모든 집안 일에 우선적으로 집중하고 몸을 움직여 대응한다.

❷ 청소, 설거지, 정리 정돈 등을 중심으로 상황과 기력이 허락하는 한 최대한 끊임없이 움직인다.

❸ TV를 보며 휴식하는 시간에도 스트레칭이나 앉았다 일어서기 등을 계속한다.

❹ 체력과 기력이 허락되는 한 끊임없이 무엇인가를 하거나 움직이도록 노력한다.

❺ 모든 움직임은 최대한 천천히 끈기 있게 해야 하며, 절대로 서두르거나 급하게 하지 않는다.

❻ 움직이는 동안 행여 신체 증상이 일부 생겨 불안해지더라도 무시한다.

❼ 특이사항이나 성취감, 경과사항 등은 자유롭고 제한 없이 기본 기록지에 적절히 기록한다.

'끊임없이 움직이기'의 요령은 앞의 내용과 같습니다.

끊임없이 움직이기 또한 기왕이면 생산성 있는 행동을 소재로 하는 것이 좋습니다. 마음가짐을 전환하여 '깔끔하고 정돈된 우리 집'을 만들어 간다고 생각하며 청소, 설거지, 걸레질, 정리 정돈, 소파와 이불 털기, 집 이곳저곳 수선하기 등 할 수 있는 모든 것들을 찾아서 느긋하게 움직여 나가는 것이 좋습니다.

그 외에 TV 드라마를 시청하면서도 가만히 누워있지 말고 천천히 무리가 안 되는 스트레칭 수준으로 끊임없이 하는 것도 아주 좋습니다. 즉, 무리가 아니라면 내 몸을 잠시도 가만히 두지 않겠다는 것을 몸소 실천하는 개념입니다. 얼마전 한 다큐멘터리에서는 '무병장수를 위해 다소 무리되는 노동이나 일이 큰 도움이 된다.'는 내용을 방영한 적이 있습니다.

세계적인 장수마을의 100살 이상 노인들의 생활습관을 면밀히 연구한 학자들은 이구동성으로 '매일 하는 약간의 무리가 될 수 있는 수준의 노동과 운동'이 장수노인들의 최대 비결 중 하나임을 밝혀냈습니다. 맞습니다. 우리가 완치를 원한다면 기력과 체력이 허락하는 한도 내에서 몸을 아주 조금은 혹사시켜 줘야 합니다. 약간 과한 듯 움직여주는 것이 얼마나 건강에 직결되는지는 군대에 복무 중인 군인들의 경우에서도 아주 쉽게 관찰할 수 있는 사실입니다.

청결하고 깔끔하게 정리된 집과 일터는 '몸과 마음의 건강을 유지하고 일과 가사의 효율을 높게 유지하는 비결'입니다. 신체 증상으로 지금은 몸이 힘들지만 어떻게든 열심히 움직여 하나씩 정리하고 청소하는 날마다의 노력은 우리의 흐트러진 몸과 마음의 균형을 회복하는 데 많은 도움을 줄 수 있습니다.

군대에서도 마찬가지로 '선과 각 맞추기'로 상징되는 철저한 청결과 정리 정돈 습관은 한 사람의 몸과 마음의 건강뿐 아니라 삶의 습관 전반을 개선하고 좋게 유지하기 위한 최선의 방법이기도 합니다. 이처럼 '끊임없이 움직이기'를 열심히 하되, 그 동작은 적당히 느리고 여유 있게 해야 합니다. 조급하거나 쫓기듯 하는 것은 전혀 도움이 되지 않습니다. 끊임없이 움직이는 가운데 우리는 '즐거움과 보람'을 발견해야 합니다.

자신의 동작 하나하나가 '완치'란 목표로 다가가는 동작임을 명심함과 동시에, 이러한 움직임들로 자신이 아끼는 집, 방, 일터, 정원, 책상, 물건 등이 보다 깔끔해지고 더 사랑스럽게 느껴진다는 사실도 매 순간마다 발견하는 계기가 되기를 희망합니다.

끊임없이 움직이기를 하다 보면 불현듯 불쾌한 느낌이 올 수도 있고 일부 신체 증상이나 불안이 찾아올 수도 있습니다. 하지만 어떤 증상이 오더라도 절대로 움직임을 멈추지 말고 하던 것을 최대한 유지합니다. 이를 악물고서라도 하던 것을 다한 후 조금 전 불쾌했던 그 증상이 어떻게 변했는지를 다시 관찰해 보십시오. 십중팔구 그 증상은 여러분을 멈추게 하지도 못했고 결국은 잠잠해지는 것을 확인하게 될 것입니다.

과거 내 잘못된 생각이 마구 범했던 '혹시 쓰러져 죽을지 몰라' 등의 왜곡된 오해들이 역시나 사실이 아니었음을 순간순간 반복해서 재확인하십시오. 그러한 반복을 자주 경험할수록 신체 증상은 더욱 경감되고 나중에는 소실되어 버립니다.

즉, 마음은 '그런 증상들이 죽을 병이 아닌 것'을 진심으로 받아들입니다. 그때부터 완치는 오로지 시간문제가 됩니다. 가령 끊임없이 움직이기가 지루해질 때가 있습니다. 물론 유산소운동과 마찬가지로 음악 틀어놓기, TV 틀어놓기, 노래 흥얼거리기 등 자유롭고 즐거운 마음으로 할 수만 있다면 마음대로 방법을 고안합니다. 무엇이든 기왕이면 즐겁게 하는 것이 모든 면에서 좋습니다.

끊임없이 움직이기를 하다 보면 스스로 느껴지는 점이나 여러 가지 상념들, 다짐들, 보람들, 불쾌한 느낌을 무시한 결과 얻어지는 보람 등 내용에 상관없이 '기본 기록지'에 적어두십시오. 마찬가지로 자신만의 일대기를 구성하고 나중에 수백 번도 더 자신의 이야기를 감동과 더불어 읽고 또 읽으면서 의지와 다짐을 강화하도록 합니다.

또한 그러한 기록들을 마음 내키는 대로 인터넷 카페나 커뮤니티 등에 공개하여 타 환우들에게 도움을 줌은 물론, 스스로의 인내와 의지를 계속 유지해나가는 데 최대한 활용하는 것이 너무나 중요합니다.

끊임없이 움직이기는 필자 개인적으로도 가장 큰 효과를 본 극복 방법 중 하나입니다. 생각이 정리되지 않을 때, 몸과 마음이 쳐지고 우울해질 때, 불안해질 때 이 방법은 그 무엇보다 효과적이었습니다. 완치를 향한 어떤 노력도 인내와 의지가 필요합니다.

하지만 오로지 인내와 의지만 발휘하면 너무 재미없고 힘이 듭니다. 여러분은 앞으로 하는 모든 완치를 위한 노력 행동들을 기왕이면 재미있고 보람 있게 해나갈 수 있도록 노력하십시오. 음악, 상상, 노래 흥얼거리기 등 할 수 있는 모든 것을 동원해서 기왕이면 재미있게 끊임없이 움직이기를 실행해나가길 진심으로 권합니다.

◈ 깊게 들어가기 - 관계 스트레스를 줄이기 위한 팁, '혼자라도 즐겁다'

우리는 본능적으로 좋은 관계를 추구합니다. 아니 정확히는 '나에게 유리하거나 유리할 수 있는 관계'를 위해 많은 에너지를 일상에서 쓰게 됩니다. 타인이 나를 좋아하지 않을수록 유사시 나는 도움이나 지지를 받기 어렵습니다. 반면 타인이 나를 좋아할수록 당면하게 되는 각종 문제에서 필요한 도움이나 지지를 확보하기 쉬워집니다. 우리가 항상 신경 쓰는 사람들과의 관계는 바로 그런 목적을 이면에 두고 있는 셈입니다.

또한 좋은 관계를 맺기 위해서는 내가 즐겁지 않아도 타인에게 나를 맞춰주면서 나도 즐거운 것처럼 행동하는 이른 바 '연기력'을 발휘해야만 합니다. 실제로 전혀 보람되지도 즐겁지도 않으면서 타인의 시선과 바람에 나를 맞추는 이러한 일련의 과정들은 내가 감수하는 에너지 손실 대비 별로 큰 이득을 얻지 못합니다. 그 이유는 바로 '유전적 성향' 때문입니다.

어떤 이들은 유전적으로 타인과의 공감 능력이 탁월합니다. 그들은 별다른 노력을 기울이지 않아도 지극히 자연스럽게 타인과 좋은 관계를 맺습니다. 즉 스스로를 쥐어짜거나 스스로 무엇인가 큰 것을 감수하지 않아도 좋은 관계가 더 수월하게 맺어진다는 것을 뜻합니다. 그러나 어떤 이들은 유전적으로 그렇지 못해서, 많은 노력과 에너지를 그 관계 형성 및 유지에 투자해야 합니다. 물론 그 결과 좋은 결실을 맺기도 하지만, 대부분의 경우 힘들인 대가를 결실로 얻지 못합니다.

종일 꾸준히 몸을 움직이고 나의 세계에 몰입하는 습관. 그리고 그럴 수 있는 역량은 바로 타인으로부터 뭔가 즐거움을 얻는 데 유리하지 못한 이들에게 아주 좋은 미덕이 될 수 있습니다.

뭐든 길게 유지하되 그 위에 내 정성과 마음을 싣고, 그 과정 전반에서 보람과 가치를 내 스스로 느낄 수 있는 능력. 그 능력은 매일 행하는 장기간의 습관 형성 과정을 통해 조금씩 자연스럽게 달성되어 나갈 수 있습니다. 더욱이 그 결과 내가 성취하게 되는 일련의 높은 경지나 수준은 그 자체(심지어 청소일지라도)만으로도 타인의 부러움을 살 수 있습니다. 요즘은 SNS와 웹사이트에 자신의 그 흔적들을 올림으로써 언제든 타인의 지지와 추종을 얻을 수 있습니다.

이는 곧 내가 타인에게 무엇인가를 구하는 원리가 아니라, 내가 하고 있는 것을 타인이 보고 나에게 다가오는 원리에 기초합니다. 또한 애써 나의 에너지를 타인과의 관계 개선에 크게 소모할 이유가 없습니다. 내가 타인에게 다가가는 방법이 아니라 타인이 나에게 다가오도록 하는 요령. 물론 이 또한 거저 얻어지는 미덕이 아님은 당연합니다. 매우 긴 시간 나의 꾸준한 실행을 통해 그 무엇을 달성해나가는 자기만족과 보람의 시간을 필요로 합니다. 공황장애는 그 호전의 과정 중에 이러한 부류의 여러 미덕들을 우리로 하여금 배울 수 있도록 그 동기를 제공해 주는 질환이기도 합니다.

불쾌한 느낌을 기록하고 기억하라

한번 속았던 것은 다시는 속지 않아야 합니다.
한번 나타났던 증상은 반드시 기억해서
다시 나타나더라도 불안해하지는 말아야 합니다.

공황장애를 완치했다고 주장하는 것이 아니라, 누가 봐도 완벽하게 완치되어 건강히 생활하는 사람을 기준 삼아 관찰해보면, 그들이 '불쾌한 느낌'에 대하여 대단히 초연하려고 노력했음을 알 수 있습니다. 느낌이 안 나타나길 기도하는 행위처럼 바보스러운 기대는 없습니다. 그냥 아예 복권에 인생을 거는 것이 더 확률 높은 도박이 될 것입니다. 완치에 거의 근접할 때까지 자주 또는 간혹 나타나는 불쾌한 느낌은 절대로 피해갈 수 없습니다.

완치하는 환우와 그렇지 못한 환우의 가장 결정적 차이는 '한번 겪은 것을 두려워하고 회피하느냐' 아니면 '한번 겪고 문제없었던 것을 이후 무시하려 노력하느냐'입니다. 완치하는 사람은 비록 첫 불쾌한 느낌에 대해서는 당황하고 불안해했지만, 이후 동일한 느낌이 반복적으로 나타났을 때는 그 느낌을 최대한 무시하려 노력한다는 공통점이 있습니다.

그렇게 안심하고 무시한 '불쾌한 느낌'들이 반복되어 갈수록 앞서의 '불쾌한 느낌'으로만 머물게 됩니다. 이후 그 느낌마저도 사라져 버리게 됩니다. 바로 이것이 전형적인 '불쾌한 느낌의 완화 양상'입니다. 이길 외에 다른 방식으로 그러한 불쾌한 느낌을 회피하려 한다면 절대 완치는 불가능합니다. 반면, 무시하려고 노력한다면 완치는 시간문제일 뿐입니다.

아래 몇 가지 사례를 보겠습니다. 철산에 사는 회사원 박 씨(여. 30대 중반)는 항상 신경이 곤두서 있습니다. 그는 순환기 내과에서 부정맥 진단을 받아서 이후 '인공 심박기'를 이식하는 수술을 받았습니다. 이후 특별히 문제없이 잘 생활해오고 있다가 30대 초반 첫 공황을 겪고 나서 공황장애에 시달려왔습니다. 박 씨는 '심장'에 대한 건강 염려가 아주 심해서 가슴 쪽에 조금만 느낌이 생겨도 기겁합니다.

물론, 정기적으로 순환기 내과 검사를 통해 과거 수술받은 심박기나 심장 자체에 전혀 문제가 없음을 확인해왔음에도 혹시나 하는 마음에 항시 마음을 졸이고 삽니다. 박 씨는 첫 공황과 그 이후 일정 시간 반복해서 느꼈던 '두근거리는 증상'에 대하여 극도의 공포감을 갖고 있습니다.

지금은 회사에서 일을 하다가도 조금만 두근거리면 너무나 두려워하고 불안한 나머지 식은땀을 흘리고 숨을 헐떡이며 응급실로 달려가기 일쑤입니다. 이후 박 씨는 두근거림을 넘어서 숨이 조금만 차도 준공황상태에 아주 쉽게 도달하게 되었고, 층계나 계단을 올라가는 행위 자체마저도 이제 극도로 꺼리는 상태입니다.

강릉에 사는 강 씨(남. 40대 초반)는 편의점을 운영합니다. 강 씨는 가슴이 조금 차거나 약간만 어지러워도 즉시 드러누워 안정을 취하는 것이 습관화되어 있습니다. 언제 그런 느낌이 다시 나타날까 봐 항시 신경이 곤두서 있음은 물론, 혹시나 바깥에서 그런 증상이 오면 드러누울 곳이 마땅치 않으므로 외출을 극도로 피합니다. 강 씨는 공황이 두렵지 않다고 말하지만 수시로 찾아오는 두근거림과 어지러움만 없다면 정말 행복할 것 같다고 합니다.

이상 두 분의 사례를 찬찬히 관찰하면, 특정 느낌에 대한 두려움을 느낀 나머지 비슷한 느낌이 올까 봐 항상 신경이 곤두서 있음을 알 수 있습니다. 신경이 곤두선다는 것은 항시 경계경보가 발령되어 있는 것과 동일합니다. 느낌에 대하여 신경이 곤두서있을 경우 비슷한 느낌에도 아주 민감한 상태가 유지됩니다.

이러한 상태에서는 '무의식적인 비교'가 생겨납니다. 만약 두근거림에 대한 두려움이 있다면 가슴이 약간만 뜨끔거리더라도 무의식적으로 두근거림과 뜨끔거림의 상관관계를 비교하는 것입니다. 그 와중에 만약 두 느낌이 비슷하다는 계산이 성립될 경우 곧바로 가슴이 철렁하면서 진짜로 가슴이 심하게 두근거리는 증상이 나타납니다.

무의식적인 비교 과정이 일정 시간 지속되면 '느낌의 가지치기'가 시작됩니다. 즉, 회피하는 느낌의 종류가 자꾸만 증가하면서 '거의 모든 불쾌한 느낌에 대한 염려와 관찰과 회피'가 시작되는 것입니다. 상태가 이만큼 악화되면 정상생활에 큰 지장을 받습니다. 남들에게 자신의 당황하는 모습을 보이고 싶지 않기도 하거니와 급히 병원에 접근할 수 없다고 판단되는 먼 거리 여행, 출장 및 사람들이 많아서 쉽게 빠져나오기 곤란한 장소, 회식 등 일정 시간 앉아 있어야 하는 모임 등을, 언제 불쾌한 느낌들이 나타날지 모르기 때문에 회피하기 시작합니다. 이러한 상태에서 완치는 불가능합니다.

하지만 '느낌, 기억, 확인, 무시' 기법을 통해 우리는 이러한 상태에서 극적인 호전을 할 수 있으며 완치를 위한 시간을 극도로 줄일 수 있습니다. 그러기 위해서는 우선 뇌의 특성에 대한 이해가 필요합니다.

〈느낌에 대한 우리 뇌의 특징〉

❶ 느낌에 집중하면 느낌의 정도가 증폭된다. 반대로 무시하면 경감되고 무뎌진다.

❷ 느낌이 무의미한 것이라고 반복 확인하면 이후 그 느낌은 경감되고 무뎌진다.

뇌는 뛰어난 집중력을 갖고 있습니다. 우리는 특정한 대상에 집중할 경우 평소 듣거나 보거나 느끼는 것보다 수십 배의 많은 정보를 얻을 수 있을 뿐 아니라, 아주 미세하고 작은 소리나 불빛, 촉감도 수십 배 증폭해서 듣고, 보고, 느낄 수 있습니다. 이러한 뇌의 능력은 우리 모두 갖고 있습니다.

우리가 불쾌함을 느낄 때 그 느낌에 집중하면 강도는 수십 배 증폭됩니다. 반대로 불쾌한 느낌을 무시할 때는 그 강도가 수십 배 감소될 수 있습니다. 물론, 이러한 무시가 가능하려면 '안심'이 필요합니다. 바로 그 불쾌한 느낌이 별 의미가 없고 파국적인 결말을 가져오지도 않으며 치명적인 질환의 전조 신호가 아니라는 확인 작업이 필수입니다. 그러한 확인 작업을 반복적으로 하면 불쾌한 느낌에 대하여 자연스럽게 무뎌집니다.

뇌가 기억하고 처리해낼 수 있는 정보의 양은 제한적입니다. 생활 속에서 취득하는 막대한 종류와 양의 정보를 뇌가 모두 기록해둘 수 없습니다. 따라서 뇌는 꼭 필요한 것들만 추려서 기억해둘 뿐 아니라, 유사시 필요할 것으로 예상되는 것들을 반사적으로 떠올릴 수 있는 위치에 기록해두는 작업을 합니다.

즉, 뇌가 무의미한 느낌이라고 판단한 정보는 불필요한 참조사항이 기록되는 위치에 기록해두게 되며, 다른 작은 연관된 느낌이나 상황이 생겨나도 그 기록정보를 신속히 끌어내지 못하게 됩니다. 그 결과 불쾌한 느낌들은 경감되고 소실되버리는 것입니다.

이번에 배우고 있는 '느낌, 기억, 확인, 무시하기'는 뇌의 바로 이런 특성을 이용한 방법이며, 성실히 꾸준하게 노력하면 의외로 단시간 내에 불쾌한 느낌에 대한 불안이 신속히 경감될 수 있습니다. 불쾌한 느낌에 수시로 고통받으면서 완치를 논할 수 없습니다.

여러분은 반드시 불쾌한 느낌을 경험하고 결국 완전히 사라지게 만드십시오. 잘 배우고 투지를 갖고 성실히 방법을 실행해 나가면 그렇게 될 수 있습니다.

'느낌, 기억, 확인, 무시하기' 방법은 '느낌 기록지'에 의해 달성됩니다. 느낌 기록지를 통해 여러분은 불쾌한 느낌이 무시되고 나중에는 사라지도록 만들 수 있습니다.

느낌 기록지는 불쾌한 느낌별로 각 한 장씩의 기록지를 만들어나가는 방식입니다. 또한 같은 느낌을 다시 느꼈다면 해당 페이지의 뒷부분에 계속 추가해서 기록해나가면 됩니다. 즉 같은 느낌이 발생할 때마다 해당 느낌 페이지에 내용을 추가하면서 그 느낌이 정말 위험했는지를 추적 관찰합니다. 결국 그러한 반복 속에서 그 느낌이 별로 위험한 것이 아니라는 확신을 자연스럽게 믿게 됩니다. 믿을수록 그 느낌은 서서히 경감되고 나중에는 신경조차 안 쓰이게 될 것입니다.

자, 이제 느낌 기록지 양식을 살펴보겠습니다. 느낌 기록지를 자세히 보면 어떻게 작성하고 활용해나가야 할지를 이해하기란 그리 어렵지 않을 것입니다. 자신이 느끼게 될 느낌의 각 종류별로 위의 기록지 한 장이 작성되며, 각 느낌이 반복될 때마다 오른쪽의 질문에 대한 답변 칸을 채워나갑니다.

〈느낌 기록지 이해〉

❶ 느껴진 불쾌한 느낌은 반드시 기록한다.

❷ 기록한 느낌을 머릿속에 기억해둔다.

❸ 이후 안정되면 그 느낌이 생겨난 이후에 정말로 '치명적 질환'이나 '응급사태'가 발생했는지를 확인한다. 그렇지 않았다면 그 사실을 기록지에 확인 기록한다.

❹ 기록이 끝난 후 정리하는 마음으로 카페나 커뮤니티 등에 그 경과와 사실을 기록하여 타 경험자들과 공통점을 발견하고 공감한다.

❺ 다음번에 동일한 느낌이 나타날 경우 즉시 신체 증상을 냉정하게 관찰하면서 느낌 기록지를 꺼내 해당 사항을 확인 후 추가 기록한다.

〈표 3 : 느낌 기록지〉

느낌	증 상			
일자	2020.1.5.	2020.1.15.	2020.1.29.	2020.2.8.
얼마나 힘들었나? (0-10)	7	4	3	2
얼마나 두려웠나? (0-10)	9	6	3	2
증상을 똑바로 쳐다 보았나? (0-10)	3	8	9	10
응급실 등 구조가 필요하다고 생각이 들었나? (0-10)	5	2	2	1
공황이 올까 봐 두려웠나? (0-10)	7	3	2	1
심호흡과 안정을 위해 노력했나? (0-10)	5	9	10	10
안정 후, 지금 얼마나 불안한가? (0-10)	4	2	1	1
안정 후, 지금 얼마나 우울한가? (0-10)	5	1	1	1
안정 후 바로 정상적인 일상으로 복귀할 수 있을까? (0-10)	0	4	8	10
오늘 느낌을 정확히 기억해 두었나? (0-10)	2	5	7	10
향후 이 증상이 또 온다면 어떻게 대처할 생각인가? (자유롭게)	또 겪고 싶진 않지만 잘 이겨내려 노력하겠다. 생각을 딱 멈추도록 노력해보겠다.	지난번 보다는 훨씬 편했다. 기록지를 바로 꺼내들고 증상을 보면서 적어보았다. 불안하긴 했지만 그래도 견딜 만했다.	이제 조금 알 것 같다. 중요한 것은 두려워하지 않는 것이다. 이렇게 노력하면 이 증상도 사라질 것이라고 믿는다.	훨씬 덜 무서웠고 견디기 편했다. 이 증상이 오더라도 기록지를 쓰면서 증상을 똑바로 대면하려 애썼다. 솔직히 두근거리는 게 불편하긴 했지만 고통까지는 아니었다. 이제 왠지 끝일 것만 같다.

느낌 기록지는 항시 휴대하거나 쉽게 찾아 꺼내 쓸 수 있는 위치
에 보관하십시오. 만약 느낌이 왔고 이전에 이 느낌에 대한 기록

을 한 적이 있다면, 즉시 느낌 기록지를 꺼내 예전 사항을 살펴봅니다. 또한 질문 내용에 맞게 차근차근 느낌과 자신의 마음을 '마치 제3자가 된 듯이 관찰'하면서 하나씩 평가하고 적어나갑니다. 잠시 후 느낌이 누그러지고 안정기에 접어들면 마찬가지로 그에 해당되는 질문들에 하나씩 답변을 꼼꼼히 써 내려갑니다.

이러한 기록 행위가 반복되면 결국 이 느낌이 전혀 위험한 것이 아니며, 단지 뇌가 증폭시켜낸 불쾌감일 뿐임을 반복적으로 확인하게 됩니다. 또한 느낌이 왔을 때 그 느낌을 똑바로 쳐다보고 관찰함으로써 '실제보다 훨씬 과장되고 부풀려진 공포감'을 사전에 예방할 수 있습니다. 증상이 올 때마다 해당 항목의 페이지를 들춰 과거 사례와 지금의 사례를 함께 비교합니다. 그리고 자신의 긍정적인 진전과 과거와는 차별된 대처능력에 대하여 무한한 자기 격려를 합니다.

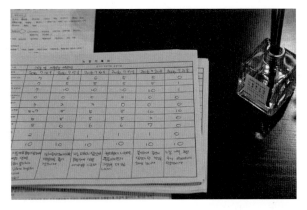

어느 환우분의 느낌 기록지 작성 방법

느낌 기록지 작성이 다 끝나고 불쾌감이 어느 정도 안정되면, 이후 인터넷 카페나 커뮤니티 등에 조금 전까지의 경험과 경과, 그리고 최종적인 자신의 상태 등에 대하여 타 환우들에게 공개합시다. 공개된 내용은 타 환우들에게도 큰 참고가 될뿐더러, 타 환우로부터 동일하거나 유사한 경험들을 획득하는 행위는 느낌 기록지의 효과를 수백 배로 배가시킨다는 점을 반드시 명심하십시오.

느낌 기록지는 혁신적인 기법입니다. 잘 활용하고 성실히 수행하면 그 효과는 단시간에 나타납니다. 애초 우리 몸에 생겨나는 느낌이란 한낱 작은 느낌일 뿐입니다. 그러나 뇌에서는 그 느낌을 곧바로 '치명적인 그 무엇', '위험한 그 무엇', '공황의 신체 증상' 등과 조건반사적으로 비교합니다. 그 결과 '공포'와 '불안', '긴장'을 그 느낌에 덧붙여서 결국 '거대하고 위험스러운 불쾌감과 통증'으로 해석하도록 만들어버린 것입니다.

그 과정은 매우 짧은 시간에 우리도 모르는 사이 수행됩니다. 그 증상이 나타나는 즉시 느낌 기록지를 바로 꺼내 자기 몸에 일어나는 불쾌감에 대하여 스스로 정확히 들여다보고 관찰하는 행위는 '짧은 순간 조건반사적으로 일어나는 재앙화사고'를 정지시킬 수 있습니다. 시간을 충분히 두고 반복된 경험과 연습으로 느낌 기록지의 효과를 몸과 마음으로 체득할 수 있습니다.

여기까지 기본 기록지, 유산소운동 기록지, 느낌 기록지 세 가지를 배우고 이해했습니다. 날마다 매 순간 이 세 가지를 기록하다 보면 매우 빠르게 회복 과정으로 접어들 수 있습니다. 지금 당장 시작하십시오. 세 가지 기록지를 항상 옆에 두고 휴대하십시오.

◈ 깊게 들어가기 – 뇌는 새로운 것을 통증으로 해석한다

공황장애 환우들이 두려워하는 느낌들은 크게 두 가지로 나눌 수 있습니다.

❶ 기존에 겪어본 두려운 증상
❷ 기존에 겪어보지 못한 새로운 증상

위에서 ❶은 이미 익숙한 증상이되, 과거 내면에 너무 두렵게 각인되어 이후 그 증상이 또 나타날까 매우 염려하면서 거듭 그 두려움이 반복 학습 및 누적된 결과입니다. 이는 공황장애에서 가장 흔하고 전형적인 양상입니다.

반면 ❷는 지금까지 겪어보지 못한 새로운 증상입니다. 물론 증상이라고 표현하긴 했지만, 실제로는 작은 느낌, 기분 등 모든 가벼운 것들까지 포괄한 넓은 경우들입니다. 비록 느낌에 불과해도 기존에 겪어보지 않았기에 그 환우의 뇌에서는 새로운 느낌을 역시 두려움으로 인지하고, 다시 두려움을 끌어올리게 됩니다. 공황장애 관련 카페에서 소위 "이런 증상은 또 뭔가요?"라는 질문 글

은 부지기수로 목격할 수 있는데, 이 질문들은 곧 이 경우를 대변하는 글들로 볼 수 있습니다.

뇌는 여러 가지 기전을 보유합니다. 예로써 '호기심 기전'이라는 것이 있는데, 어릴수록 호기심 기전은 왕성해서, 기존에 접해보지 못한 수많은 것들에 높은 수준의 호기심을 느낍니다. 이 기전이 있는 이유는 새로운 것들을 가능한 빨리 경험하도록 욕구를 조성해서 그 사람이 더 다양한 것들을 학습하도록 유도하기 위함입니다.

호기심 기전은 우리가 차츰 성장함에 따라 활성화 정도가 낮아지며, 성인이 된 이후부터는 본격적으로 빠르게 위축됩니다. 그 결과 중년을 넘어 노년에 접어들면 상당 부분 닫힙니다. 흔히 연세가 높을수록 새로운 것을 거부하거나 싫어하는 경향은 바로 이 기전과 관련이 깊습니다. 필자 또한 나이가 듦에 따라 새로운 휴대폰 모델이 나올 때마다 그 기능에 적응하는 것이 불편하고 부담스러워짐을 느낍니다. 과거 새로운 휴대폰을 구입하면 기대에 들떠 새로운 기능 익히기와 적응에 즐겁게 시간을 쏟아붓곤 했지만, 이제는 반대로 불편함과 거부감을 느껴 새 기능 적응을 차일피일 미루곤 합니다.

뇌는 호기심 기전이 닫힐수록 새로운 것을 두렵고 싫게 느낍니다. 물론 이를 표현하는 두렵다, 싫다는 단어는 그 순간 내게 체감되는 불쾌한 느낌을 백 퍼센트 대변할 수는 없습니다. 내가 평온할 때라면 그 불쾌감은 그저 번거롭다, 싫다 정도의 느낌이지만, 공황장애로 압도되어 있는 상황에서라면 나의 뇌는 그 불쾌감을 강렬한 통증으로 해석하게 됩니다. 그 결과 몸에서 새로운 불쾌감을 포착하자마자 나도 모르게 강한 두려움, 불안, 염려를 수행하게 됩니다.

공황장애 이후 몸에 돌아가면서 나타나는 새로운 느낌들에 대해 이러한 통증 해석을 수행할 때, 아무 견제 없이 그 흐름에 휩쓸리면 그 자체만으로도 공황장애가 빠르고 더 넓게 심화되어 감을 명심해야 합니다. 소위 의식적인 견제를 항시 끌어내서 사용해야 합니다. 그래야 모종의 새로운 느낌에 국한되지 않고 거대한 불안, 염려와 결합하여 위력이 폭증하는 오류를 조절하고 차단할 수 있습니다. 그 작업이 잘되지 못하는 환우일수록 새로운 증상에 매우 취약하며, 그때마다 공황장애의 총체적 재발 또는 재강화로 접어드는 결정적 실수를 범하게 됩니다.

이완과 안정을 습관화하라

이론적으로 완벽한 이완 상태에서 공황은 올 수 없습니다.

불안과 긴장은 너무나 밀접합니다. 우리가 불안하면 십중팔구 긴장하게 됩니다. 그 두 가지를 평소 분리하기는 쉽지 않습니다. 실제로 공황 그 순간에 관련 검사들을 해보면 긴장의 수치는 대단히 높습니다.

필자가 첫 공황발작을 경험하고 약 2주 후에 지인의 강권으로 한의원을 방문했던 적이 있습니다. 그곳에서 자율신경 기능검사를 했는데 물론 결과는 대단히 심각하게 나왔었습니다. 필자는 검사 도중 최대한 불안을 떨치려 노력했고 몸의 모든 부분에 최대한 힘을 덜 주려고 노력했지만 그럼에도 불구하고 긴장 정도가 높다는 결과가 나온 것입니다. 습관화된 불안은 습관화된 긴장을 낳고, 더 심각한 것은 그러한 긴장상태를 본인 스스로 깨닫지 못하는 것입니다.

약 4년 전에 필자가 우연한 기회에 만났던 공황장애 환자인 시흥에 사는 안 씨(남. 30대 초반. 회사원)는 필자가 일견 보기에도 어깨와 목에 잔뜩 힘을 주고 있었습니다. 함께 만났던 다른 환우도 그것을 언급하였지만, 안 씨 본인은 우리들의 지적을 잘 이해하지 못하고 있었습니다. 이처럼 긴장은 자기도 모르는 사이에 하는 경향이 큽니다.

〈이완법〉

❶ 약 5분간 편안히 눈을 감고 명상을 한다.

❷ 몸 전체가 축 늘어져 있고 모든 근육에 힘을 뺀다.

❸ 다른 부분은 가만히 이완된 상태에서, 이마를 있는 힘을 다해 약 10초간 찡그린다.

❹ 이마를 찡그릴 때의 느낌을 기억한다.

❺ 다시 이마를 빠르게 이완한다. 이완된 느낌을 기억한다. 스스로에게 편하게 이완되었다고 암시한다. 이렇게 이완된 상태를 약 20초간 기억한다.

❻ 다시 위의 ❸~❺와 동일한 요령으로 코와 입, 목, 어깨, 가슴, 윗배, 아랫배, 팔, 손, 엉덩이, 허벅지, 종아리, 발의 차례로 하체로 내려가면서 긴장과 이완을 한다.

❼ 발까지 모두 완료되면 전신의 이완 상태를 편한 마음으로 재점검한다. 또한 전신이 편하게 이완된 상태를 기억한다.

❽ 이상을 하루에 2~3회 실시한다.

❾ 이상 외에 생활 중 평소에도 생각이 날 때마다 자신의 전신이 편안하게 이완되어 있는지를 수시로 관찰하고 자기도 모르게 불필요한 긴장이나 힘이 들어가 있는지를 수시로 점검하여 이완한다.

공황장애를 떠나서라도 건강을 위해 움직일 때와 휴식할 때의 경계를 분명히 해주는 노력이 필요합니다. 우리가 힘쓰고 움직일 때는 근육이 상황에 맞는 적절한 긴장을 해줘야 하지만, 반대로 휴식할 때는 꼭 필요한 부분을 제외하고는 알맞게 이완 상태를 유지하는 것이 건강에 좋습니다.

이번 장을 통해 이완을 생활화하기 위한 방법을 함께 나누고자 합니다. 이완이 생활 곳곳에 습관화되어 있으면 이론상 공황은 오지 않습니다. 공황은 그것을 뒷받침할만한 불안과 긴장이란 조미료가 가미되어야 격렬하게 나타납니다. 반면 공황이 오려고 하더라도 불안이 확실히 조절되고 몸이 적절하게 이완되어 있다면 격렬한 공황은 올 수 없습니다. 따라서 생활 전반에서 이완을 실천하기 위한 노력을 게을리해서는 안 됩니다. 의도적이든 아니든 높은 긴장을 하게 되면, 우리의 마음도 똑같이 반응하기 때문입니다.

이완 연습은 오랜 시간 많이 하면 자신의 머리끝에서 발끝까지 어디가 긴장되어 있고 어떻게 이완을 해야 할지 저절로 습득하게 됩니다. 또한 노력에 따라서는 기존의 긴장이 습관화되어 있는 것이 아니라, 이완이 습관화되도록 컨트롤할 수 있습니다. 이완이 습관화될수록 몸의 구석구석이 편안해집니다.

다만, 가벼운 유의사항은 간혹 이완하면서 오히려 약간의 불쾌한 느낌을 느끼는 분들이 계실 수 있습니다. 그 불쾌감은 우리 뇌가 이러한 깊은 이완에 대해 낯설게 느낌으로써 생겨나는 현상으로 실제로 하등의 문제는 없지만, 만약 그러한 느낌을 피하고 싶을 경우에는 잠시 멈췄다가 다시 이완해도 무방합니다.

평소 잘 이완된 상태를 유지하는 습관이 필요합니다. 특히 마음의 조급함을 없애고 최대한 모든 삶의 동작들을 정확하고 느긋하게 움직이도록 노력합니다. 그러한 노력들이 장시간 쌓여갈수록 우리의 몸은 훨씬 좋은 느낌들로 가득 차게 되고, 점점 완치가 앞당겨집니다.

깊고 규칙적인 호흡을 습관화하라

편안하고 깊고 잔잔한 숨은 우리의 몸과 마음
전체로부터 불안이란 불순물을 서서히 날려버립니다.

숨을 쉰다는 것은 살아있다는 증거입니다. 우리는 죽는 그날까지 호흡을 멈추지 않습니다. 그만큼 호흡은 우리가 살아가는 동안 끊임없이 이뤄지는 생명현상입니다. 이러한 호흡은 특히나 습관에 좌우됩니다. 올바르고 안정된 호흡이 습관으로 배어 있는 사람은 그렇지 못한 사람보다 훨씬 건강하고 큰일도 잘해냅니다. 반면 급하고 안정되지 못하고 가벼운 호흡이 습관으로 배어 있는 사람은 더 자주 병마에 시달릴 뿐 아니라 성취감 높은 삶을 살기 어렵습니다. 따라서 우린 지금부터 자신의 호흡 습관을 자세히 관찰해보고 올바른 호흡을 습관화하기 위한 노력을 시작합시다.

공황 순간의 호흡을 가만히 관찰해보면 매우 격렬하고 불안정하며 급하게 가슴을 들썩이며 숨을 쉬고 있다는 것을 알 수 있습니다. 반면 아기가 사랑스럽고 평안하게 잠잘 때의 호흡은 매우 규칙적이고 안정적이며, 배를 움직이면서 숨을 쉬고 있다는 것을 관찰할 수 있습니다. 즉 심하게 불안한 상태에서는 '가슴호흡'을 하고, 안정되어 있고 편안할 때는 '배호흡'을 하는 경향이 있습니다. 누차 말씀드리지만 몸과 마음은 하나입니다. 우리가 배호흡이 생활화되어 있을 경우 그렇지 않은 경우보다 불안을 더 잘 경감시킬 수도 있음을 의미합니다.

교감신경이 활성화되면 요구되는 운동량을 감안하여 무의식적으로 가슴 흉곽을 최대한 활용하는 가슴호흡을 하게 됩니다. 즉 흡입하는 산소량을 최대한 늘리기 위한 조건반사적 조치입니다. 반면 부교감신경이 활성화되면 안정되고 깊은 호흡을 위해 배호흡을 합니다. 가슴과 배 사이에는 '횡격막'이란 얇은 막이 있으며, 바로 이 횡격막이 가슴 기관과 배기관들을 나눠주고 있습니다.

우리가 가슴호흡을 할 때는 횡격막이 최대한 경직되어 공기를 들이쉴 때, 가슴 전체가 들썩이며 숨을 쉬게 됩니다. 반면 배호흡을 할 때는 횡격막이 부드러워져서 쉽게 배 쪽으로 쳐지게 됩니다. 즉, 공기를 들이쉴 때 가슴이 들썩이지 않고 배 쪽의 내장기관들이 아래로 눌리면서 배가 볼록하게 나오는 것입니다. 다시 말하면 가슴을 들썩이며 숨을 얕게 헐떡이는 경우는 공황 조절에 굉장히 좋지 않은 호흡 습관으로, 이러한 얕은 호흡은 교감신경을 더 잘 활성화시킬 수 있기 때문입니다.

앞으로는 부교감신경을 활성화시키는 호흡을 습관화하기 위해 다음 세 가지 상황에 가장 편안한 자신만의 호흡법을 스스로 습관화하는 노력을 합니다.

〈습관화시켜야 할 자신만의 호흡법〉

❶ 평온하고 고른 평소 호흡

❷ 의식적으로 안정을 얻기 위한 호흡

❸ 명상과 이완 호흡

이상 세 가지 호흡 상황 중에 가장 중요한 것은 역시 ❶ 평소 호흡입니다. 평소 숨을 들이쉬고 내쉬는 모든 과정을 물론 의식적으로 조절할 순 없습니다. 그러나 습관이란 우리의 평소 호흡을 가치 있고 윤택하게 바꿀 수 있습니다. 그동안 살아오면서 헐떡대는 호흡 습관을 길들여온 사람은 평생 헐떡대며 살아가야 합니다. 그러나 지금부터라도 깊고 안정되고 느린 숨을 습관화시켜 나가면 죽을 때까지 불안이란 존재는 쉽게 그 고개를 쳐들지 못하게 될뿐더러 우리를 행복한 삶으로 바꿔놓을 것입니다.

〈평소 호흡법〉

❶ 어떤 자세에서도 가장 편안하고 고르게 숨을 쉰다.

❷ 2~3초간 천천히 들이마시고 다시 2~3초간 천천히 내쉬는 동작을 유지하려 노력한다.

❸ 가슴을 들썩이지 말고 가능한 배가 들썩이도록 하되, 지나치게 배에 신경을 집중할 필요는 없다.

❹ 들이마시고 내쉬는 것 모두 코로 한다.

평소 호흡법은 모든 호흡법 중 가장 중요합니다. 특정한 명상이나 요가시간 중에 행하는 의식적인 복식 호흡과는 달리, 평소 호흡은 우리가 무의식적으로 하게 되는 24시간 동안의 호흡법입니다. 이 호흡법에는 정해진 규칙은 없습니다. 가장 쾌적한 평소 호흡법은 최소한의 규칙에 따라 자기 자신에게 가장 편안하되 최대한 고르고 평안한 마음으로 숨을 쉬며 그 결과 안정과 쾌적함을 얻을 수 있으면 족합니다.

평소 호흡법에서는 '코'로 숨을 쉬어야 합니다. 입으로 숨을 들이쉬는 것은 의학적으로도 바람직하지 않습니다. 운동이나 다른 특정한 상황에서는 당연히 최대한 많은 산소량을 필요로 하므로 입까지 크게 열고 숨을 쉬어야 하지만 운동량이 동반되지 않는 평소호흡은 당연히 '코'만 활용해서 들이쉬고 내쉬어야 좋습니다.

코는 대단히 훌륭한 '필터'입니다. 각종 세균과 먼지를 걸러내서 그것들이 기도로 직접 흡입되는 것을 예방적 차원에서 차단함은 물론 외부의 건조하거나 과도한 습기를 호흡기에 가장 적합한 습도로 알맞게 최적화해주는 역할도 합니다. 따라서 평소 호흡은 코로 하는 것이 좋습니다.

숨을 들이쉬는 시간은 최소한 2~3초가 가장 적합하며, 내쉬는 것도 그와 비슷하면 됩니다. 사람에 따라 시간이 다소 길 수도 있지만 현저하게 긴 경우가 아니라면 애써 교정할 필요까진 없습니다. 자신에게 가장 편안한 호흡 길이면 됩니다. 또한 호흡 길이보다 더 중요한 것은 역시 규칙적이고 고른 리듬입니다. 자신의 호흡을 어느 날 가만히 관찰해보면 생각보다 굉장히 불규칙하다는데 놀라기도 합니다. 급격한 운동량의 변화가 없는 상황이라면 호흡은 적당한 시간 동안 들이쉬고 내쉬되, 그 리듬은 고르고 규칙적이어야 합니다.

〈의식적인 안정을 위한 호흡법〉

❶ 편안한 자세로 비스듬히 기대거나 의자에 앉는다. (상황이 허락지 않을 경우 선 자세도 상관 없음)

❷ 배가 가득 부풀 수 있게 약 3~4초 정도 숨을 깊게 들이쉰다.

❸ 다시 배가 편안히 가라앉도록 약 3~4초 정도 숨을 편안히 내쉰다.

❹ 눈을 감거나 눈을 가늘게 뜨는 것이 좋다. (상황이 허락지 않을 경우 떠도 상관 없음)

❺ 어깨나 목, 등 부위 등에 불필요한 긴장이 없는지 관찰하고 모든 근육을 즉시 이완한다.

❻ 마음속을 비운다.

❼ 강하게 암시한다. '그래! 이 상황에 감사해! 난 괜찮아! 난 죽지 않았고 다른 환우들도 이러한 불안 때문에 죽은 사람은 없거든! (마음속으로 강하게 외친다)'

❽ 초점을 몸에 맞추지 말고 마음에 맞추며, 몸의 변화나 다른 감각에 관심을 두지 않도록 노력한다.

❾ 이 상황을 이겨낸 후의 편안함과 성취감, 보람을 생각한다. 자신을 믿고 대견스러워하며 격려한다.

또한 숨을 쉬는 습관에 따라 가슴을 들썩이거나 헐떡이는 분들도 많습니다. 그 경우 최대한 올바르게 교정하는 것이 바람직합니다. 평소 호흡 연습을 수시로 하되 자신이 만약 가슴을 들썩이며 숨을 쉰다고 생각되면, 가능한 편안한 상태로 몸 전체를 이완하면서 가슴보다는 배 쪽이 천천히 부풀어 오르고 내리는 식으로 숨 쉴 수 있도록 연습해나가야 합니다. 그러나 배 쪽을 과도하게 의식적으로 억지로 움직이면서까지 평소 호흡을 할 필요는 없습니다. 다만 가슴이 심하게 들썩이는 호흡은 바람직하지 않으니 가슴을 들썩이지 말고 숨을 편안하게 쉬도록 합니다. 가슴이 들썩이지 않으면 특별히 배가 들썩이지 않더라도 우리의 횡격막은 그다지 긴장하지 않습니다. 그 결과 무리 없고 안정적인 평소 호흡이 가능해집니다.

평소 호흡법은 자신이 평생을 통틀어 꾸준하게 시간을 들여 노력해야 할 부분입니다. 평소 호흡이 잘 습관화되어 있으면 우리는 공황 발생도 자연스럽게 억제할 수 있을 뿐 아니라, 불안 조절과 긴장 완화에도 큰 도움이 됩니다. 따라서 무엇보다 평소 호흡을 고르고 편안하게 잘 습관화시키는 데 절대 조급해하지 말고 시간을 들여 꾸준히 연습하십시오.

만약 모종의 예기 불안이나 그에 준하는 상황과 만날 경우는 '의식적으로 안정을 취하기 위한 호흡법'을 하는 것이 좋습니다. 이 호흡법은 비상시 아주 유용합니다. 따라서 평소 연습해두면 유사시 정말 큰 도움을 얻을 수 있습니다.

이를 유사시 반사적으로 활용하기 위해 평소에 자주 연습해둬야 합니다. 우선 집이나 사무실 등에서 자신이 가장 편안한 자세로 눈을 감고 마음을 맑게 비웁니다. 머릿속으로 자신이 가장 편안했거나 즐거웠던 추억 등을 떠올리는 것도 정말 좋습니다. 그렇게 떠올린 이상향에 자신이 들어가 있다고 상상하고 그 상황의 공기, 느낌, 소리, 햇살, 물소리, 새소리 등 모든 것을 느끼도록 노력합니다. 동시에 머리끝에서 발끝까지 행복한 이완을 합니다. 그 어떤 고민거리나 염려를 다 내려놓고 오로지 그 행복한 추억 속으로 빠져든다고 편안하게 암시하면 됩니다.

이렇게 마음의 준비를 한 후, 천천히 호흡에 들어갑니다. 호흡은 배가 편안하게 볼록 나오듯 약 3~4초간 숨을 적당히 들이쉬고, 다시 천천히 원상 복귀된다는 느낌으로 약 3~4초간 숨을 천천히 내쉽니다. 그리고 다시 편안하게 마음을 누그러뜨리고 이완시킵니다.

머릿속의 잡념들을 모두 내쉬는 호흡에 날려버린다고 암시하면서 몸의 모든 근육, 내장까지 완전하게 이완해 나가는 상상을 합니다. 이상 호흡을 약 20회 정도 한 후 잠시 눈을 뜨고 편안해진 몸과 마음을 느낀 후 다시 새로운 20회 정도의 연습에 들어갑니다. 이 연습을 편안한 시간대에 하루 2회 정도 합니다.

〈명상과 이완 호흡법〉

❶ 온몸을 나른하고 평안하게 이완한다. 머리끝에서 발끝까지 이완된 몸의 달콤한 휴식을 느낀다. (약 3〜5분)

❷ 명상에 들어간다. 자신이 설정할 수 있는 가장 편안한 상상 속의 상황을 그린다.

❸ 상상 속에 자신을 집어넣는다. 상상 속에 들어간 나 자신은 온몸이 평안해지고 맑아진다.

❹ 복식호흡을 시작한다. 약 3〜4초간 배가 볼록 나오도록 깊고 편안하게 숨을 코로 들이쉰다.

❺ 다시 약 5〜6초간 천천히 그리고 가늘고 고르게 배가 다시 원위치가 되도록 깊게 내쉰다.

❻ 숨을 내쉬는 동안 온몸의 찌꺼기와 잔재들이 손과 발끝을 통해 다 빠져나간다고 편안히 암시한다. 불안, 긴장 등 모든 부정적인 것들이 사라져간다고 암시한다.

❼ 그렇게 약 10분 정도 편안하게 깊은 호흡과 명상을 즐긴다.

❽ 명상이 지속되면서 상상 속에 편안히 자리한 나 자신은 더욱 밝고 청명해진 모습으로 변해간다고 생각한다. 명상 외의 그 어떤 사념이나 잡념도 지워버린다.

❾ 10분 정도의 명상이 끝나면 한층 밝아진 나의 모습과 청명해진 나의 신체, 에너지와 평안으로 가득 찬 나의 마음을 상상하면서 서서히 명상에서 편안하게 깨어난다.

❿ 명상이 너무 달콤하고 즐겁다면 시간을 20분 정도 늘려도 무
방하다.

⓫ 명상을 하루 1~2회 꾸준히 하면 장기적으로 큰 효과를 볼 수
있다.

⓬ 명상 후 가벼운 스트레칭을 하면 더 좋다.

연습은 초기에 날마다 하되 항시 마음속에 이미지를 그려놓습니
다. 어느 날 갑자기 숨이 차거나 갑자기 불안해지거나, 아니면 중
요한 모임이나 회식자리, 출장 등 불안이 다가오거나 그에 준하는
상황에서 언제든 꺼내 사용하겠다는 마음다짐을 단단히 해둡니다.

깊은 이완과 호흡이 동반된 명상은 몸과 마음에 깊은 휴식을 제
공합니다. 또한 명상을 생활화하면 불안을 유발하는 마음속의 수
많은 잔재물과 욕심들을 서서히 녹여낼 수 있습니다. 그 결과 몸
과 마음이 모두 건강해질 수 있습니다. 명상은 반드시 깊은 호흡
과 편안한 이완이 동반되어야 합니다.

또한 명상 중에는 근심과 염려, 불안, 걱정을 모두 지워버리고
최대한 명상 그 자체의 달콤함과 성취감에 모든 마음을 집중해야

합니다. 실제로 평소 호흡이 조화롭고 명상을 즐겨하는 사람들에 대한 뇌파검사는 '그 사람의 뇌파가 정말 안정되어 있고 몸과 마음이 조화롭다'는 것을 시각화된 그래프로 보여줍니다. 그만큼 평소 호흡과 잘 숙련된 명상의 힘은 결정적이고 큽니다.

명상은 투쟁이나 싸움이 아닙니다. 또한 반성의 시간이나 달성해야 할 목표도 아닙니다. 명상은 나 자신의 몸과 마음을 세포 하나까지 일깨우고 정화시키며, 몸과 마음을 하나로 합쳐내는 시간입니다. 명상을 장기적으로 잘 수행하고 그 속에서 휴식과 즐거움을 발견해나가면 이는 어지간한 보약보다 훨씬 건강에 크게 도움이 됩니다. 종교에서 명상은 수행의 한 도구이기도 할 정도로, 무념무상의 명상을 통해 우리가 얻을 수 있는 것들은 무궁무진합니다.

고요함과 평안한 이완, 자기 자신의 고르고 깊은 숨소리만으로도 우리 내면에서 꿈틀대는 불안이란 존재를 몸 밖으로 녹여낼 수 있고, 자신의 비틀어진 습관과 그 습관이 무엇으로부터 기인되었는지도 간파해낼 수도 있습니다. 명상은 도를 닦는 경지에서 수행되는 것은 아닙니다. 날마다 자신에게 가장 편하고 쾌적한 명상을 규칙적이고 꾸준하게 행하는 것만으로도 우린 거대하고 원대하며 근원적인 행복을 추구할 수 있습니다.

모든 좋은 것들은 꾸준함과 충분한 시간으로부터 탄생한다는 사실을 꼭 명심하십시오. 앞서 배운 것들에 오랜 시간 습관화된 양질의 평소 호흡과 명상이 잘 결합되면 우리의 예리한 것들을 부드럽고 편안하게 잘 다듬을 수 있게 됩니다. 그렇게 변해갈수록 나 자신은 더욱 균형을 잡아가고 그 결과 공황은 도저히 우릴 넘볼 수 없게 됩니다.

※ 이 책에서의 명상은 특정한 요법이나 수련법을 의미하지 않으며, 단지 정신을 편안하게 이완하는 일련의 휴식을 뜻함에 유의하십시오.

달콤한 숙면, 최고의 선물

달콤한 수면 이상의 치료약은 없습니다.

우린 이미 앞서 '악몽'이란 주제로 질 좋은 수면이 얼마나 중요한지를 배웠습니다. 공황장애 완치를 위해서는 질 좋은 수면은 반드시 확보해야 할 기초적인 요소 중 하나입니다. 수면의 질이 떨어지면 온종일 좋은 컨디션을 유지할 수 없습니다.

깊고 안정된 수면이 주는 의학적 효과는 엄청납니다. 우리가 숨을 잠시 안 쉬면 5분 이내 절명합니다. 또한 물은 한 방울도 안 먹으면 5일 이내 사망합니다. 마찬가지로 잠을 한숨도 못 잔다면 수일 이내 사망할 수도 있습니다. 잠은 먹는 것보다 더 우선순위입니다. 그만큼 잠은 중요합니다.

큰 병원이나 많은 신경정신과에서 '수면클리닉'을 운영하고 있습니다. 그 수는 우리나라만 해도 수백 개가 넘습니다. 즉, 그만큼 질 높은 수면이 어려운 사람들이 많다는 것을 의미합니다.

우린 잠을 다소 덜 자거나 숙면을 못 취해도 '깡다구와 악'으로 견뎌내는 것이 미덕이라고 배워 왔고, '잠을 덜 자야 큰일을 이룬다.'는 이상한 논리를 성공담으로 여기며 살아왔습니다. 그러나 의학적으로 모두 틀린 이야기들입니다.

잠은 양보다 질이 중요합니다. 정말 깊게 푹 자고 일어나면 불과 서너 시간만으로도 그렇지 못한 질 낮은 수면의 10시간보다 더 큰 회복 효과를 낼 수 있습니다. 양질의 숙면을 잘 취할 경우 그렇지 못한 사람보다 훨씬 높은 집중력, 체력, 인내력, 순발력 등을 발휘할 수 있고, 그것은 우리들의 삶과 생업에 직접적인 영향을 줍니다.

우울증, 불안장애, 강박장애 등 모든 신경증들이 동반하는 증상 중 하나가 '불면증' 또는 '수면과다' 등 '수면장애'로 불리는 부정적 증상입니다. 수면장애는 어떤 자극이나 이유, 내외과 질환, 정신적 문제, 잘못된 습관, 약물 등으로 인하여 질 높은 숙면을 취하지 못하는 상태가 장기화된 것을 의미합니다. 일단 수면장애가 발생하면 그 초기단계에서 환자들은 '꿈을 많이 꾼다.' 내지는 '잠자리가 뒤숭숭하고 피로감이 잘 안 풀리는 것 같다.' 등 가벼운 불편감을 호소합니다.

그러나 수면장애가 무거워지고 깊어질수록 환자들은 거의 예외 없이 '잠들어야 한다.' 또는 '제발 잠 좀 푹 잤으면 좋겠다.'등 '수면에 대한 비정상적인 강한 집착'을 보이게 됩니다. 이러한 '집착'은 오히려 역효과를 내서 안정된 숙면을 방해합니다.

불안하면 수면의 질이 저하됩니다. 이는 정말 당연한 현상입니다. 뭔가 자신이 위험할 수 있거나 불리해질 수 있는 상태에서 잠을 깊게 잔다는 것은 역설적으로 비정상적인 상태입니다. 불안하면 우린 깊은 잠을 잘 수 없습니다. 깊은 잠을 못 잔다는 것은, 잠을 쉽게 들지 못하거나 잠을 자주 깨서 단락이 생긴다거나 꿈이 계속 이어져 꿈에 시달리거나 수면 중 공황 경험 등 다종다양한 증상이 생겨나는 것을 의미합니다.

반면 질 높은 수면을 취할 경우 몸은 혁신적으로 회복됩니다. 그러한 회복에는 우리의 뇌까지 포함되어 있습니다. 뇌 또한 수면 중에는 최소한의 작용과 자체적인 정보 저장과 정리를 제외하고 휴식을 합니다. 뇌가 적절하게 휴식을 해야 다음날 각종 호르몬들이 균형 상태를 유지하고 몸과 마음을 제대로 제어할 수 있습니다.

공황은 수면과 밀접한 관련이 있습니다. 공황장애가 깊은 환우들은 많은 경우에서 수면 중 공황, 꿈, 얕은 잠, 자주 깨는 현상, 수면 후 높은 피로감 등을 경험합니다. 즉 불안한 상태를 계속 유지하기 때문에 뇌가 깊은 수면을 취하지 못한 결과들입니다.

필자도 공황장애에 걸리기 이전부터 수면의 질이 낮았지만 스스로 그것을 상당 기간 방치하고 무시하며 살아왔습니다. 심지어 회사에서 너무 피곤하여 잠시 엎드려 잠을 청해도 곧바로 많은 꿈들에 시달리기도 했고, 항상 머리가 맑은 날이 별로 없을 정도로 많은 피로감을 느꼈습니다. 그러다 공황을 맞이했고 이후 장애화가 진행되면서 심각한 정도의 악몽과 수면 중 공황 등을 경험했습니다.

따라서 잠자는 것이 무서워질 정도로 떨어질 대로 떨어진 수면의 질 자체가 필자에겐 또 하나의 심각한 스트레스가 되었습니다. 하지만 이후 완치해나가는 긴 과정을 통해 수면의 질이 크게 개선되기 시작했고, 그토록 불편했던 수많은 꿈이나 피로감도 서서히 사라져 완치 후에는 공황 이전보다 훨씬 양호해졌습니다. 즉, 마음속에 불안이 사라지고 스스로 수면의 질을 높이기 위한 여러 가지 물리적 노력을 한 결과 좋은 결과를 얻게 된 것입니다.

분당에서 횟집을 운영하는 최 씨(여. 40대 중반)는 공황 전부터 이미 불면증 등에 시달려왔습니다. 친척의 권유로 정신과에서 처방해 준 약간의 수면안정제를 복용 중이었는데 부친께서 돌아가시면서 공황을 맞이한 것입니다. 공황 이후 장애화가 진행되면서 수면장애가 더 심해져 날이 갈수록 약의 용량을 늘렸고 2년여가 경과한 무렵에는 약의 용량도 한계에 거의 도달해서 더 이상 방치할 수 없는 상황에 이르렀습니다. 최 씨는 결국 '밤만 되면 잠이 오지 않을까 봐 불안해하고 긴장하는 강한 집착 증세'를 보였는데, 최근에 공황장애와 불안에 대한 적극적인 노력을 해나가면서 많이 호전되었습니다.

그러나 최 씨가 불면증으로부터 거의 탈출할 수 있었던 가장 큰 이유는 역시나 스스로가 '수면의 질 개선'을 위해 다각적인 노력들을 기울였기 때문입니다. 현재 최 씨는 하루 7시간을 푹 자며 더 잘 자기 위해서라면 그 어떤 수고도 아끼지 않는 건강한 삶을 살고 있습니다.

이상 사례들에서 우리는 수면장애를 개선하기 위해서는 반드시 본인의 근원적 노력이 수반되어야 함을 알 수 있었습니다. 수면장애는 의사의 손에 자신을 위탁한다고 완벽하게 개선되는 증상이 아닙니다. 수면장애를 개선하기 위해서는 무엇보다 '수면장애의 원리에 대한 지적 이해'와 '본인 스스로 편안한 잠을 자기 위한 긍정적인 노력이 꾸준하게 실행'되어야 가능합니다.

수면의 질을 확실히 높이기 위해서는 다음의 노력들을 시간을 두고 조급하지 않게 하나씩 해나가야 합니다.

〈질 높은 수면을 위한 조건 개선 노력〉

❶ 정해진 시간에 잠자리에 든다.

❷ 정해진 시간에 일어난다.

❸ 잠자리 들기 전에 반드시 용변을 본다..

❹ 저녁에 유산소운동을 규칙적이고 꾸준하게 하며, 샤워 후 최소 2시간 후에 잠자리에 들 수 있도록 시간 조절에 유념한다.

❺ 잠자리 들기 1시간 전에 가벼운 스트레칭을 하면 도움이 된다.

❻ 물을 제외한 그 어떤 것도 잠자리 들기 2시간 이내에는 섭취하지 않는다.

❼ 잠자리의 환경, 즉 침구류, 조명, 소음 등에 각별히 신경을 쓰고 성의를 기울인다.

좋은 잠은 좋은 생활습관과 쾌적한 잠자리가 기본입니다. 우리가 건강할 때는 아무데서나 깊은 잠을 잘 수 있을지 몰라도 공황장애로 심신이 지친 상태라면 당연히 신경을 써서 습관을 개선하고 잠자리 환경을 각별히 돌보는 것이 중요합니다.

잠자리 들기 전에는 식사, 운동, 스트레칭을 피해야 합니다. 즉, 잠자리에 들기 전 최소 1시간 전에는 모든 운동과 후속 행위(샤워, 스트레칭 등) 등을 마무리 짓고 몸과 마음을 평안하게 안정시키는 것이 좋습니다. 또한 소변 등 잠을 깨도록 만들 수 있는 것들을 잠자리 들기 전에 미리 깔끔하게 마무리 짓도록 합니다.

〈질 높은 수면을 위한 마음 노력들〉

❶ 잠에 대한 집착을 버린다.

❷ 깊은 명상을 통해 마음을 안정시킨다.

❸ 적절한 이완을 하여 온몸의 긴장을 푼다.

❹ 잠시 복식호흡을 하는 것도 큰 도움이 된다.
   (이완과 더불어)

❺ 강도가 높지 않은 평안한 기도, 잠을 잘 잘 수 있다는 편안한 암시 등이 도움될 수 있다.

잠자리 환경은 정말 중요합니다. 조명은 적당히 어두워야 하며, 소음은 최대한 금물입니다. 침구류는 달콤한 잠을 잘 수 있도록 최대한 잘 신경 써야 하며 만약 경제적 여건이 허락된다면 충분히 좋은 침구를 구입하는 것도 권장합니다. 이상이 규칙적으로 항상성 있게 유지되면 질 높은 잠을 잘 수 있는 기초적 요건이 완비된 것입니다.

잠에 대한 집착을 최대한 버립니다. 정확히 표현하면 잠이란 단어 자체를 머릿속에서 지우고 그냥 편안한 마음으로 내버려 두는 넉넉함을 갖는 것이 좋습니다. 집착할수록 더욱 잠이 들지 않을 수 있고, 꿈을 꾸지 않으려는 집착 또한 더 많은 꿈을 양산할 수 있기 때문입니다.

10~20분에 걸친 깊은 명상 또한 숙면에 도움이 됩니다. 명상은 호흡법과 이완 또는 기도 행위, 암시 행위 등과 동시에 자연스럽게 결합되어 시행될 경우 효과가 있습니다. 물론 명상 도중에 자연스럽게 잠이 드는 것 또한 가장 이상적인 상황입니다.

잠이 들지 않더라도 최소 30분 정도는 가만히 누워 몸과 마음을 최대한 편안히 하고 잠이 들 수 있도록 명상을 계속합니다. 만약 30분 넘게 경과할 경우 애써 누워서 엎치락뒤치락 괴로워하지 말고, 잠시 일어나서 가벼운 명상으로 안정을 취한 후 다시 10~20분 후에 잠을 청하는 노력을 반복하는 것이 좋습니다. 잠이 들지 않는다고 불안하거나 실망을 느끼거나 하는 행위는 더 바람직하지 않습니다.

이러한 노력들은 긴 시간 꾸준하게 시행될 때 큰 효과를 발휘합니다. 단기적으로 좋은 개선을 얻으려고 욕심부리지 말고, 자기 스스로에게 충분히 개선될 시간을 허락하며 절대로 집착하거나 조급해하지 않는 것이 무엇보다 중요합니다.

그러나 주의사항이 있습니다. 만약 자신이 약을 바꾸거나 용량을 변동한 직후에 수면 패턴이 바뀌었다면 약이 수면에 영향을 주었음을 배제해서는 안 됩니다. 약으로 인해 수면의 질이 저하되었을 경우 지체 없이 주치의와 상담하여 약을 조절하는 것이 중요합니다.

이상과 같은 노력을 최소 3개월 이상 느긋한 맘으로 한다면 대부분의 경우 탁월한 효과가 나타납니다. 질 높은 수면을 서서히 달성해나가면서 완치에 더욱 근접해 가길 진심으로 기원합니다.

◈ 깊게 들어가기 - 가장 효과적인 이완, 명상, 호흡 방법

어떤 이는 큰돈을 들여 명상을 배우거나 호흡 이완법을 배우기도 합니다. 그러나 공황장애는 큰돈 들여야 낫는 병은 아닙니다. 바꾸어 말해 언제든지 꺼내 사용할 수 있는 요령보다는, 내가 항시 그런 상태를 습관적으로 유지하고 이런 상태를 만드는 것이 훨씬 더 경제적이고 효과적이라는 뜻입니다.

이를 위해 가장 단순하지만 효과적인 방법은 일상에서 자주 특정 이미지를 떠올리는 요령입니다. 예를 들어 아주 평화로운 태평

양 휴양지 해변에 누워있는 나 자신을 떠올리거나, 상쾌한 솔바람이 불어오는 깊고 평온한 휴양림의 안락한 의자에 기대어 앉아있는 나를 떠올리는 것을 예로 들 수 있습니다.

물론 내 머리는 그 이미지를 떠올리지만, 나의 몸도 그 이미지의 모습처럼 온몸을 동기화시키는 것이 중요합니다. 그 평화로운 시간을 누리는 나의 몸, 그 몸의 상태를 내 스스로 편히 연출하여 이미지를 떠올리는 것과 동시에 반복 숙달해야 합니다.

머리와 몸뿐 아니라, 이 행위 위에 나의 정성을 얹고, 더불어 상상한 것이 실제로 그러하다는 '생생한 현장감'까지 끌어올리면 그 효과는 더욱 눈부시게 확대됩니다. 나의 정신적 시선은 결코 특정한 한 점에 몰입하지 말고, 전체와 흐름을 아우르며 조망하는 마치 높은 고도 위에서 세상 전체를 내려다보는 상태로 수준 높은 연습을 통해 발전시켜 나갑니다. 그러면 그 자체만으로도 억만금을 들여 배우는 얄팍한 기술들보다 훨씬 높은 효과를 낼 수 있으며, 훌륭한 이완, 호흡, 명상법을 내 스스로 언제든 사용할 수 있게 됩니다.

"에이, 그게 말처럼 쉽게 되겠어?" 이런 말은 결코 해선 안 될 말이며, 스스로 공황장애로부터 벗어날 의향이 없다고 재확인하는 큰 실수로 이어지게 됨을 명심해야 합니다. 거듭 정성을 더해 반복하고 연습하면 결국 서서히 내 것이 되어 감을 유념합시다. 그렇게 내 의지로 나의 몸과 기분을 할 수 있는 만큼 일정하고 고르게 주도적으로 유지하는 역량을 세워나가도록 합시다.

내 노력의 재확인, 바깥 노출

완치를 향한 싸움은 '자신감 회복'의 싸움입니다.
바깥의 신선한 공기를 온몸으로 느끼고 그 속에서 보람을 찾는
행위 그 자체만으로도 우린 자신감을 회복할 수 있습니다.

본 장은 앞서 배운 '광장공포증'을 극복하기 위한 것과 동일선상에 있습니다. 광장공포증, 임소공포증 등은 공황장애의 가장 대표적인 합병증들이며, 이것이 합병된 상태로는 정상적이고 질 높은 삶은 거의 불가능합니다. 실제로 공황장애가 꽤 많이 치료된 환우분들도 광장공포증만큼은 체계적이고 계획적인 본인의 노력이 없으면 극복이 쉽지 않습니다. 이번 장에서는 '바깥 노출'이란 포괄적인 노력을 함께 배워서 여러분들께서 광장공포증 등을 스스로의 노력과 의지로 깔끔히 치유해 나가실 수 있도록 도움을 드립니다.

공황장애 이후 광장공포증이 합병될 경우 여러 가지 이유로 바깥나들이를 꺼리게 됩니다. 이러한 현상은 '과민성 대장증상' 등

'언제 증상이 나타나 불편하거나 고통스러울 수 있는 질환'을 가진 환자들이라면 내외과, 정신과를 불문하고 비록 정도의 차이는 있지만 매우 흔하게 나타나는 현상입니다.

광장공포증이 합병된 분이라면 바깥에 제대로 나가지 못하는 자기 자신을 비하하거나 불행하다는 식의 부정적인 생각을 먼저 마음에서 제거해야 합니다. 인간은 영리합니다. 영리할수록 미래 자신에게 있을지 모를 위험이나 불편함, 불리함에 대하여 각종 판단을 수행함으로써 그에 대한 대비를 하는 것은 당연합니다. 즉 광장공포증이 수반된 환자라면 그만큼 빠르고 영민한 두뇌를 지닌 분으로 봐도 틀린 말은 아닙니다.

우린 반복적인 공황을 경험한 후 그 불편감을 펼치 못한 장소에서 느끼는 것이 두렵고 싫어서 결국 바깥나들이를 회피하였습니다. 그 결과 광장공포증이 깊어진 것입니다. 또한 계속 깊어지는 공황장애로 인해 우울증이 합병되고 이후 행동력이 감소하며, 그 결과 바깥나들이를 자제하기도 했습니다. 기타 다른 이유로 인해 바깥나들이가 어려워진 이유도 있겠지만, 결국 그로 인해 '삶의 질이 저하'된다는 공통점은 동일합니다.

삶의 질이 저하되면 매우 불편할뿐더러 더욱 우울해집니다. 우울해지면 행복감이 줄어들고 그러한 상태에서 조급하게 탈출하고 싶은 마음이 커지지만 우리의 마음과는 달리 몸에서는 여러 가지 증상들이 외출 시 발생하기 때문에 결국 자신의 마음은 '염원' 상태, 몸은 '외출 불가' 상태란 이질적인 상황에 놓이게 됩니다. 그러한 상황은 정말 최악이 아닐 수 없습니다.

앞서 이미 '아무리 힘들어도 삶의 범위를 꼭 유지하라'는 권고를 드린 바 있습니다. 맞습니다. 몸이 아무리 힘들고 공황이 수시로 와도 '이를 악물고서라도 삶의 범위를 줄이지 않으려는 인내와 노력'은 정말 중요합니다. 삶의 범위가 유지되면 쉽게 '우울'에 빠지지 않고, 그로 인해 '자신이 불행하다'는 암담한 기분이 훨씬 경감되기 때문입니다.

실제로 의학적인 연구결과에서도, 타인들과 외부에서 접촉하는 행위는 그 자체만으로도 불안이나 우울을 경감시키고 행복감을 상승시킴으로써 해당 환자의 활기를 높이는 데 큰 도움이 된다는 것이 이미 밝혀졌습니다.

삶의 범위를 유지하는 것은 이렇게 중요하지만, 공황장애로 인해 광장공포증이 합병되면서 삶의 범위가 한번 줄어들기 시작하면 그 속도는 가히 상상을 초월할 정도로 빠릅니다. 불과 수주 이내에 집 밖 외출도 거의 못하는 상태가 되기도 합니다. 반면 그렇게 줄어든 삶의 범위를 다시 넓혀가는 일은 매우 더딥니다. 즉, 회복을 위해서는 충분한 시간을 허락하고 단계적인 계획에 따라 아주 서서히 노출과 재경험을 통해 회복시켜 나가야 합니다. 우리는 이번 장에서 이미 줄어든 삶의 범위를 천천히 단계적으로 넓혀가는 요령을 배우게 됩니다. 먼저 다음과 같이 노출 종류를 몇 가지 유형으로 분류해봅니다. 각 유형별로 계획을 세워 아주 서서히 노출을 시작하고 범위를 넓혀 봅시다.

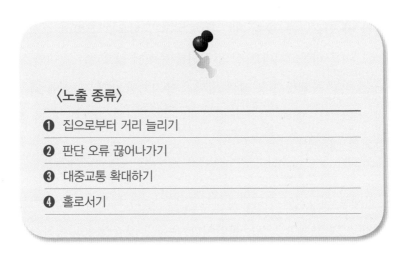

〈노출 종류〉

❶ 집으로부터 거리 늘리기

❷ 판단 오류 끊어나가기

❸ 대중교통 확대하기

❹ 홀로서기

'❶ 집으로부터 거리 늘리기'는 광장공포증이 꽤 깊어지고 심각해져 있는 상태의 환우분들이 초기 단계에서 시작할 때 효과적입니다. 모든 계획은 스스로 직접 세웁니다. 아무리 자신감이 넘쳐도한 가지 요소를 최소 1주일간 유지하는 것이 포인트입니다. 간단한 메모지에 또는 자신의 머릿속에 다음 예시처럼 계획을 작성하고 아주 천천히 꾸준하게 해나가면 효과를 볼 수 있습니다. 그리고 모든 결과는 앞서 배운 '기본 기록지'에 꼼꼼히 적어 체크해 나가는 노력이 병행되어야 합니다.

〈예: 집으로부터 거리 늘리기 계획〉

1주 : 집 앞 5분 거리까지 걸어갔다가 되돌아오기

2주 : 집 앞 10분 거리까지 걸어갔다가 되돌아오기

3주 : 집 근처 5분 거리에 있는 초등학교 운동장 5바퀴 돌고 되
돌아오기

4주 : 집 근처 10분 거리에 있는 공원 10바퀴 돌고 되돌아오기

5주 : 집에게 제일 가까운 20분 거리의 전철역까지 걸어갔다가
되돌아오기

6주 : 집에서 제일 가까운 25분 거리의 마트까지 걸어갔다가 되
돌아오기

이상의 예처럼 아주 느리게 최소 1주일 단위로 조금씩 '집으로부
터의 시간'을 기준으로 서서히 범위를 넓혀가는 것입니다. 모든 사
람은 자신의 집 주변 환경이 다르므로, 역시 자신의 주변 환경과
가장 적합한 계획을 잘 짜고 '느긋한 마음'으로 '아주 천천히' 실행
에 옮겨나가는 노력이 가장 중요합니다.

〈예: 판단 오류 끊어나가기 계획〉

1~2주 : 집 근처 5분 거리의 슈퍼에서 장보고 오기

3~4주 : 집 근처 15분 거리의 마트에서 장보고 오기

5~6주 : 백화점에서 쇼핑을 하고 음식점에서 가벼운 음식 먹고 오기

7~8주 : 영화관 매표소에서 표를 끊고 짧은 영화 한 편 보고 오기

9주 : 서울타워 전망대에 가서 서울 야경 보고오기

10주 : 가족들과 OO랜드(가족 놀이동산) 다녀오기

11주 : 가족들과 1박2일 OO수목원 캠핑 다녀오기

'❷ 판단 오류 끊어나가기'도 정말 중요합니다. 불편한 증상이 나타났을 때 쉽게 빠져나올 수 없는 곳은 피합니다. 가령 회식자리, 백화점 등 사람 많은 곳, 길게 줄을 늘어서서 한참 기다려야 하는 상황, 영화가 끝날 때까지 빠져나오기 곤란한 어두운 영화관, 매표소 등을 회피하는 것 등이 해당됩니다.

그런 상황에서 우리의 마음속에는 '혹시나 증상이 나타나면 어떡하지', '사람들 앞에서 창피를 당하면 어떡하지', '유사시 병원이나 119 등으로부터 도움을 받지 못하면 어쩌지' 등 실제로 자신의

몸에 전조증상(떨림, 두근거림, 숨참, 현기증, 식은땀 등)이 나타나는지를 예민하게 관찰하기 쉽습니다.

이처럼 예민한 관찰은 작은 느낌을 큰 불쾌감으로 증폭시키거나, 가벼운 예기불안을 공황으로 연결시키는 계기가 됩니다. 따라서 우리는 그러한 판단 오류들을 서서히 끊어나가야 합니다. 그 방법 또한 스스로 자기의 환경과 상황에 맞게 1주 단위로 계획을 세워 서서히 노출해서 '안심'을 재확인해 나가며, 그러한 일련의 과정에서 '자신감'을 확대해 나가는 것을 목표로 합니다.

앞에 설명한 계획처럼 꾸준히 자신의 판단 오류를 노출과 경험을 통해 끊어나가면 아주 획기적인 효과를 볼 수 있습니다. 두려워하는 마음, 우려하는 마음은 '자신감'이란 강력한 기제를 스스로 만들어서 과감하게 무시해 나가면 결국 완치로 나아가는 속도는 매우 빨라진다는 것을 명심하십시오.

'❸ 대중교통 확대하기'는 생업에 아주 중요합니다. 공황장애나 신체 증상으로 출퇴근, 출장 등이 힘들다면 당연히 삶의 질은 극도로 떨어지게 됩니다. 이미 수많은 환우분들께서 이러한 이유로 직장을 그만두거나 많이 힘들어하고 계십니다. 따라서 이 문제를 방치하는 이상 근본적인 완치가 어렵습니다.

〈예: 대중교통 확대하기 계획〉

1주 : 날마다 집으로부터 2정거장을 버스로 갔다가 되돌아오기

2주 : 날마다 집으로부터 4정거장을 버스로 갔다가 되돌아오기

3주 : 날마다 가까운 전철역까지 버스로 가서 전철을 2정거장 갔다가 다시 되돌아오기

4주 : 날마다 가까운 전철역까지 버스로 가서 전철을 5정거장 갔다가 되돌아오기

5주 : 서울역까지 버스, 전철로 이동 후, 서울역에서 광명역까지 기차를 타고 갔다가 맛있는 것 사 먹고 다시 되돌아오기

6주 : 친지와 함께 천안 기차로 다녀오기

7주 : 친지와 함께 부산 기차로 다녀오기

8주 : 친지와 함께 인천〜영흥도 배로 가벼운 여행 다녀오기

9주 : 친지와 함께 김포〜제주 비행기로 가벼운 여행 다녀오기

15주 : 김포〜근거리 해외여행 비행기로 다녀오기

대중교통 확대하기 또한 마찬가지로 매주, 격주 단위로 아주 천천히 경험을 통해 노출해나가는 방식이 가장 효과적입니다. 이런 노출과 경험은 '각종 자극과 불안에 무뎌지는 효과'를 제공합니다.

앞에 나온 내용처럼 8주 정도 단계가 되면 이미 우리는 대중교

통에 대한 극복을 거의 완료한 셈입니다. 대중교통에 자신감이 생기고 거의 정상화되면 사실상 광장공포는 그 위력을 잃은 것과 다를 바 없습니다. 물론 약간의 거부감이나 회피가 일부 남아있을지 몰라도 그것마저 사라져버리는 것은 시간문제일 뿐입니다.

모든 것은 시작이 반입니다. 시작 이후 계획대로 꾸준하고 느긋하게 절대 실망하지 않겠다는 마음가짐이 중요합니다. 이용할 수 있는 대중교통의 범위가 넓어져 갈수록 삶의 질은 획기적으로 높아집니다.

'❹ 홀로서기'는 어느 정도 노출 계획이 진전되어 감에 따라 서서히 자신의 상황에 맞게 실행하면 됩니다. 어떤 일이든 '기댈 곳'이 있다면 실행이 수월해집니다. 가슴이 두근거리고 두려운 첫 외출의 시간부터 혼자 해낼 자신이 없다면, 함께 노출해 줄 수 있는 가족이나 친지의 도움을 받는 것은 큰 도움이 됩니다. 그러한 도움까지 애써 고통을 감수하며 거부할 필요는 없습니다.

유연한 마음가짐으로 초기 노출 단계에는 지인들의 도움을 받는 것이 좋습니다. 다만 어느 정도 자신감이 생기면 서서히 홀로서기를 합니다. 이 과정은 마치 어린아이의 성장 과정과 동일하다고 보면 됩니다. 물론 홀로서기 또한 시간 간격을 일정하고 느긋하게 설정하여 천천히 실행해 나갑니다.

〈예: 홀로서기 계획〉

1주 : 친지와 함께 외출하여, 친지가 있는 곳으로부터 2분 거리
　　　까지 혼자 갔다가 다시 친지에게 돌아오기

2주 : 친지가 있는 곳으로부터 5분 거리까지 혼자 갔다가 다시
　　　돌아오기

3주 : 친지가 있는 곳으로부터 10분 거리까지 혼자 갔다가 다시
　　　돌아오기

4주 : 친지와 함께 백화점에 가서 식사하고 돌아오기

5주 : 친지는 식사를 하고, 나는 쇼핑하기

6주 : 친지는 백화점 앞에서 기다리고, 나는 쇼핑을 하고 나와 함
　　　께 귀가하기

7주 : 친지 없이 백화점에서 쇼핑을 하고 돌아오기

8주 : 친지와 함께 전철을 타고 1시간 동안 외출하기

9주 : 친지 없이 전철을 타고 1시간 동안 외출하기. 단 친지는 전
　　　철역 부근에서 기다려주기

10주 : 친지 없이 전철을 타고 1시간 동안 혼자 외출하기. 단, 친
　　　지는 언제든지 휴대폰으로 연락을 취할 수 있도록 대기

11주 : 친지의 도움 없이 혼자 1시간 동안 외출하기

이상의 홀로서기 계획은 그 대상이 외출이건, 대중교통이건 여행이건 간에 모든 면에서 복합적으로 적용해나가면 됩니다. 모든

것은 자신의 생활과 환경, 조건에 따라 유연하고 현실적으로 설정해나가면 됩니다.

이상에서 우리가 배운 총 4가지의 '바깥 노출'은 광장공포나 그에 준한 회피가 사라졌다고 판단될 때까지 중단하지 말고 꾸준하게 노력해야 합니다. 바깥 노출에 자신감이 생긴다는 것은 이미 치료의 가닥이 잡혔음을 의미하기도 합니다. 그만큼 환우는 자신의 신체 증상이나 불안을 조절할 수 있는 기제를 갖춰나가고 있음을 의미합니다.

또한 더욱 바깥 노출의 효과를 극대화하기 위해서는 인터넷 카페나 커뮤니티 등 타 환우들에게 자신의 계획을 사전에 게재하고 그 계획의 경과를 성실하게 타 환우에게 공개하는 것이 정말 큰 도움이 됩니다. 그러한 행위는 바로 타 환우들의 성원과 지지를 얻어 스스로 꾸준하게 노력할 수 있는 큰 용기를 얻게 만드는 중요한 계기가 될 것입니다.

그렇게 바깥 노출이 진행되는 과정에서 느낀 자신의 소중한 경험과 생각들을 타 환우들에게 전파하면서 스스로 자연스럽게 '자신에게 재확인하여 깨닫게 하는 효과'가 있습니다.

바깥 노출의 모든 느낌은 당연히 기본 기록지, 느낌 기록지 이두 가지를 항시 필기구와 함께 휴대하고 진행하는 것이 좋습니다.

남이 보건 안보건 전혀 개의치 말고 자신이 의미 있다고 느끼고 생각하며 체험하고 있는 것들을 소중히 기록하십시오. 그러한 기록 행위는 이해를 깨달음으로 심화시켜줍니다. 머리로 이해된 것들은 몸과 마음 전체를 바꿀 수 없지만, 마음으로 깨달은 것은 몸과 마음 전체를 제어하고 개선시키기 때문입니다. 자, 오늘부터 바로 계획을 세워 아주 조금씩 천천히 바깥 노출을 시작합시다!

◈ 깊게 들어가기 - 많이 호전되어 광장공포만 남아 있는 경우에도 약을 계속 복용해야 할까?

이 질문은 공황장애 카페에서 아주 흔한 질문의 한 가지입니다. 공황장애가 어느 정도 호전되면, 그 이전에 뿌리를 내린 광장공포나 임소공포 등만이 특징적으로 잔존해서 제약의 불편만 계속 남아있는 경우가 있습니다. 또한 어떤 환우들은 공황장애 초기부터 다른 증상은 미미하지만 유독 광장공포만이 그 위력을 떨치는 경우도 있습니다. 이러한 분들의 특징은 평상시에는 별 증상이 없다가 외출하거나 그 장소에 갈 때만 선택적으로 증상과 불편이 나타난다는 점입니다.

이런 경우를 치료하기 위해 약물을 평상시 계속 복용하는 것은 사실상 의미가 없습니다. 약은 꾸준한 복용을 통해 내게 체감되는 증상의 정도를 전반적으로 낮추는 데 효과적일 수 있습니다. 그러나 그 장소를 가지 않는 이상 평소 증상이 별로 없다면 약물치료의 효용은 크게 감소합니다. 즉, 선택적으로 잔존해있는 광장 공포 등의 해결을 위한 약물치료는 사실상 우선이 될 수 없고, 오직 정교한 이해와 그에 기초한 계획, 그리고 꾸준한 지지와 더불어 진행되어 나가는 직면과 노출 연습이 이런 경우 최적의 해법이 됩니다.

약은 적절한 역할을 하는 시기가 있습니다. 그 시기가 종료되었음에도 약의 도움에 집착할수록, 공황장애는 결코 마무리되지 않는다는 것을 명심해야 합니다.

안전 신호 제거

휴대폰, 물병, 병원, 약 등 모든 것들이 때론 완치를 방해하는 우상이 될 수 있습니다. 이러한 우상들은 나 자신을 전적으로 믿지 못하도록 만들기 때문입니다.

공황장애에서 '안전 신호(Safety Signal)'라는 용어가 있습니다. 그 뜻은 '환자가 스스로 설정해놓은 대상, 물건, 장소를 항상 휴대하거나 그 근처에 있는 등의 행위를 통해 스스로 안심하려는 목적의 것들'입니다. 공황장애 환우들에게 가장 흔한 안전 신호로는 휴대폰, 물병, 병원, 약 등이 대표적입니다.

안전신호는 실제로 약을 끊었음에도 일정 분량의 약을 주머니나 가방에 버리지 않고 가지고 다니는 행동이나, 외출할 때 주변 병원이 가까운 곳을 선호하거나 그것을 미리 확인해두는 행위, 가방에 항시 물병 등을 가지고 다님으로써 그것이 있어야만 비로소 안심하는 행위 등이 이에 해당됩니다.

사실 이러한 안전 신호에 의존하는 행위를 하면 안 된다고 딱 잘라 말할 수는 없습니다. 다만 안전 신호가 없으면 매우 불안해지거나 외출을 꺼리는 등 일상에 큰 제약이 따른다면, 이를 그냥 방치해 두는 것은 바람직하지 않습니다. 바로 이러한 부정적인 상황을 예방하기 위하여 단계적인 계획에 따라 안전 신호에 대한 비정상적인 의존을 서서히 줄여나가는 노력은 완치를 위해 매우 중요한 과정입니다.

영주에서 교사로 일하는 임 씨(여. 30대 후반)는 이미 10개월 전에 마지막으로 의사의 권고 없이 자기 의지대로 약(알프라졸람계 약의 상표명 중 하나)을 완전히 끊은 상태입니다. 하지만, 임 씨는 집에 약 60알 정도의 항불안제를 항시 냉장고에 보관해두고 있습니다.

또한, 임 씨는 서너 알 정도의 약을 작은 봉지에 담아서 주머니나 가방에 넣고 다닙니다. 하지만 얼마 전 임 씨는 장학사가 직접

참관하는 '시험 관찰 학습'을 담당하면서부터 불안이 급속도로 상승하였고, 최근 수시로 불안하다고 느끼면 약을 1~2알씩 먹는 버릇이 생겼습니다.

그러다 어느 날 약을 집에 놓고 오는 바람에 중요한 회의 도중 크게 당황했고, 그 자리에서 심한 불안을 경험하다 공황을 다시금 겪게 되었습니다. 이후 그는 크게 낙담하여 불규칙하게 약을 임의로 복용하게 되었으며, 현재 매우 어려운 상황에 놓여 있습니다.

위 임 씨의 사례는 불안을 아직 정확하게 조절할 내부 방어기제가 준비되지 않은 상태에서 약을 끊고 그 결과 임의로 약을 복용하는 부작용을 초래한 전형적인 사례입니다.

실제로 대부분의 약은 혈중농도를 일정하게 유지하면서 불안에 대한 경감을 안정적으로 유지하는 원리로 개발됩니다. 즉, 일회성 복용이 얼마나 약효를 안정적으로 발휘하여 불안 경감에 장기적인 도움이 될지는 사실상 확인이 곤란합니다. 그러나 임 씨의 경우처럼 복용할 경우 실제로 약이 불안을 효과적으로 경감한 것인지, 아니면 일회성 위약 효과를 노린 행위였는지 자체가 모호하기 때문에 그에 대한 치유 대응이 더욱 곤란해질 수도 있으므로 주치의와 상의하여 약을 끊거나 조절해야 합니다.

약을 끊는 것은 증상이 잘 조절되고 확고하게 구축된 이후에야 비로소 고려될 수 있습니다. 그에게는 약이 중요한 안전 신호였던 것입니다. 약이 곁에 없다는 것을 알자마자 불안도가 높아졌고, 그 결과 공황 재발로 이어지게 되었으며, 이후 이러한 상황에 대한 실망감으로 인해 우울증까지 강화된 것입니다.

임실에 사는 권 씨(남. 40대 초반)는 병원으로부터의 먼 거리 외출을 극도로 꺼립니다. 권 씨는 애초 공황을 경험한 직후부터 하루 걸러 한 번씩 이어지는 강렬한 공황을 심장마비로 염려해 왔습니다. 그 결과, 반복적인 응급실 방문으로 권 씨는 아예 잠을 잘 때도 운동복을 입고 자는 등 언제든지 응급실로 실려 갈 준비를 할 정도로 건강 염려가 심각한 상태였습니다.

이후 공황이 꽤 조절되어 안정되긴 했지만, 지금도 권 씨는 병원에서 거리가 먼 곳으로의 외출이나 출장 등을 극도로 피하고 있습니다. 때로 권 씨는 인터넷 사이트의 지도 찾기 기능을 활용하여 자신이 위치하게 될 곳에서 제일 가까운 병원을 미리 검색해두는 치밀함까지 습관이 되어버린 지 오래입니다.

권 씨의 경우 안전 신호는 '병원'입니다. 병원은 의사들과 간호사들이 응급질환에 대비하여 항시 준비하고 있으므로, 자신에게 공황이 오거나 행여나 심장마비 등의 응급질환을 겪게 되더라도 최단시간 내에 그곳으로 이송될 수 있도록 미리 준비를 하는 것이 특징입니다.

권 씨의 경우에도 역시나 삶의 행동반경은 병원에서 가까운 곳으로 제한되어 버렸습니다. 이러한 상태에서 권 씨가 궁극적인 자신감을 회복하고 완치를 성공적으로 이룰 수 있을지는 미지수라고 생각해야 옳습니다.

공황장애의 완치는 '많이 조절되어 편해진 상태'를 의미하지 않습니다. 공황장애의 완치는 공황이란 개념 자체가 삶에 하등의 영향을 끼치지 않고, 신체 증상도 꽤 장기간 찾아오지 않는 상태를 의미합니다. 즉, 공황이 잘 조절되어 정상에 가까운 생활을 하고 있지만 약이나 병원 등 안전 신호에 크게 의존하는 상태는 '잘 조절되는 상태'로 표현할 수는 있어도 '완치 상태'로 표현할 수는 없습니다.

불편함이 존재한다면 나머지 불편함마저 멀리 날려버리기 위한 노력을 해야 합니다. 그 나머지 잔재가 '안전 신호'이고 그 안전 신호가 소실될 경우 즉시 불안이나 준공황, 예기불안 등이 올 수 있는 상태라면, 우리는 반드시 그러한 안전 신호 문제를 해소해야만 합니다.

물론, 안전 신호 제거를 위해서는 스스로 많은 노력을 거쳐, 그 결과로써 환우 스스로가 '자기 조절 능력'을 갖춰야 하며, '불안 관리', '스트레스 관리', '습관 개선'을 꽤 달성한 단계부터 서서히 시작해나가는 것이 바람직합니다. 불완전한 상태에서 안전 신호를 제거하는 것은 조급함과 직결되며 전혀 긍정적이지 못하다는 사실을 우선 명심하십시오.

안전 신호를 제거하기 위한 방법 또한 단계적이며, 계획적으로 진행해야 합니다.

〈공황장애 안전 신호 제거 유의사항〉

❶ 자신이 불안, 스트레스, 공황, 약 끊기 등이 이미 상당 부분 완료되었는지 확신한 후 시작하기

❷ 모든 계획은 단계적으로 충분한 시간을 들여 수립하며, 실행 또한 최대한 느긋하게 진행하기

❸ 안전 신호 제거 경과는 '기본 기록지'를 활용하여 수행하며, 인터넷 카페를 철저하게 활용함이 유리함을 명심하기

이상의 유의사항을 우선 명심합니다. 또한, 계획의 예시는 다음과 같습니다. 간단한 메모로 계획하여 인터넷 카페에서 타 환우들에게 공개하고 하나씩 보람을 성취하며 진행해나갑니다.

다음에 나오는 예를 자세히 관찰해보십시오. 노력 기간은 비교적 긴 시간 동안, 철저하게 숫자로 정해서 계획이 짜여 있습니다.

또한, 맨 마지막에는 대견스러운 자신에 대한 아낌없는 찬사를 보내는 것이 포함되어 있습니다. 만약, 이상의 계획이 자기 자신에게 적합하게 잘 수정되어 수립되고 실행되어 간다면 여러분의 안전 신호들은 수 주만에 사라져 버리게 될 것입니다.

〈예: 안전 신호 제거 계획〉

1주 : 약 휴대량을 2알 이하로 줄이기

2주 : 약 휴대량을 1알 이하로 줄이기

3주 : 약 휴대량을 1/2알 이하로 줄이기

4주 : 약을 휴대하지 않고 집에 두기

5주 : 집에 보관해둔 약을 1/2 버리기

6주 : 집에 보관해둔 약을 10알만 남기고 다 버리기

7주 : 집에 보관해둔 약을 5알만 남기고 다 버리기

8주 : 집에 보관해둔 약을 모두 버리기

9주 : 여기까지 성취한 결과를 자축하며, 스스로에게 옷, 액세서리, 책 등 기념할 만한 것을 선물하여 오랫동안 기념하기

남을 돕는 것은 나를 돕는 것

남에게 도움을 주는 것은 결국 자기 자신을 위한 일입니다.

필자가 공황장애라는 것을 인터넷을 통해 우연히 알게 된 이후, 인터넷 커뮤니티에서 여러 궁금증과 타 환우의 사례를 접하게 되었습니다. 이 병이 시름시름 앓다가 죽는 병인 줄만 알았던 시기에 인터넷 커뮤니티는 마치 오아시스와 같은 존재였습니다. 하루도 빠짐없이 열심히 타 환우들과 정보를 나누고 필자보다 상태가 훨씬 안 좋은 분들께 도움 말씀을 드리다 보니, 저도 모르는 사이 '공황 아마추어 전문가'로 불리게 되었습니다. 그 과정에서 필자는 완치까지의 시간을 상당히 앞당길 수 있었고, 꾸준한 노력을 계속 유지할 수 있는 중요한 동기가 되었습니다.

네이버 공황장애 완치 카페(http://cafe.naver.com/lovefaithjkc)에는 공황장애 관련 수천 건의 각종 정보와 소식들이 게재되고 있습니다.

공황장애 완치 카페에서는 공황장애에 대한 모든 정보를 일목요연하게 얻을 수 있으며, 타 환우들과 사례를 상호 공유하며 호전과 완치를 위해 매일 노력하는 모습들을 볼 수 있습니다. 이러한 카페는 공황장애 완치를 위한 자기 치유의 가장 중요하고 경제적이며 효율적인 공간입니다.

앞서 서술한 것처럼 약물은 진통제의 역할을 합니다. 공황 초기 약물치료는 필수지만, 그 과정이 중장기화되어 갈수록 약물의 빈자리를 스스로 쌓아올린 조절력으로 신속히 대체해야 합니다. 그렇게 대체된 방어기제들이야말로 약보다 훨씬 중장기적이고 근원적인 해법입니다. 바로 그러한 해법의 개론적 단계에서 인지행동치료가 존재합니다.

인지행동치료는 공황에 대한 이해와 습관 바꾸기, 노출 훈련 등 공황장애 환자라면 완치를 위해 반드시 노력해야 할 요소들을 가르치는 과정이며, 동시에 여러 동병상련 환우들을 직접 팀으로 만나 자신과 타인의 상태 비교를 통해 앞으로 꾸준한 노력을 할 수 있는 동기를 제공합니다.

이러한 인지행동치료의 이점들은 본인의 참여와 노력에 따라 인터넷 카페에서도 아주 훌륭하게 이루어질 수 있습니다. 실제로 공황장애 완치 카페는 공황에 대한 거의 모든 정보와 타 환우와의 활발하고 능동적인 정보교환 및 상호 상태 비교, 상호 격려, 오프라인 모임이 활발하게 이루어지는 등 약물치료만 받아온 환우는 물론, 인지행동치료를 받았던 환우들까지도 혁혁한 도움을 주고받을 수 있는 아주 효과적인 자기 치유 공간이 됩니다.

카페에서의 활동은 역시 정보 습득과 이해입니다. 그러나 완치를 위해 더 중요한 것이 있습니다. 그건 바로 '타 환우들에게 도움

주기'입니다. 비록 자신도 힘이 들지만 자신이 이미 알고 있고 경험한 것들 모두를 그것을 원하는 환우에게 아낌없이 도움을 주는 행위를 의미합니다.

이러한 행위를 통해 우린 '내면화'를 할 수 있습니다. 머리로 이해한 내용은 타 환우에게 도움을 주는 과정에서 자연스럽게 '내면화'할 수 있고, 그것은 그 자체만으로도 아주 구체적인 호전 효과와 호전 상태 유지라는 두 가지 선물을 동시에 제공합니다. 또한, 완치를 위해 자신이 세운 계획들을 타 환우들에게 공개하고, 매일 그것을 실행해나가는 자기 자신의 추이를 솔직하게 게재함으로써, 자기 자신의 꾸준한 노력 상태를 장기간 유지하고 필요한 격려를 타 환우로부터 얻는 데 대단한 효과를 발휘합니다.

그러한 과정 중에 홀로 외롭게 병마와 싸울 것이 아니라 많은 타 환우들과 함께 노력하므로, 결국 우울의 큰 원인이 되는 외로움을 크게 줄일 수 있습니다. 즉, 인간관계란 측면에서의 삶의 질과 범위를 크게 향상시키고 늘려나갈 수 있는 것입니다.

우린 너무나 겸손하여, 자기 자신이 공황장애로 힘이 드는 동안 '나는 아직 가르칠 자격이 없어요'라고 말합니다. 하지만 그것은 잘못된 생각입니다. 남에게 가르치고 도움을 주는 데는 자신의 상태와 전혀 상관없습니다. 이 세상에는 바로 우리 자신보다 훨씬 상태가 힘들고 공황에 대해 무지한 환우들이 너무 많기 때문입니다.

　그러한 환우들에게 조금이라도 보탬이 된다면 자신의 짧은 지식이나 경험에 겸손하지 말고, 과감하게 앞으로 나서서 그들의 손을 붙잡아 주어야 합니다. 그러한 용기 있는 행동 속에서 우린 스스로의 지식과 배움, 완치를 향한 노력들의 항상성과 지속력을 계속 발전시켜 나갈 수 있습니다.

　지금까지 네이버 공황장애 완치 카페(http://cafe.naver.com/lovefaithjkc)에 방문한 적이 없다면 지금 즉시 가입하여 활동을 시작하십시오. 카페를 잘 활용한다면 매우 경제적으로 공황장애의 호전과 완치를 앞당길 수 있기 때문입니다.

꾸준함을 당해낼 것은 아무것도 없다

그 어떤 것도 꾸준함을 당할 수 없습니다.

지금까지 많은 것들을 배웠습니다. 그중 어떤 것은 반복해서 이해하고 깨달아야 하며, 또 어떤 것들은 '매일 잠시도 거르지 않고 꾸준하게 시행하고 노력해야 하는 것'들입니다. 후자, 즉, '매일 잠시도 거르지 않고 해야 할 것들'을 정말 혼신의 힘을 다해 꾸준히 노력해야 합니다. 천재지변이 아닌 한 하루도 빠지지 말아야 합니다.

매일 노력하다 보면 게으름이나 다른 이유들로 인해서 나태해질 수도 있습니다. 그것 또한 사람이기 때문에 어찌 보면 자연스러운 일일 수 있겠지만, 어떤 경우에도 노력을 장기간 거르는 경우가 있어서는 안 됩니다. 우리의 몸과 마음은 일정한 패턴에 쉽게 적응하고 리듬을 탑니다. 군에 입대한 젊은이들은 고된 훈련에도 불구하고 오히려 몸이 건강합니다. 그 이유는 모든 것이 규칙적이기 때문입니다. 규칙적인 과정 중에 몸이 힘들고 마음이 힘든 경우는 항시 발생합니다. 그러나 강한 의지와 확신으로 자신의 몸과 마음을 앞서 배운 것들을 수행하는 데 최선을 다해야 합니다.

모든 '항상성 유지 노력'은 하루하루 조금씩 쌓여갑니다. 그렇게 쌓인 시간들은 결국 우리를 완치로 이끕니다. 몸이 아플수록, 마음이 힘들수록 더욱 움직이고 기록해야 합니다. 어떤 경우에도 삶의 범위를 좁히지 않고 허리와 다리를 펴고 움직여야 합니다. 그 어떤 것도 꾸준한 노력을 당해낼 것은 없기 때문입니다.

공황장애는 어느 한순간에 깔끔히 사라지는 질환이 아닙니다. 우리가 극복을 위한 노력을 하는 초기에는 그 진전 속도가 정말 느리고 답답할 수 있습니다. 그러나 어느 순간부터 호전 속도는 가속이 붙습니다.

그렇게 가속이 붙기 시작하면 호전 속도는 놀라울 정도로 빨라집니다. 그것을 이미 경험하신 환우들은 공황에 대한 자신감을 갖기 시작합니다. 그러한 자신감이 붙고 이후 완치될 때까지 잠시도 고삐를 늦추지 마십시오. 삶의 질을 떨어뜨리고 우리를 불행으로 몰아가는 공황장애는 그 무엇보다 먼저 해결해야 할 인생의 숙제이기 때문입니다.

이 책의 독자들께서는 '항상성 유지'를 위해 언제든지 네이버 공황장애 완치 카페(http://cafe.naver.com/lovefaithjkc)를 방문하십시오. 필자와 함께 수많은 공황장애를 극복하기 위해 노력하고 계신 환우분들은, 여러분들과 함께 서로 도움과 격려를 나눌 준비가 언제든지 되어 있으니까요. 이제 여러분은 혼자가 아닙니다.

◈ 깊게 들어가기 – 근면 성실과 내적 자존

우리가 흔히 자존감이라고 말하지만, 자존은 '외적 자존'과 '내적 자존' 두 가지가 있습니다. 외적 자존은 타인이 나를 바라보는 시선을 기준으로 한 자존을 뜻합니다. 반면 내적 자존은 나의 내면이 나를 바라보는 시선을 기준으로 한 자존을 뜻합니다.

흔히 외적 자존을 자존의 전부라고 여기지만, 실제로 외적 자존은 '과시, 나에 대한 타인의 평가'에 관련된 부분에 국한됩니다. 타인이 나를 동경하거나 부러워하면 외적 자존은 높아집니다. 반면, 내적 자존은 내가 나를 보았을 때 '충분한 역량'을 보유하고 있다고 여길 때 높아지는 경향이 있습니다.

유명한 연예인이 부정적인 비극을 스스로 행하는 경우를 뉴스로 접하게 되는데, 이 경우가 바로 그의 외적 자존에 비하여 내적 자존이 낮아서, 그 격차로 인해 무기력과 불안정이 유발되어 그런 결과가 야기된 사례입니다. 통상적으로 우리는 외적 자존이 내적 자존보다 높습니다. 문제는 그 차이가 중요한데, 그 차이가 크면 클수록 각종 신경증적인 문제가 잘 유발됩니다.

이러한 두 자존 간의 격차를 줄이려면, 결국 내적 자존을 끌어올리는 것이 훨씬 더 중요할 뿐만 아니라 경제적이기도 합니다. 내적 자존은 많은 요인들에 의해 강화될 수 있는데, 그중 핵심적인 요인이 바로 '근면 성실'입니다.

근면하고 성실할수록 나의 내면은 나를 신뢰할만한 존재로 여깁니다. 반대로 작심삼일을 매번 반복할수록 내면은 나를 불신하고 걱정거리로 바라보게 됩니다. 내가 정한 극복 노력의 과정과 목표를 근면과 성실로 꾸준히 이뤄가는 모습은, 결국 나의 내면으로 하여금 강한 신뢰감을 나에 대해 구축하도록 만드는 핵심적인 덕목의 하나가 됩니다.

공황장애를 오래 겪으면서도 이 병을 여전히 해결하지 못하는 경우에 해당되는 많은 환우들이 떨어진 내적 자존으로 인해 무기력을 강화합니다. 그 결과 그들은 매우 우울해하며 자신의 미래에 대한 불안과 염려가 높아집니다. 그 함정에 빠지지 않는 길은 결국 공황장애를 해결하려는 나의 극복 노력에 전심으로 근면 성실한 자세로 임하며, 그 노력의 품질을 높게 유지하는 것 외에는 다른 지름길은 없습니다.

제 6 장

응급

많은 노력으로 호전되는 과정이라도 언제든지 예기불안이나 준공황이 나타날 수 있습니다. 만약 우리가 전혀 준비가 안 되어 있는 사람이라면 그러한 증상은 곧바로 공황으로 직결됩니다. 그리고 심각한 실망과 우울을 경험하게 됩니다. 그러나 우리가 5장에서 배운 대로 꾸준한 노력을 한 사람이라면 그러한 증상은 완치를 위해 필히 겪어야 할 과정이며, 그 과정을 하나씩 극복해나감으로써 보다 완치에 가까워지게 된다는 것을 이미 잘 알고 있을 것입니다.

　이번 장에서는 순간적으로 나타나는 예기불안, 준공황에 대하여 응급하게 대응하는 지혜로운 요령을 배우겠습니다. 언제 어떤 상황에서라도 잘 연습해서 사용하면 우리는 완치를 향한 보람과 성취를 이루게 될 것입니다.

언제 어디서든 끌어내야 할 반사 이완과 반사 호흡

모든 생각을 멈추세요! 내 몸의 모든 곳에서 힘을 빼고
이완하세요! 그리고 깊은 호흡을 천천히 수행하세요!
그러면 공황은 올 수 없습니다.

갑자기 순간 아찔해지면서 두근거린다면 보통은 크게 당황하고 놀랍니다. 당황하고 놀라면 전신에는 무의식적으로 힘이 들어가고 얕은 숨을 헐떡이게 됩니다. 바로 긴장과 과호흡이 시작되는 것입니다. 긴장과 과호흡은 곧바로 공황을 불러오는 아주 중요한 열쇠입니다.

아직 본격 공황 수준은 아니지만 이러한 예기불안이나 준공황이 시작될 때, 아무런 대응 준비가 안 된 환우들은 곧바로 공황을 경험합니다. 그러나 준비된 환우라면 공황은 오지 않습니다. 그 이유는 간단합니다. 반사적인 이완과 반사적인 호흡을 시작하기 때문입니다.

앞서 이완법을 배웠습니다. 머리끝부터 발끝까지 순간적으로 힘을 쫙 빼버리는 반사 이완만으로도 근육은 경련을 일으키지 않고, 심장에 과도한 산소량도 요구하지 않습니다. 그 결과 전신적인 느낌과 증상들이 크게 경감되거나 신속히 사라져버립니다.

예기치 못하게 준공황상태를 갑자기 만날 경우, 우리는 전신의 힘을 순간적으로 빼야 합니다. 즉, 반사적인 이완을 수행하는 것입니다.

공황을 겪는 순간에 근육 긴장도를 측정해보면, 그 환자의 전신 근육은 높은 수준의 긴장을 하고 있음을 알 수 있습니다. 또한, 이러한 긴장 상태는 심박수를 끌어올리고 과호흡을 유발하며, 불안이란 정신증상을 불러일으킵니다. 따라서 최초의 방아쇠라 할 수 있는 근육의 힘을 즉시 빼고, 온몸을 늘어지도록 이완함으로써 증상이 더 진전되는 것을 원천 봉쇄해 버립니다. 그것이 바로 반사 이완입니다.

또한, 앞에서 호흡법을 배웠습니다. 가슴을 헐떡이며 숨을 거칠게 몰아쉬는 것을 '가슴호흡'이라고 합니다. 가슴호흡은 준공황 상황에서 대단히 부정적인 호흡입니다. 가슴호흡을 하면 혈액 속의 산소량이 급속도로 증가하고 흉부 불쾌감과 어지러움, 현기증, 손발 저림, 열감 등을 느끼게 됩니다. 마찬가지로 공황의 순간에 검사를 하면 해당 환자의 혈중 산소 농도는 정상치보다 상당히 높습니다. 즉, 과도한 가슴호흡을 했다는 명백한 화학적 증거가 되는 것입니다. 따라서 우린 준공황을 예기치 못하게 경험하게 될 경우, 반사 이완과 더불어 반사적인 복식호흡에 즉각 들어가야 합니다. 그 결과 공황이란 본격 증상을 원천 차단해 버립니다.

반사 이완과 반사 호흡은 아래와 같은 요령을 잘 기억하고 익혀 두었다가 유사시 활용하면 큰 효과를 볼 수 있습니다.

◆ **깊게 들어가기 – 공황발작은 단계적으로 진행되는 일련의 흐름, 휩쓸려가지 말고 그 흐름을 내 의지로 끊고 멈춰라!**

조절력이 약한 환우일수록 공황발작이나 예기불안을 한 덩어리의 현상으로 여기는 경향이 강합니다. 그들에게 공황발작은 갑자기 발생하는 폭발과도 같습니다. 일단 공황발작이 시작되면 이후 증상이 지나갈 때까지 발작에 압도되어 모든 관찰이나 분별이 불가능해집니다. 반면 조절력이 확고한 환우일수록 공황발작은 결코 갑자기 시작되는 뭉뚱그려진 현상이 아님을 간파합니다.

실제로 공황발작은 최초 어떤 느낌에서부터 시작됩니다. 그 느낌은 불쾌한 증상일 수도 있고 기분일 수도 있으며, 기존 반복해서 겪어본 증상이 시작될 때 느껴온 그것일 수도 있습니다. 공황발작이 시작될 때 가만히 처음 0.1초를 차분하게 관찰해보면, 그 최초의 전조 느낌을 포착할 수 있습니다.

그 느낌을 느끼자마자 곧바로 어떤 이미지를 머리에 떠올리게 되는데, 그 이미지는 일련의 문장으로 구성하기 훨씬 이전 단계의 마치 한 컷의 사진과도 같습니다. 애써 그 이미지를 말로 표현해본다면 심장마비, 급사, 쓰러짐과 같은 한 컷의 상황이 적절할 수 있습니다. 최초 느낌이 시작되자마자 아주 짧은 시간 내에 우리는 그 이미지를 떠올리면서 스스로 압도되기 시작합니다.

그 압도 단계에 접어들면 이후로는 일사천리로 연거푸 오류를 범해나갑니다. 그 과정은 다음과 같습니다.

1단계 : 느낌 포착

2단계 : 압도와 놀람

3단계 : 순간 이미지(재앙적인 그 무엇, 상황을 한 컷의 이미지로 떠올리는 행위)

4단계 : 신체 지지(급격한 신체의 긴장도 증가)

5단계 : 재앙 사고(의식 영역에서 구체적인 문장으로 표현 가능한 각종 치명적이자 재앙적인 생각들 수행)

6단계 : 회피 이미지(증상, 상황으로부터 빠져나가거나 구조 받기 위한 시나리오를 떠올리는 행위)

위의 단계를 거치면서 최초 느낌이 예기불안으로 확대가 되고, 이후 다시 공황발작으로 거대화되는 것입니다. 즉 공황발작은 위 과정 일체를 포함한 결과로써 나타나는 현상임을 잘 분별해야 합니다.

그렇다면 위의 각 단계가 흘러가는 중간에, 내가 용기를 끌어내어 단호하게 그 흐름을 차단하고 끊어버리는 시도를 생각해볼 수 있습니다. 물론 그 시도는 막상 어려울 듯하지만, 거듭 반복하고 연습할수록 현실적으로 가능하다는 것을 알게 됩니다. 이 과정을 거듭 반복 숙달한 환우들은 '제압 능력'을 구축해나갑니다. 그 제압이 더 뿌리를 탄탄하게 내릴수록, 1단계로서 최초 느낌은 그 직후 제동이 걸려 이후 예기불안이나 공황발작으로 진행되기 어려워집니다.

응급 순간의 가장 효과적이고 경제적인 대처는 약이 아닙니다. 약이 혈중 농도를 높여 약효를 발휘하려면 아무리 짧아도 약 20분의 시간이 필요합니다. 20분이라는 시간 동안 공황은 자기 멋대로 내 안을 휘젓고 거대한 위력을 떨치고 지나가기에, 충분한 시간임을 잘 명심해야 합니다.

소위 응급 순간이 시작될 때 애초 그 초장부터 제압 능력을 키워 차단하면, 그 연습의 대가는 참으로 눈부십니다. 이 제압 능력을 언제든 끌어올려 사용할 수 있도록 항시 연습하고 예리한 날을 갈아두어야 합니다. 공황장애를 완치해낸 환우라면 이 제압 능력을 보유하는 데 예외는 없습니다. 만약 어떤 이가 이러한 제압 능력을 잘 모르고 있음에도 자신이 완치되었다고 주장한다면, 그 주장은 거짓이거나 오만일 뿐입니다. 응급한 순간이 오면 당황하지 말고, 바로 독한 용기를 내어 직면하고 그 흐름을 내 의지로 차단하는 제압 능력을 연습해 나가십시오.

냉정하게 관찰하고 비교하라

두려운 것을 외면하거나 회피하면 그 두려움은 배가 됩니다.
반면, 두려운 것을 똑바로 쳐다보고 과연 무슨 일이 일어나는지
관찰하면 그 두려움은 꼬리 감추고 사라져 버립니다.

준공황이나 공황이 갑자기 오면 우리는 심하게 두려워합니다. 말로는 두려워하지 말라고 배웠지만 그게 쉽지만은 않습니다. 즉 머리로 이해한 것이 아직 깨달아지지 않았기 때문에, 우리는 거듭 실제 경험을 통해 몸으로 거듭해서 체득해나가야 합니다. 몸으로 체득된 경험은 곧바로 우리 뇌의 전 부분을 장악합니다. 그렇게 체득된 것을 바로 '깨달음'이라고 합니다.

공황이나 준공황이 나타났을 때, 여러분은 오히려 어떤 증상들이 내 몸에서 일어나는지를 찬찬히 훑어보고 관찰해야 합니다. 물론, 반사 이완과 반사 호흡을 하면서 한편으론 이와 같은 관찰을 하는 것입니다. 가슴이 두근댄다면 과연 심장마비처럼 찢어지듯 쥐어짜듯 가슴이 터지듯 불에 타는 듯, 앞으로 고꾸라질 정도로 그 통증이 생겨나는지를 가만히 관찰해보는 것입니다. 찬찬히 관찰해보면 결국 심장마비의 그것처럼 극심한 통증이 아니라는 사실을 알 수 있습니다. 그렇게 거듭 확인하게 되면 앞으로 이러한 흉부 불쾌감을 하나도 두려워하지 않게 됩니다. 두려워하지 않으

면 관심을 두지 않게 되고, 그 결과 그 느낌들은 서서히 경감되면서 사라져버립니다.

또한, 관찰과 동시에 비교 작업을 해야 합니다. 심장마비 환자들은 자신이 느낀 흉통을 이렇게 증언합니다. "마치 거대한 곰이 앞발로 내 가슴을 후벼파듯 극심한 고통으로 제대로 숨 쉴 수 없었다." 네. 바로 그 수준의 고통으로, 현재 우리가 준공황에서 느끼는 흉부 불쾌감을 또렷한 정신으로 비교해 보십시오. 합리적으로 비교하고 나면 우리는 안심하게 되며, 안심한 대상은 향후 우리에게 유의미한 영향을 줄 수 없게 됩니다.

관찰과 비교를 잘하는 요령은 아래와 같습니다.

❶ 모든 다른 생각을 일단 멈춘다.
❷ 반사 이완과 반사 호흡을 한다.
❸ 내 몸의 각 증상들을 똑바로 쳐다보고 관찰한다.
❹ 그 증상들이 과연 그토록 힘들고 엄청난 통증인지, 심장마비 환자가 호소하는 그 정도나 양상에 부합되는지를 비교해본다.

이상의 요령을 항시 숙지하여 연습해두십시오. 유비무환이라고 했습니다. 미리 준비된 사람에겐 준공황도 결국 위력을 잃고 사라져버릴 것입니다.

과거 기록지들을 읽어라

응급한 순간 과거 비슷한 순간의 자신을 되돌리는
작업은 자기 자신을 격려하고 실망하지 않도록 해주는
최고의 안정제가 될 수 있습니다.

이미 앞에서 기본 기록지, 느낌 기록지를 배웠습니다. 그리고 그 기록지들을 필기구와 함께 항시 옆에 두거나 휴대하기로 했습니다. 갑작스러운 응급상황 시 앞선 요령들과 더불어, 이미 과거 경험했던 비슷한 증상과 느낌, 그리고 그 결과 자신이 어떻게 정리하고 반응했으며, 결국 그 증상들이 무엇이었는지를 다시 한번 재확인한다면 더욱 큰 도움이 됩니다.

준공황이나 예기불안이 오자마자 우린 반사적으로 이완과 호흡에 들어갑니다. 동시에 지금 우리 몸에 일어나는 불쾌한 느낌이 얼마나 파국적이며 심각한 통증을 유발하는지를 눈을 똑바로 뜨고 관찰합니다. 물론, 그 불쾌감들은 손가락을 칼에 베였을 때 보다 덜한 수준일 것입니다.

그것까지 확인되면 과거 자신이 똑같은 느낌 상황에서 적어두었던 느낌 기록지를 즉시 꺼내 과거의 증상과 지금 증상을 비교하고 과거 자신이 반복적으로 경험했던 그 증상에 대한 무의미한 공포심을 배제해 나가야 합니다. 그 과정은 정말 중요하고 효과가 큽니다.

또한, 증상이 다소 누그러지고 안정되기 시작할 무렵, 우린 정성들여 기본 기록지와 느낌 기록지에 조금 전 다가왔다 사라져가는 이 느낌과 증상을 최대한 그대로 적고 그 느낌이 결코 위험한 심장마비나 뇌졸중이 아니었음을 다시 한번 자신에게 각인시킵니다. 반복적인 각인은 몸과 마음 깊숙한 곳에서 진정한 '안심'을 끌어냅니다.

그리고 무엇보다 중요한 것은, 자신이 활동 중인 인터넷 카페에 성실한 마음으로 그날의 기본 기록지의 해당 내용과 느낌 기록지의 해당 내용을 게재하는 것입니다.

즉, 수많은 타 환우들에게 자신의 경험과 재확인한 사실을 그대로 공개함으로써 또 한 번 타 환우들의 격려와 지지를 받고 용기와 자신감을 재확인합니다. 기록 행위는 추상적인 느낌이나 생각을 아주 구체화하여 우리의 깨달음을 빠르게 앞당깁니다. 기본 기록지와 느낌 기록지를 항시 휴대하면서 유사시 철저하게 활용하십시오. 그 결과 완치라는 큰 선물이 한 걸음 더 자신에게 다가오게 됩니다.

몸을 움직여 우려하는 생각 자체를 차단하라

강력한 예기불안이나 준공황이라는 손님이 돌아가고,
몸이 안정되어 갈 무렵, 우린 우울감이나 실망에 빠지지 말고,
즉시 지체 없이 몸을 움직여야 합니다. 힘들수록 움직여야
그 무엇도 우릴 좁은 수렁에 빠뜨리지 못합니다.

간헐적으로 나타나는 예기불안이나 준공황은 우리에게 '실망'이란 중요한 방아쇠를 당기곤 합니다. "휴우, 이런 증상이 자꾸만 오네. 더 심해질까 봐 두려워. 아 우울해. 미치겠어!"란 탄식들이 바로 그러한 우리의 마음을 대변합니다. 실망을 느끼면 바로 우울해집니다. 우울해지면 몸과 마음이 쳐지고 의욕이 사라집니다.

그러한 우울 상태를 방치하면 안 됩니다. 물론, 애초 실망이란 것을 최소화하기 위해 기록지들을 작성하는 등 자신의 현재 상태를 벗어나기 위한 각종 수단과 방법을 수행하지만, 예기불안이나 준공황이 서서히 물러갈 무렵부터 또 한 번 '우울의 휴식'을 할 경우가 많습니다.

바로 그때가 중요합니다. 적극적인 마음으로, 비록 힘들지라도 몸은 최대한 움직여서 몸과 마음이 모두 늘어지고 쳐지는 것을 미연에 방지해야 합니다. 몸이 바쁘면 마음이 특정한 한 가지에 집

중하지 못합니다. 예기불안과 준공황이 몰아쳤다가 지나간 후 우리 생각은 자꾸만 실망감과 공황이란 단어에 초점을 맞추려 합니다.

그러나 지체 없이 지친 몸을 가만히 두지 말고 여러 가지 활동들을 더욱 열심히 하면, 우리 마음 또한 그러한 부정적인 것들에 초점을 맞추지 못하고 악화일로로 진행되는 것이 차단됩니다. 바로 분산을 통해 차단 효과를 노리는 것이 포인트입니다.

예기불안과 준공황이 지나가고 몸과 마음이 다소 안정되면, 지체말고 설거지, 청소, 걸레질, 각종 업무, 책상 정리 등 가능한 모든 행동을 시작합시다. 그렇게 움직이면서 마음속에 다음을 외칩시다.

"난 절대 지지 않아! 지금 좋아지고 있어!"
"이렇게 반복하다 보면 완치되는 것이 공황이야!"
"그래도 아주 힘들 때보다 이만큼 좋아지고 있고, 이러한 증상 재발은 당연한 과정이야!"
"아, 난 참 강하고 대견스러워! 오늘도 한걸음 완치를 향해 나아간다!"

마음속에 외치며 몸을 끊임없이 움직일수록, 오랜만에 또는 간헐적으로 다가온 예기불안과 준공황은 그 위세를 오래 떨치지 못합니다. 즉, 며칠 만에 또는 몇 시간 만에 깔끔하게 제압됩니다. 그렇게 경험해나갈수록 예기불안도 준공황도 그 위세가 꺾이고 결국 서서히 사라져버리는 것입니다.

  반드시 기억하세요! 응급한 순간이 한풀 꺾이고 나면 몸을 가만 두지 말고 움직이세요!

| 미국 시애틀의 Space Needle 앞에서 이해 노력 중 |

제 7 장

방해물

공황장애를 꽤 극복했음에도 깔끔하게 완치하지 못하는 궁극적 원인은 우리 안에 존재할 수 있습니다. 실제로 많은 환우분들은 그 원인을 스스로 알고 있지만, 완치가 가까워질수록 많은 부분에서 우린 나태해지기도 합니다. 심지어 그 속에 머무르려는 습성까지 생기기도 합니다. 이러한 부정적인 것들의 잔재들을 우린 이 장에서 구체적으로 이해하고 곰곰이 자기 자신을 위해 서서히 씻어나갈 준비를 해야 합니다. 완치는 먼 길이기도 하지만 아주 가까운 길이기도 합니다. 그 거리는 모두 우리 스스로에게 달렸습니다.

게으름엔 방도가 없다

게으름엔 약이 없습니다. 그 어떤 약도
게으름 앞에서는 효능을 발휘하지 못합니다.

　　무협 영화나 역사 드라마에서는 높은 공력을 가진 스승이 갓 입문한 제자에게 수년간 허드렛일을 시키는 장면이 자주 나옵니다. 또한, 불교 사찰에서는 스님을 양성하는 과정에서 새벽부터 밤까지 스님의 정신 수양에 병행하여 끊임없이 근면한 노동 과정을 연단의 한 과정으로 두기도 합니다. 공황장애를 완치해나가는 과정 또한 어떻게 보면 '수행의 과정'일 수 있습니다. 하루하루 잠시라도 자신을 게으름 속에 방치하면 완치는 쉽게 이루어지지 않습니다. 이러한 자기 치유 과정 중에는 육체적인 근면성뿐 아니라, 정신적인 근면성도 중요합니다. 쉽게 좌절해버리는 사람은 결국 작은 증상이나 실망에도 다시 상태가 악화 일로를 걷기 때문입니다.

　　흔히 "저는 공황 10년 차입니다.", "저는 5년 차예요." 등의 말을 많이 듣습니다. 공황이 그토록 오래되었다는 것은 적절한 치료를 초기에 제대로 못 받았다는 이유도 있지만, 한편으로는 공황장애 완치를 위해 구체적인 해법 모색과 그 실행을 무엇보다 우선순위로 두고 살아오지 않았다는 증거도 될 수 있습니다.

이미 '끊임없이 움직이기'에서 잠시도 스스로를 방치하지 말고 근면한 상태를 유지하는 것이 얼마나 공황장애 완치에 도움이 되는지를 배웠습니다. 육체적 게으름은 마음의 게으름을 수반합니다. 동시에, 마음의 게으름은 곧 육체의 게으름과 직결됩니다. 겉이 게으른 사람은 결국 속도 게으른 사람입니다. 이렇게 게으른 사람들에게 완치란 요원한 일입니다. 게으른 사람들은 병원에서 먹는 약만이 그나마 자신의 증상을 줄여주고 조절하는 유일한 수단이 될 뿐입니다. 게으른 사람에겐 희망이 없습니다.

이제부터 게으름을 털어냅시다. 가치 있는 휴식도 수행이고, 가치 있는 명상도 수행이며, 아무리 힘들어도 성실한 마음으로 방바닥을 걸레질하는 노력도 엄청나게 가치 있는 수행입니다. 이러한 수행들로 게으름이라는 고질적이고 뿌리 뽑기 어려운 세균을 우리 삶에서 제거해나갑시다.

게으른 사람들은 증상이 호전될수록 쉽게 방만해지고, 노력에 힘을 기울이지 않습니다. 반대로 성실한 사람들은 증상이 호전될수록 모든 일에 정성을 들이고, 자기 자신을 사랑하며 자신의 행복관을 더욱 더 가치 있게 다듬고 실행해나가는 데 힘을 쏟습니다.

게으름을 조심하십시오. 우리가 완치를 코앞에 두고서 그것을 달성하지 못한다면, 그 원인은 밖에 있는 것이 아니라 바로 우리의 속에 숨어 있는 게으름 때문일 수 있다는 것을 꼭 유념하십시오.

◈ 깊게 들어가기 – 게으름과 오만의 갈림길

공황장애는 치료를 하지 않아도 최초 공황발작은 초기에만 집중되고 이후 자연히 줄어들거나 약화, 소실되는 경향이 강합니다. 공황장애 초기부터 약을 드시는 분들 중에서는 약을 복용한 직후부터 공황발작이 잘 줄어들고 이후에는 거의 오지 않는다는 것이 모두 약의 효과 때문이라고 여기는 경우가 있으나, 결코 그렇지는 않습니다. 만약 그 환우가 평소 증상이라고 불리는 공황장애의 예후를 겪고 있다면 그분의 공황장애는 매우 전형적인 경과를 따라 진행되고 있음을 잘 분별해야 합니다. 즉 그분의 공황장애는 약을 복용하고 사라진 것이 아닙니다.

증상이 나아지고 조금 살만해지면 그 환우의 앞에는 갈림길이 나타납니다. 그 길의 한쪽은 '게으름의 길'이요, 다른 한쪽은 '오만의 길'입니다. 절대다수 환우들은 둘 중 한 길로 접어들게 되는 것이 현실이고, 그 결과 공황장애는 시차를 두고 재발을 반복하여, 증상은 줄어들었더라도 매우 장시간 각종 불편과 제약들이 해결되지 않는 예후를 겪게 됩니다.

게으르면 답이 없습니다. 공황장애는 거듭 강조한 대로 '근면 성실'이 극복의 기본이자 토양이 됩니다. 나의 근면 성실함은 나의 내면을 안심시키고, 그 결과 내면은 불안정의 정도를 덜어내는 데 큰 지지를 받게 됩니다. 반면 게으르면 내면은 나의 그 오점에 대하여 불안정의 촉구를 멈추지 않습니다. 그 결과 잊을 만하면 새로운 증상이 선수 교대하듯 나타나거나 기존 힘들었던 증상의 일부가 또 재발을 반복하게 됩니다.

오만도 역시 게으름과 동일합니다. 오만은 자신의 역량을 과대평가하는 현상이기에, 공황장애 증상이 강하게 재발하지 않을 것이라는 오만한 기대가 재발을 통해 무너짐과 동시에 방대하고 심각한 수준의 절망과 좌절을 맛보게 됩니다. 그러한 절망 그리고 좌절은 나의 무기력을 강화시키고 우울과 자기를 향한 분노의 방아쇠를 당기게 됩니다.

공황장애의 극복 과정은 더 근원적이고 원초적인 나의 문제들로 그 싸움의 상대를 바꾸어 가는 과정이기도 합니다. 공황장애 초기일수록 이 병의 말초적인 증상과 싸우지만, 호전되는 과정에서 자연스럽게 그 싸움의 상대는 바뀌게 됩니다. 바뀐 상대는 다름 아닌 나의 오래된 여러 습관들과 오류들이며, 더 나아가 궁극의 지향하는 가치관까지 개선하기에 이르게 됩니다. 공황장애는 그리 만만하게 볼 병이 아님을 유념하길 바랍니다.

전혀 도움이 안 되는 욕심과 조급함

**빨리 나으려, 빨리 편안해지려 할수록 공황은
사라지지 않습니다. 오히려 뿌리를 내립니다.**

무엇이든 과하면 도움이 되지 않습니다. 최대한의 노력은 약간 과한 정도까지입니다. 그 이상의 적극성은 무모함이란 단어와 일치하기 시작합니다. 어떤 노력이든 그 취지에 맞는 수준까지만 성의 있게 하나씩 해나갈 때 우린 보람과 성취를 안정적으로 느낄 수 있습니다.

게다가 욕심을 넘어선 조급함은 더더욱 부정적입니다. 아직 때가 되지 않았음에도 극적인 호전을 바라는 것은 조급함입니다. 갑자기 다가온 예기불안이 기적처럼 사르르 사라지길 바라는 것도 역시나 조급함입니다. 유산소운동을 시작한 지 얼마 되지 않았음에도 자신의 몸에 효과가 없다고 생각하는 것도 조급함입니다. 공황에 대해 이해한 사실이 곧바로 자기 몸에 약처럼 작용하길 바라는 것도 조급함입니다.

이상의 욕심과 조급함을 버려야 합니다. 욕심과 조급함을 갖는 이상 우린 앞의 '실망'을 반복할 수밖에 없습니다. 실망 속에는 성취감도 안심도 없습니다. 완치를 향한 깨달음과 보람이 달콤한 이유는 오랜 시간 노력해왔고 성실한 마음으로 갈구해왔기 때문입니다. 빨리 좋아지길 바라지 마십시오. 호전에 대하여 넋을 놓고 성실한 노력을 멈추지 않을 때 완치는 그만큼 빨리 다가오기 때문입니다.

알코올은 금물

의존 중에 가장 최악의 의존은 바로 술입니다.

알코올은 그 자체만으로도 공황이란 현상과 밀접한 관련이 있습니다. 또한, 공황장애 환자들은 우울증의 경우와 더불어 알코올리즘(알코올 중독)과 연관이 있음은 이미 임상에서 밝혀진 사실입니다.

술은 적당할 때 보약과도 같습니다. 사실 모든 음식들이 그렇겠지만, 특히 술은 과하거나 탐닉할 경우 몸과 마음에 지극히 부정적입니다. 공황장애를 앓고 있는 환자들은 흔히 술 마신 다음 날 심각한 공황을 온종일 여러 차례 경험하기도 합니다. 위장에서 흡수된 알코올은 혈액에 빠르게 녹아들고, 그렇게 피를 따라 전신을 돌면서 뇌에도 직접적인 영향을 줍니다. 극소량의 알코올은 오히려 뇌의 여러 부분을 활성화하기도 하지만, 그 용량은 지극히 소량입니다. 그 소량을 넘어선 알코올은 우리 뇌의 여러 부분의 기능을 저해합니다.

특히, 약과 함께 술을 먹는 행위는 절대 금물입니다. 환우분들이 주로 복용하는 SSRI 및 벤조디아제핀 약들은 알코올과 상호작용을 합니다. 실제로 약을 먹는 중에 술을 드시면 알코올이 약물 효과를 지나치게 과다 발현시키거나 억제합니다. 그 결과 술 먹은 직후부터 다음날까지 심각한 공황이나 준공황 및 신체 증상을 느끼게 만드는 역할을 합니다.

사회생활을 위해 술은 어쩔 수 없는 측면도 있지만 술은 공황 치료가 어느 정도 진행돼서 충분히 호전될 때까지 반드시 금기시되어야 합니다. 약을 복용하는 환우분들은 특히 더합니다. 또한, 공황장애로 인하여 심신이 지쳐 발생하는 우울증의 경우, 사람에 따라 술에 의존토록 만드는 측면도 있습니다. 마찬가지로 절대 있어선 안 될 일입니다.

만약 알코올 의존이 있는 분들은 공황장애 치료와 더불어 알코올 의존에 대한 적절한 치료를 받아야 합니다. 우리가 절제해야 할 것들은 결코 정신적인 것뿐만은 아닙니다. 음식 중에도 술이 든 것은 반드시 금물입니다. 여러분이 거의 완치에 도달하게 되면 스스로를 잘 절제할 수 있고 조절할 수 있습니다. 그것을 통칭하여 방어기제라고 하는데, 그것이 우리 내부에 자리 잡을 때까지는 술은 절대 금물이라는 사실을 명심하십시오. 이것을 수시로 어긴 다면 완치할 생각은 아예 접으십시오. 금주합시다.

자신에 대한 인색함

**인색함은 큰 죄입니다. 자신에 대한 인색함은 우리를 공황이
일어나기 좋은 조건으로 만들어 버렸습니다.
자기 자신을 사랑하는 데 결코 인색해선 안 됩니다.**

우리는 자라오면서 '네 이웃을 사랑하라'고 배웠습니다. 그렇습니다. 우리의 이웃을 정말로 사랑한다면 그만큼 아름다운 일은 없습니다. 한편으로 '너 자신을 진심으로 사랑하라'는 가르침을 받아본 적은 별로 없습니다. 그래서 우리도 모르는 사이 '자신을 버려두고 사는 것이 습관화' 되어 있습니다. 자신에게 걸리는 과부하를 무시하고 뭔가 자신의 외부의 것을 정의롭고 옳게 바꾸기 위해 목숨을 초개같이 버리는 위인들의 삶만이 가장 가치 있는 삶으로 배워왔습니다.

사랑하는 대상을 찬찬히 뜯어봅니다. 꽃잎 하나하나가 어떻게

생겼는지, 귀여운 강아지의 해맑은 눈동자가 어떻게 예쁜지, 옹알거리는 아기의 발그레한 볼이 얼마나 보드랍고 향기로운지, 그러나 정작 우리 자신의 본 모습은 한 번도 뜯어보지 않아 왔습니다. 그냥 매사 스스로 반성하는 것만이 마치 참된 길인 양 교육받고 살아왔습니다. 그래서 우리는 자신이란 존재를 잘 모르는 사람들이 되어 버렸습니다.

우리의 어디가 어떻게 아름다운지, 우리는 무엇을 원하고 무엇을 싫어하는지, 우리가 가장 기뻐하고 즐거워하는 것이 무엇인지, 어떤 습관을 갖고 있고 그 습관들끼리 어떻게 연결되어 있는지, 우리도 모르는 사이 자신을 모든 만물 속에서 철저하게 소외시키고 고립시켜 버렸습니다. 그러다 느닷없이 공황이 찾아왔습니다.

원인을 알아야 하는데……, 이걸 잘 고치기 위해서 내 습관을 바꿔야 한다는데……, 이게 유발된 것은 각종 자극들에 의해 나 자신이 너무 취약하고 예민해서 결국 터져버린 파이프처럼 된 것이라는데……, 나 자신의 어디가 어떻게 그토록 약한 것인지, 너무나 자신을 뒤죽박죽으로 이해하고 있어서 도저히 그 원인을 알 수가 없습니다. 모르기 때문에 스스로 습관을 바꿀 수가 없습니다.

사랑은 관심입니다. 내 본 모습에 대한 관심을 오랜 시간 기울이지 않다가 어느 날 갑자기 관심을 가지려 하니 도무지 익숙지가 않습니다. 그래서 의사한테 자신을 맡겨보았지만 그 의사도 결국 내가 아니기에, 모든 걸 다 맡겨도 나를 깔끔하게 회복시켜 줄수가 없습니다. 스스로에 대한 관심 부족, 그것이 결국 이 병을 고치기 힘들게 하는 주범입니다. 지금까지 나 자신에 관심을 가져본 적이 없기에, 나를 사랑해 주기가 말처럼 쉽지는 않습니다.

우린 스스로에게 지대한 관심을 가져야 합니다. 자기를 잘 알아야 합니다. 자기를 잘 알고, 자기를 끊임없이 달래고, 쓰다듬고 사랑하면, 결국 공황이란 그림자는 사라져 버립니다. 그리고 결코 그그림자는 우리에게 재발이란 이름으로 다가오지 않습니다.

자신을 이 세상에서 제일 사랑해 봅시다. 자신을 사랑하고 아끼며 스스로에게 인색하지 않은 사람에게 공황은 찾아올 수 없습니다. 자기를 가꾸고 자기를 쓰다듬고 자기에게 어떤 변화나 과부하가 생기는지 항시 관심으로 사랑하십시오. 자신을 사랑하는 것은 완치를 향해 중단 없이 나아가는 지름길입니다. 또한, 재발이라는 그림자가 자신에게 절대로 다가올 수 없게 하는 가장 결정적인 보약이라는 사실을 꼭 명심하십시오.

의존

때로는 이대로가 좋을 때도 있지만,
이대로 머물면 완치는 요원한 일입니다.

완치로 가까워져 갈수록 우리는 공황이 내놓은 자리만큼 다른 풍요롭고 행복하며 보람과 가치가 있는 것들로 채워나가야 합니다. 그 과정은 행복하고 즐겁게 유지할 수 있지만, 때로는 서서히 홀로서기를 해야 하는 약간의 섭섭함도 생겨날 수밖에 없습니다.

많이 아플 때에는 남편, 아내, 친지 등이 우릴 이해해주려 노력하고 도와주며, 때로는 '열외'를 시켜주기도 했습니다. 그때는 그러한 관심이 단순한 고마움이었을지 몰라도, 공황이 서서히 물러가고 빈자리가 생겨나면 계속 그들의 관심과 이해가 우리 자신에게 머물러 주길 바라는 마음도 솔직히 없지 않아 생기기도 합니다. 바로 그러한 관심을 위해 외부의 존재에게 의존하는 마음이 우리를 완치란 경계를 넘지 못하도록 할 수도 있다는 것을 명심해야 합니다.

하등동물들의 꾀병은 '생존'과 '위기 탈출'을 위해서만 발휘됩니다. 또한, 좀 더 고등동물은 '서열' 측면에서도 꾀병을 발휘합니다.

예를 들어 개의 경우 자기보다 높은 서열의 한 녀석이 다가오면 마치 어디가 아픈 듯 배를 드러내고 드러눕는 자세를 취하거나, 살짝만 건드려도 마치 많이 아픈 듯이 깽깽거리며 소릴 지르는 행위 등이 그것입니다. 반면, 우리는 훨씬 복합적이고 구체적이며 근원적인 기대 이익을 노리고 꾀병이라는 행위를 합니다.

어린이들이 학교에 가기 싫어하는 행위, 부모님의 관심을 끌기 위해 별로 아프지 않음에도 아프다고 하는 행위 등, 인간의 꾀병 행위는 굉장히 복잡하고 한편으론 치밀합니다. 공황장애 완치의 끝마무리 부분에서 우리는 바로 이러한 꾀병 행위를 다소 영리하게 변형하여 사용하기도 하는 경우를 간혹 목격할 수 있습니다.

공황장애가 완치될 단계에 접어들면, 그리 큰 불편 없이 잘 활동할 수 있습니다. 반면 그 대가로 우린 친지의 보호나 관심, 열외 혜택으로부터 서서히 제외되기 시작합니다. 즉, 이제 스스로가 온전한 홀로서기를 해야 할 때가 온 것입니다. 그러나 우리 욕심은 한이 없습니다.

참으로 많은 경우 환우분들께서는 기존의 관심과 보호는 최대한 그대로 둔 채 완치만 달성하려 하기도 합니다. 즉, 잃고 싶지도 않고 모든 걸 얻겠다는 심보죠. 바로 이 단계에서 위에 언급된 '꾀병'이 활용되는 것입니다.

홀로 선다는 것은 '자신감'이 자신의 내부 경계를 뛰어넘어, 본격적으로 외부까지 그 영역을 확대하는 과정입니다. 내부에만 머무는 자신감이 외부에 구체적으로 영향을 주기 시작할 때 우리는 제대로 된 '사회화'를 달성하게 됩니다.

그리고 완치는 완벽에 가깝게 완성되어 갑니다. 완전에 가까운 공황에 대한 이해와 조절 능력, 동시에 공황이든 다른 신경증이든 간에 절대로 다시는 자신에게 나타날 수 있는 확률 자체를 원천봉쇄 해버릴 수 있는 뛰어난 삶 관리 능력, 스트레스 조절 능력을 갖추었다면 이제부터는 완벽에 가까운 완치를 위해 한계와 경계를 넘어설 때입니다. 이처럼 큰 도약이 필요한 시점이 다가온다면 당연히 우리는 '의존'을 버려야 합니다.

곰곰이 생각해보십시오. 지금 독자께서 만약 근완치가 되어가고 있다면, 소위 의존이란 작은 것을 마음속에 지니고 잊지는 않은지요? 그렇지 않다면 정말 다행이고 훌륭한 일이며, 만약 그렇다면 차분하게 의존을 버릴 준비를 하십시오. 완벽한 완치는 결국 사랑하는 자신에 대한 확신입니다.

자기를 믿고 사랑하고 아끼는 이상 공황은 재발이 불가능합니다.

제 8 장

가족과 친지

남편과 아내, 친지는 공황장애를 앓고 있는 모든 환우들의 등불입니다. 캄캄하기 그지없는 암흑 속에서 그 등불이야말로 공황장애 환자들이 바라보고 기댈 수 있는 거의 유일한 희망입니다. 그 희망인 여러분들께서 그토록 사랑하는 분이 완쾌되기까지 작으나마 함께 이해하고 배우며 공유해야 할 것들이 있습니다. 이번 장은 바로 등불인 여러분들을 위한 글입니다.

공황장애, 광장공포증, 우울증, 신체 증상의 고통과 기본 원리 이해

모르면 이해도 도움도 줄 수 없습니다. 왜 이토록 힘들어하는지
기본적인 줄기만큼은 꼭 알고 이해와 도움을 줍시다.

포항의 강 씨(20대 초반. 남. 학생)는 공황장애 2년차
입니다. 강 씨는 이제 곧 군대에도 가야 하는데 여간 두려운 것이
아닙니다. 강 씨의 아버님은 해병대 출신이며, 매번 강 씨를 데리
고 병원에 갈 때마다 '이상 없다'는 말을 지난 2년간 반복해서 들
었습니다. 이제는 아버님 또한 강 씨가 혹시 엄살이 아닌지 또는
정신력이 약해서 그런 게 아닌지를 의심하게 됐습니다. 내외과는
물론 정신과에서 주는 약을 아무리 먹어도 강 씨는 계속 힘들어하
고 집에 틀어박혀 밖에 나가려 하지 않으므로 아버님 또한 너무
힘들어하고 계십니다.

속초의 임 씨(30대 초반. 여. 주부)는 8개월 전에 공황을 경험했고
최근 부쩍 상태가 나빠져 우울증과 광장공포증까지 심하게 겹쳐
있습니다. 또한, 극도의 체중 감소 때문에 기력도 많이 떨어져서
제대로 치료 노력조차 할 수 없는 상황에 이르렀습니다. 임 씨의
남편은 처음에 부인이 어떤 무서운 병에 걸린 줄만 알았지만, 시
간이 지날수록 그것이 정신과적 영역이란 것을 알고 사실 다소 안

심하기도 했습니다. 그러나 부인의 상태가 날로 심해지고 시간이 길어질수록 남편 또한 함께 지쳐가기 시작했습니다. 최근 남편은 마음으로는 부인을 돕고 싶지만 현실적으로는 출근하고 나면 그냥 부인을 집에 방치하고 있는 실정입니다.

점촌의 박 씨(40대 초반. 여. 주부)는 5년 동안 공황장애를 앓아왔습니다. 전국의 유명한 종합병원에서 전신에 걸쳐 정밀검사를 수차례 받았지만, 매번 '이상 없다'는 결과만 받았습니다. 첫 2년간은 그래도 남편과 친정어머니도 열심히 그녀를 간호하고 도와주었으나, 이제는 두 사람 모두 기력이 고갈된 상태입니다. 결국, 어머니는 근처 유명하다는 무당을 불러 굿을 네 차례나 하기에 이르렀고, 굿을 하고 나서 잠시 좋아지길 기대했지만 여전히 공황장애를 벗어나지 못하고 있습니다. 박 씨는 정신과에서 자신의 해법을 찾아야 함을 알고 있었지만, 그녀의 가족들 누구도 공황장애란 병을 알지 못했으므로 의사가 수술이나 주사로 박 씨를 치료해야 한다고 아직도 굳게 믿고 있습니다.

안양의 정 씨(30대 중반. 남. 교사)는 7년 전 체육대회에서 극심한 흉통으로 첫 공황을 맞이했습니다. 이후 약 2년여에 걸쳐 내외과와 정신과에서 치료를 받았고, 공황 자체는 많이 호전되었지만, 여전히 야외수업, 소풍, 체육대회, 회식 등 정상적인 학교 활동을 할 수 없는 상태입니다. 정 씨의 아내와 친지들은 '정신과는 정신병자들이 가는 곳'이라 하며 이웃이나 주변에 정 씨의 병명을 감추기에 급급하고 마음으로만 안타까워하고 있습니다.

〈공황장애와 합병증들의 전개 원리〉

❶ 공황은 갑자기 나타납니다.

❷ 공황이 오면 마치 심장병, 뇌졸중 등에서와 같은 두렵고도 힘든 증상이 동시에 극렬히 발생합니다. 그 결과 예외 없이 죽음이나 불안을 느낍니다. 그 생각은 무의식 영역에 깊은 상처를 내고, 일정 시간 해소되지 못하면 공황장애로 깊어집니다.

❸ 공황장애화가 진행되면 고통스러운 신체 증상이 이곳저곳 양상을 달리해가며 나타납니다.

❹ 이상 상황이 지속되면 그 과정에 처한 환자는 우울해집니다. 그 우울이 깊어지면 우울증으로 발전합니다.

❺ 언제 공황이 또 올지 모르므로 환자는 광장공포증이 합병되기도 합니다. 즉, 바깥 외출을 제대로 못하고 그 결과 삶의 질이 크게 떨어집니다.

❻ 이상까지 발전되면 환자에겐 수많은 다른 신경증들과 신체 증상이 잔가지를 치듯 생겨납니다. 또한, 그러한 잔가지는 환자를 더 깊은 우울증의 수렁으로 빠뜨립니다.

❼ 이상의 과정은 의식적으로만 제어될 수 없습니다. 또한, 절대 다수의 사람들이 이상 상황에서 올바른 해법과 치료를 제공받지 못하면 쉽게 벗어날 수 없습니다.

이상의 사례들은 주변 가족과 친지들이 공황과 합병증에 대한 이해가 부족해서 환우를 효과적으로 도울 수 없는 상태의 단면들을 보여줍니다. 공황장애는 초기 명료한 최적의 치료를 받고 환우와 친지들이 적절히 노력하고 도와주면, 그 예후가 아주 좋은 질환입니다. 그러나 당황하고 불안해하는 환우 옆의 가족과 친지들이 공황에 대한 이해가 없고, 정신과에 대한 편견과 무지 상태라면 그 환우는 홀로 외롭게 투쟁해야 하는 상황에 부닥칩니다. 무엇이든 제대로 알아야 도울 수 있기 때문입니다. 환우의 가족, 친지들께서는 위의 내용을 잘 이해하고 대응해야 합니다.

이상의 원리를 잘 이해해야 합니다. 이처럼 진행되는 과정에서 행여나 '환자의 투지나 의지 부족' 등을 의심하고 환자에게 투지만으로 이겨낼 것을 강요하는 것은 별로 도움이 되지 않습니다. 오히려 차분하게 도움을 주되, 도움을 주어야 할 가족들이 먼저 조급해지면 안 됩니다.

공황은 갑자기 생겨납니다. 현대의학으로도 정확히 어떤 조건이 완비되었을 때 공황이 발생한다는 데이터를 기반으로 한 예측 자체가 불가능합니다. 이러한 예측 불가성은 공황을 더욱 부담스럽고 두려운 대상으로 만듭니다. 언제 어느 순간 갑자기 자신의 몸이 마치 100미터 달리기를 서너 번 완료한 상태가 된다고 가정해 보십시오. 얼마나 고통스러울까요? 자신은 아무것도 한 것이 없는데 갑자기 그런 상태가 된다면, 마음 놓고 일과 가사, 공부, 군대

생활을 할 수 있을까요? 누구나 그런 상태를 두려워하는 것은 당연합니다. 두려움을 갖는 것은 우리 가족과 친지들도 예외가 아닙니다.

공황은 특히 초기 특정 기간에 집중적으로 반복 경험되는 특징이 있습니다. 반복적이고 예측 불가한 경험들은 환자의 몸과 마음을 '비상경계 태세'로 유지시켜 버립니다. 그 결과, 비로소 장애화가 진행되면서 결국 '공황장애'가 되는 것입니다. 장애화가 진행되는 과정에서는 이미 몸의 이곳저곳에서, 마음의 이곳저곳에서 마치 낡은 파이프가 터져 나오듯이 고통스러운 신체 증상과 심리증상이 시작됩니다.

우리가 살면서 흔히 겪는 감기는 누구도 별로 불안해하지 않습니다. 그러나 태어나서 겪어본 적 없는 이런 극심한 고통에 대해서는 그 누구도 예외 없이 극심한 불안을 느낍니다. 불안을 느끼지 않는 사람이라면 이미 초월적인 수양이 되어 있거나 아니면 대단히 무딘 사람일 것입니다.

24시간 몸과 마음이 고통스럽고 불안하고, 그러한 기간이 장기화되면 환자는 '그 어떤 일도 제대로 할 수 없는 상태'가 됩니다. 심지어 밥 먹는 것조차 역겹고 힘이 들며, 기력이 떨어지면서 몸을 조금 움직여도 어지럽고 숨이 차오릅니다. 그럼에도 내외과에서는 문제없다는 진단 결과를 반복하고, 결국, 자포자기 상태에 들어갑니다. 이 증상에서 벗어나고 싶은데 뾰족한 탈출구가 보이지 않으므로, 환자는 서서히 삶의 즐거움이 사라지고 희망이 사라집니다. 바로 이런 경우 '우울증'이 합병됩니다.

우울증의 증상은 다양하고 치명적이며 지나치게 심해졌을 때는 자살 충동을 느끼게 됩니다. 우리는 흔히 "살맛 안 난다"고 말하면서 쉽게 낙담을 하곤 하는데, 우울증은 그러한 상태가 지속되는 것이라 이해하면 됩니다. 우울증은 마음의 병이기도 하지만, 실제로 뇌의 '세로토닌' 등의 신경전달물질이 그 기저면에 깊게 개입하는 생물학적 질환이기도 합니다. 몸과 마음이 장시간 고통 받으면 당연히 우울합니다. 암 환자들 또한 실제로 암 그 자체보다, 죽게 될지 모른다는 불안감과 두려움 때문에 생겨나는 우울증이 더 치명적이라는 보고도 흔합니다. 그만큼 우리 환우들에게 합병되는 우울증은 아주 힘들고 부담스러운 짐입니다.

언제 어떤 순간에 공황이 올지 모르고, 그 불편한 신체 증상들이 나타날지 모르므로, 당연히 환자들은 외출을 꺼리게 됩니다. 또한, 장시간 줄을 서거나 회식을 하거나, 자신의 체력과 기력이 뒷받침되지 않는 상태에서 편안한 마음으로 그러한 외부 활동을 즐길 수 없게 됩니다. 동시에 쉽게 도움을 받을 수 없는 교통수단이나 장소를 회피하게 됩니다. 이러한 광장 공포는 공황장애뿐 아니라 내외과 질환에서도 쉽게 나타납니다.

예를 들어 '과민성 대장증상'에 시달리는 환자들은 언제 어떤 순간에 배변 통증이 나타날지 모르므로, 외출을 부담스러워하고 심지어 회피합니다. 단거리 여행이나 종교 모임까지도 회피하기 일쑤입니다. 자신이 쉽게 편안하고 안전한 곳으로 대피할 수 없는 경우를 회피하려는 당연한 행동이 바로 광장공포증입니다.

상기 우울증과 광장공포증까지 함께 합병될 경우, 환자의 '행복지수'는 극도로 떨어집니다. 그러한 복합적인 상황에서 또다시 우울은 증가하고, '우울증'은 더욱 더 깊어지게 됩니다. 이러한 상황들이 서로 얽히고 상호작용을 하면서, 공황장애는 이제 공황장애를 뛰어넘어 우울증과 광장공포증, 신체 증상이란 요소가 더 부각되고 환자를 괴롭히게 됩니다.

이토록 힘든 환자에겐 당연히 가족과 친지밖에는 없습니다. 모든 의사들이 다 명의란 생각은 틀린 생각입니다. 공황장애에서 가장 뛰어난 명의란 환자에 대한 자상하고도 신뢰 있고 깊은 이해를 먼저 하고, 그 핵심을 자세하게 추적 관찰하며, 적절히 맞는 처방과 상담을 해주는 의사입니다. 결코 큰 병원이 도움이 되지 않고, 유명한 의사가 도움이 되지 않으며, 비싼 치료비를 내야 하는 인기 있는 의사가 도움이 되지 않는다는 사실을 명심하십시오.

공황장애 극복은 환자의 노력이 1/3, 의사와 조력자의 노력이 1/3, 가족과 친지의 노력이 1/3인 질환임을 꼭 잊지 마십시오.

가족이 빠지지 말아야 할 오해들

공황장애는 이해와 신뢰, 깨달음이라는 기초 위에서
합리와 증거를 원칙으로 완치를 추구하는 병입니다.

앞서 이해한 대로 '공황장애는 공황이란 현상에 대한
오해'로부터 처음 시작하는 병입니다. 환자들은 예외 없이 바로 그
러한 오해로 첫 방아쇠를 당겼다고 해도 과언이 아닙니다. 그러나
그러한 오해는 환자들뿐만이 아닙니다. 바로 가족과 친지들의 무
지와 편견, 오해도 아주 심각합니다. 환자를 도우려 한다면 오해해
선 안 됩니다. 이번에는 환자 곁의 우리들이 빠지지 말아야 할 오
해들을 간략히 살펴보겠습니다. 차근차근 이해하고 명심하십시오.
기존 이미 보유해온 오해가 인정된다면 그것들을 빠르게 바로잡
으십시오.

공황장애는 어지간히 강한 사람이거나 무딘 사람이 아닌 이상
'투지'나 '겁'과는 별로 상관이 없습니다. 우리는 누구나 거의 예외
없이 초월적으로 강인한 사람이 아니기 때문입니다. 오히려, 공황
장애는 특별히 강한 몇몇 사람이 아니고서는 쉽게 뿌리치기 어
려운 병으로 이해하시는 것이 맞습니다. 신체 증상들도 마찬가지입
니다.

〈가족과 친지들이 빠지지 말아야 할 오해들〉

❶ 환자가 겁이 많고 투지가 부족해서 이 병에 걸렸다.

❷ 신체 증상은 내외과에서 문제없다고 하니까 견딜만할 것이다.

❸ 몸에 영양분이 부족해서 이 병이 온 것이다.

❹ 기도로 모든 것을 낫게 할 수 있고, 이 병도 예외가 아니다.

❺ 수술과 주사로 공황장애를 낫게 할 수 있다.

❻ 정신과는 미친 사람들이 가는 곳이다.

❼ 정신과 약은 한 번 먹으면 중독된다. 먹어선 안 된다.

❽ 이 병에 특효인 건강 보조제나 보약이 있을 것이다.

❾ 이 병을 빨리 낫게 해야 환자에게 좋을 것이다.

매번 양상을 달리해가며 복잡다단하고 고통스럽게 나타나는 신체 증상들도 쉽게 극복하고 무시하기 어렵습니다. '엄살'이라는 단어를 우리 가족과 친지들께서는 머릿속에서 완전히 잊어주십시오. 그 정도 만만한 공황장애라면 우리나라에서만도 40만 명이 고통받는 질환이 되지 않았을 것입니다.

흔히 내과에서 상부 위내시경을 하고 나면 '기능성 위장 장애'란 판정을 받는 경우도 많습니다. 이 병명은 내과적으로 특별한 질환이 관찰되지 않음에도 환자가 극도의 위장관계 불편감을 호소한다는 것을 의미합니다.

즉 위장의 물리적인 이유가 아니라, 기능적인 이유에서 명백한 통증과 불편감을 환자가 느끼고 있음을 의미합니다. 바로 이러한 경우와 같다고 생각하십시오. 공황장애에서 동반되는 수많은 신체 증상들은 내외과 검진 결과 특별히 큰 이상은 발견되지 않습니다. 그러나 오랜 시간 동안 공황장애 환자들을 대상으로 한 임상 관찰 결과, 공황장애 환자들의 신체 증상은 엄연히 고통스럽게 느끼고 있는 증상이고, 다만, 물리적으로 그만한 병변이 발견되지 않는다는 결론이 났습니다. 즉, 병변 여부를 떠나서 환자들은 심각한 고통을 수시로 느끼고 있다는 것을 의미합니다. 누구든 엄살 환자로 여겨지게 되면 불쾌합니다.

또한, 엄살 환자로 장시간 간주될 경우 환자는 거의 예외 없이 '외로움'을 느끼게 됩니다. 즉, 더 큰 괴리감과 우울감이 환자를 휘감는다는 것을 의미합니다. 우리 인간은 사회적 동물입니다. 외로움은 우리 인간에게 굉장히 치명적인 결과를 야기할 수 있는 응급 증상 중 하나임을 명심하십시오. 환자가 고통스러워한다면 그 고통을 적어도 공감해줘야 합니다. 그래야 가족, 친지들과 환자 간의 의사소통의 다리가 붕괴하지 않습니다. 그 다리가 없이는 환자를 절대로 도울 수 없다는 사실을 절대 망각해선 안 됩니다.

우리 몸에 영양분이 부족하면 각종 질환이 잘 발생합니다. 특히,

빈혈 등 각종 혈중 효소 부족 질환들의 경우 그 말은 정확히 맞습니다. 그러나 공황장애는 다릅니다. 공황장애는 몸이 튼튼하기로 유명한 운동선수, 경제적 스트레스가 없기로 유명한 연예인이나 전문직 종사자 등 대상을 가리지 않고 나타납니다. 즉, 영양 상태가 부족한 것은 특수한 경우 극히 일부분의 환자들에게서 관찰되는 극소수 일부일 뿐입니다. 공황장애는 영양 상태 개선만으로는 쉽게 치료되지 않습니다.

공황장애 환자들을 대상으로 과거 수십 년간 많은 임상에서의 관찰이 있었습니다. 그 결과, 공황장애 환자들에겐 약물치료가 우선 조치되어야 하며, 그 외 환자 스스로의 이해와 노력, 습관 개선을 수반할 수 있는 모든 도움과 조치, 활동이 필요하다는 결론에 이르렀습니다.

물론, 기도 행위 등도 그러한 노력의 한 부분일 수 있습니다. 그러나 그것이 전부가 아니며 기도에만 의존하여 공황을 완치하려는 생각은 정확히 무모한 일임을 간과해선 안 됩니다. 공황장애는 치료 방법이 명료하게 존재하는 질환입니다. 그 방법을 시도하면서 열심히 병행하는 신앙적 노력은 당연히 긍정적일 것입니다.

환자들의 가족만큼 속이 상하는 주체는 없습니다. 그래서 흔히 가족들이 앞장서서 환자를 데리고 소위 '전국 병원 쇼핑'을 하는 경우는 너무나 자주 목격되곤 합니다. 그러나 아쉽게도 공황장애는 주사나 수술로 깔끔히 치료할 수 있는 질환이 아닙니다. 약 또한 하나의 진통제로서 공황의 증상 그 자체만을 완화시킬 뿐, 원인 치료는 결국 환자 자신의 노력과 가족의 현명하고 지혜로운 도움에 달린 일입니다. 의사에게 몸 전체를 맡겨둔다고 치료되는 것이 아님을 꼭 잊지 마십시오.

우리나라는 특히 정신과에 대한 부정적 선입견이 큰 나라입니다. 공황장애는 정신과의 치료 대상이고, 가족들께서는 환자가 정신과에서 치료를 받아야 한다는 사실에 적잖이 놀라고 꺼리기도 합니다. 그러나 그것은 다 무지와 편견으로부터 비롯된 오해입니다. 소위 미치는 것은 쉽게 말하면 조현병이라고 하며, 이는 어떤 이유로 환자의 뇌가 정상적으로 신경끼리 상호작용을 하지 못해 일어나는 '착란' 증상입니다. 반면, 공황장애 같은 '신경증'들은 '신경전달물질의 부분적 불균형'으로 인해 일어나는 일종의 '정신적 독감'입니다. 신경증은 조현병과 계보 자체가 다릅니다. 신경증은 누구나 걸릴 수 있으며, 또한 누구나 완치할 수 있습니다.

정신과를 꺼리고 피하는 이상 보다 수월하게 호전의 기회를 포착하기는 어렵습니다. 오히려, 가족들이 환자가 가진 정신과에 대한 오해와 선입견을 줄여주는 데 기여해야 합니다.

정신과 약은 특별한 약이 아니며, 단지 뇌의 호르몬 균형을 미세하게 조절하여 환자가 느끼는 불편감을 다소 줄여주는 역할을 하는 데 그칩니다. 또한, 오랜 시간 임상에서 수억 회 이상의 처방이 이루어지고 그 결과 많은 환자들이 호전됨을 입증한 약들입니다. 따라서 정신과에서 처방하는 약에 대하여 마찬가지로 부정적 오해와 선입견을 가지고 있다면 깔끔하게 털어버려야 합니다.

또한, 정신과 약은 다소간의 의존성이 있습니다. 이러한 의존성은 각종 진통제나 소화제 등에서도 흔히 관찰됩니다. 오히려 가족들께서는 환자가 의사의 처방에 따라 정확하고 규칙적으로 용량을 지켜 약을 복용하도록 오남용 예방을 도와주는 코치의 역할을 해야 합니다. 특히 우리 가족들은 환자에게 도움이 되는 것이라면 무엇이든 하려는 사랑을 가지고 있습니다. 그 결과, 각종 건강 보조제나 보약을 무분별하게 환자에게 먹이는 경향이 있습니다.

규칙적인 적당량의 식사와 운동, 그리고 공황장애 치료를 위한 의지와 노력, 습관 개선. 이것 외에 다른 지름길은 없습니다. 불필요한 돈을 지출하다기보다는, 환자가 치료 과정을 기왕이면 더 즐겁고 쾌적하게 진행할 수 있도록 하는 데 애정과 관심을 기울이십시오.

오해를 가진 상태로 환자를 도울 수 없습니다. 지금 이 시간부터 오해를 깨끗이 정리하고, 모든 초점을 '환자를 지혜롭게 돕는 것'에 맞춘다면, 그 결과는 환자의 완치를 크게 앞당기는 데 가장 결정적인 요소가 될 것입니다. 환자를 부추기지 말고, 조급하게 독촉하지도 마십시오. 완치는 환자가 때가 되면 우리 가족들의 도움을 받아 서서히 이뤄나갈 하나의 목적지입니다. 그 목적지를 지도상에서 끌어다가 환자 앞에 갖다 놓을 방법은 없습니다.

환자보다 훨씬 느긋하고 여유 있게 완치를 생각하고, 천천히 한 걸음씩 환자를 사랑하는 마음으로 함께 호흡하면 그것으로 이미 최선의 도움을 주고 계신 것입니다.

◈ 깊게 들어가기 - 배우자 간의 상이한 정서

필자 주변의 많은 부부가 두 분 공히 정서적 성향은 정반대인 경우가 많습니다. 남편이 이성적이면 아내는 다소 감성적인 경우가 많습니다. 반대로 아내가 추진력이 있으면 남편은 오히려 다소 의존적입니다. 또한 남편의 공감 능력이 취약하면 아내는 매우 공감이 높고 그 공감을 통해 삶의 에너지를 충족하는 스타일인 경우도 많습니다. 이처럼 부부가 서로 다른 정서를 갖고 있을 확률이 높은 이유는, 두 사람이 만나서 사귀게 될 무렵부터 서로 다른 정서를 갖고 있어야 상호 호감을 느낄 확률이 높기 때문일 수도 있습니다.

이런 부부관계의 바탕 위에서, 둘 중 한 명에게 공황장애가 발생하면, 정서가 상이하다는 차이 때문에 많은 문제가 발생하기도 합니다. 감성적인 아내의 공황장애 극복을 돕는 이성적인 남편의 입장에서는, 아내가 근거 없는 현상에 겁을 먹고 스스로 증거도 없는 염려를 통해 재앙적인 경우를 매번 떠올리며 위축되는 모습을 잘 이해할 수가 없습니다. 반면, 아내의 입장에서는 공황장애를 합리적으로 어떻게 해결해 나갈지에 대한 지적인 학습 말고도, 아내 본인과 특별한 관계에 있는 존재들의 깊은 공감과 이해에 더 큰 용기를 얻을 수 있다고 생각합니다.

이렇게 상반된 정서적 상황에 놓인 부부들은 매우 많습니다. 그들 공히 상대의 공황장애 투병 기간이 길어질수록 서서히 지쳐가게 되고, 어느 한계에 이르면 자신의 정서를 기준 삼아 공황장애를 앓는 상대의 여러 부족함을 지적하고 때로는 짜증이나 화를 내기도 합니다. 그 과정에서 환자들은 내적으로 배우자에 대한 매우 깊은 실망을 쌓아나가기도 합니다. 필자는 실제로 그런 상황에 놓인 부부를 많이 보았습니다.

사람마다 세상과 타인을 인지하는 기준이 다릅니다. 애초 그 기준은 유전적으로 다른 성향을 받고 태어나서, 이후 성장하면서 그 성향의 틀 내에서 세상을 이해하고 배우게 됩니다. 따라서 타인들도 자신처럼 느끼고 생각할 것이라고 착각하는 경우가 많은데, 이는 자칫 정서적 독선으로 이어지기 쉽습니다.

남편도 인격이고 아내도 인격이며, 둘 다 공히 자신의 정서적 성향을 부모로부터 물려받아 태어났습니다. 이후 서로 다른 성장 환경에서 그 성향을 구체화하며 살아왔으니, 공황장애 기간 중에 서로 충족하고자 하는 도움과 지지의 에너지는 다를 수 있음을 감안해야 합니다.

합리적이고 지적인 내용이 배우자에게 더 도움이 될지, 아니면 우선 공감과 이해가 배우자에게 더 도움이 될지. 반드시 배우자의 스타일과 성향, 감수성을 폭넓게 고려하여 그 전략과 원칙을 세워서 배우자를 대해야 합니다.

당신의 배우자가 공황장애 극복 노력에 장시간 힘쓰고 있다면, 이 병은 언젠가는 약화되고 회복될 것입니다. 그때까지 배우자의 정서 기준에 할 수 있는 한 잘 맞춰가면서 극복 노력을 돕고 유도해 왔다면, 배우자는 당신에게 매우 깊은 신뢰와 사랑을 품게 됩니다. 반대로 당신이 배우자를 공감해주고 이해해 주는 데 인색했거나 소홀했다면, 그는 공황장애를 해결할 때까지 수많은 정서적 욕구들을 '억압'하게 될 것입니다. 그리고 그렇게 억압된 것들은 결국 당신에게 큰 대가로 돌아올 수 있습니다.

항상 상대의 정서적 기준으로 잘 고려하여 그 성향에 맞는 도움을 주도록 노력하길 기원합니다.

응급할수록 차분함과 여유를 보여라

절대 죽거나 잘못되지 않습니다. 가족이 발휘하는 여유와 웃음은
환자의 공황 강도를 백분의 일로 줄일 수 있습니다.

첫 공황에서 환자가 숨을 헐떡이며 안절부절못할 때 우리 가족들은 함께 놀라고 허둥댔습니다. 동시에 가족들의 마음 속에서는 '아! 이러다 잘못되면 어떡하지!' 하는 두려움과 놀람이 있었을 것입니다. 사람의 마음은 이심전심이라서 가족들마저도 당황하면 여지없이 그 여파는 환자의 마음 깊숙한 곳까지 빠르게 전이됩니다. 그러한 상황은 전혀 도움이 되지 않습니다.

환자가 공황이란 증상을 강렬하게 경험하고 있을 때 가족들은 오히려 환자를 안심시키고 합리적으로 대응해야 합니다. 그 대응 원칙을 잘 이해하고 숙지하며 행동으로 옮긴다면 환자의 고통과 두려움은 크게 경감될 수 있습니다.

'설마', '혹시'는 환자를 염려하는 사람이라면 누구나 가질 수 있는 생각입니다. 그러나 이미 공황을 수차례 경험하였고 내외과 검사를 완료한 환자라면 절대 걱정할 필요 없습니다. 환자의 고통은 고통일 뿐, 다른 응급 질환으로 연결되지 않습니다. 가족부터 먼저 안심을 해야 합니다. 절대로 함께 안절부절못하는 자세는 금물입니다.

〈응급 시 가족의 대응 원칙〉

❶ 환자는 절대 죽지 않습니다. 본인부터 놀라면 안 됩니다. 짜증도 금물입니다.

❷ "잘 이겨내고 있다! 반드시 함께 이겨내자!"라고 편안한 얼굴과 목소리로 환자를 격려하십시오.

❸ 환자를 유심히 관찰하십시오. 환자는 심장마비나 뇌졸중을 겪고 있는 것이 아니므로 절대로 당황하지 마십시오.

❹ 환자에게 말을 거십시오. "지금 어때?", "어떤 느낌이 들어?" 등 환자에게 계속 말을 걸고 손과 몸을 따뜻하게 주물러 주십시오.

❺ 환자가 이완과 복식 호흡을 할 수 있게 구령과 횟수를 천천히 세면서 도와주십시오.

❻ 환자가 다소 안정을 찾으면, 함께 '기본 기록지'와 '느낌 기록지' 등을 적도록 배려하고 도와주십시오.

❼ 환자가 완전히 안정되면 과거의 기본 기록지와 느낌 기록지를 함께 찾아보고, 이번엔 얼마나 환자가 잘 견뎌내고 이겨냈는지를 최대한 긍정적으로 논의하고 정리해 주십시오.

❽ 환자가 안정되었지만 약간의 불쾌감과 우울에 빠져있다면, 함께 손을 잡고 밖으로 나가 시원한 바람을 쐬고, 환자가 가능한 움직일 수 있도록 유도하고 동행하십시오.

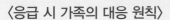

〈응급 시 가족의 대응 원칙〉

❾ 환자가 두려워하고 무서워하는 모습이 있더라도 결코 예리하게 지적하지 마십시오. 환자가 가족들에게마저 자신의 모습을 부끄러워하도록 내버려 두지 마십시오. 가족들에게만큼은 그 두려움과 공포를 그대로 고백하고 함께 공감하도록 길을 환하게 열어주십시오.

환자는 앞으로 수십 번도 더 이러한 공황과 예기불안, 준공황 등을 경험하고 그것이 위험하지 않다는 것을 체득해야 합니다. 그것을 절대로 피해갈 수 없습니다. 환자가 그것을 여전히 피하고 두려워하면 공황장애는 완치가 불가능합니다. 따라서 환자에게 응급한 상황이 찾아왔을 때 우리 가족들은 환자 바로 옆에서 환자가 복식호흡과 이완을 하며 공황이 지나갈 때까지 기다리는 시간을 여유 있는 얼굴과 따뜻한 사랑으로 지켜보고 도와줘야 합니다.

환자가 파국적인 생각이나 두려움을 갖지 않도록 계속 말을 거는 것도 좋습니다. 아직 방어기제가 확실히 정립되지 않은 환자라면 거의 예외 없이 자신의 이러한 증상에 대하여 파국적인 재앙의 전조증상으로 생각이 자꾸만 흘러갑니다. 따라서 그 흐름의 맥을 끊어주는 것이 중요합니다. 환자는 공황 그 순간 뭉뚱그려진 고통과 두려움에 힘들어하고 있습니다. 따라서 환자가 정확히 그 뭉뚱그려진 실체를 똑바로 쳐다볼 수 있도록 간접적으로 계속 유도하십시오. 몸은 힘들어도 정신을 또렷하게 차리고 지금 그 증상들을 환자가 쳐다보면 볼수록 그 증상은 '칼에 손가락을 베이는 것보다 덜 아프다.'는 것을 알게 됩니다. 그것을 천천히 옆에서 질문으로 일깨워주는 것이 바로 가족들의 몫입니다.

환자가 서서히 안정권에 접어들 무렵부터 환자의 기본 기록지, 느낌 기록지를 옆으로 가져와서 환자가 그것을 적도록 유도하십시오. 기록지의 각종 점수 매기기와 질문에 대한 답을 함께 하십시오. 그 와중에 환자는 불쾌하게 이어지는 증상의 강도도 크게 줄일 수 있고, 과거 자신이 무조건 두려워했던 공황 증상에 대하여 보다 객관적으로 인식하는 계기가 될 수 있습니다. 그 작업을 함께해 주십시오. 또한, 환자가 비교적 전보다 잘 극복해나가는 측면을 최대한 발견해서 환자에게 그 생각을 정확하게 말해주고 격려해 주십시오. 그러한 격려만큼의 훌륭한 약은 없습니다.

자꾸 반복되는 공황은 환자를 우울하게 만들고 쳐지게 만듭니다. 그 상황을 그대로 방치하지 마십시오. 어느 정도 안정이 끝나면(2시간 이내) 환자의 손을 잡아끌고 가벼운 산책이나 운동, 외식, 쇼핑 등 즐겁고 상쾌한 것들을 함께 하십시오. 환자가 물론 거부할 수 있습니다만 그래도 잘 달래서 최대한 움직이도록 하십시오. 공황을 맞더라도 삶의 범위만큼은 절대로 타협하지 않도록 잘 유도하고 함께 동행해주셔야 합니다.

　이상과 같은 가족들의 노력은 환자의 완치를 극적으로 앞당기게 됩니다. 무조건 환자를 편하게 해주는 것은 도움이 아니라 방치가 될 수 있습니다. 환자는 누구나 자존심이 있고 비록 가족이더라도 자신의 약한 모습을 보이기 싫어할 수 있습니다. 따라서 가족 스스로가 거침없고 부담 없이 신뢰하고 솔직하게 다가가야 합니다. 응급상황에서는 더욱 그래야 합니다. 함께 부딪히고 같은 편이 되어주며 함께 움직여줄 때 환자의 회복 속도는 가히 상상을 초월하게 될 것입니다.

웃음과 자신감으로 환자와 함께 움직여라

어떤 경우에도 약한 모습 보이면 안 됩니다. 가족들이 슬퍼하면
환자는 죄책감을 갖게 되고 그 결과 우울이 깊어집니다.

　공황 자체는 환자를 절대로 죽일 수 없습니다. 공황장애 환자를 더 힘들게 만드는 것은 결국 우울입니다. "내가 이렇게 살아서 뭐 하지", "내가 이겨낼 수 있을까? 도대체 완치란 것이 있기나 한 걸까?", "언제까지 가족들에게 미안해하며 살아야 할

까?" 등, 환자들은 비록 겉으론 쉽게 드러내지 않지만, 마음속에서는 큰 고민과 고뇌에 몸부림치고 있습니다.

〈공황장애 환자 대하기〉

❶ 항시 웃고 편안하게 대한다. 낙천적인 태도를 유지하려 노력한다.

❷ 환자가 공황장애로 인해 약해져 있지만, 가족들은 환자가 조만간 완치할 것이라 굳게 믿는다는 것을 자주 말해준다.

❸ 빨리 나으라고 조급해하거나 환자를 독촉하지 않는다.

❹ 환자와 자주 대화를 나누고 느낌과 증상, 경과의 긍정적인 변화를 부각시킨다.

❺ 공황에 대하여 함께 공부하고 함께 호흡해 주며 함께 노출해 주려 노력한다.

❻ 잘 이겨내고 노력하는 모습이 자랑스럽다고 항시 격려한다.

❼ 완치될 때까지 끈기 있고 사랑스럽게 환자를 도울 것이란 확신을 준다.

❽ 몸을 움직여 운동하도록 독려하고 함께 운동한다.

❾ 환자에게 어떤 경우에도 눈물이나 슬퍼함을 보이지 않는다.

사랑하는 가족들이 힘들어하면 환자의 마음속에서는 두 가지 생각을 하게 됩니다. 첫째는 '더 불안하고 암울하다'이고, 둘째는 '정말 미안하다'입니다.

어떤 병이든 빨리 완치될수록 가족들도 덜 고통스럽습니다. 공황장애로 인해 가족들도 침체될 수밖에 없지만, 되도록 함께 잘 이겨내고 완치해서 그러한 침체 상태로부터 빠르게 탈출할 때 모든 가족 구성원들은 더욱 행복한 삶을 살 수 있습니다. 그러기 위해 우리 가족들은 다음 사항을 명심해야 합니다.

어떤 병이든 환자를 약하게 만듭니다. 약해지면 예외 없이 우울이 찾아오고 우울의 결과 병은 더 깊어집니다. 내외과 질환에서도 그렇지만 정신과의 경우 특히 더 그러합니다. 가족들은 환자에게 최대한 웃고 평안하게 대해야 합니다. 다독이고 어르라는 의미가 아니라, 항시 의연하고 낙천적으로 대하도록 노력하라는 의미입니다.

가족들이 환자의 강건함을 믿고 환자가 완치될 것이란 굳은 믿음을 항시 정기적으로 말로 표현해 주십시오. 그러한 말은 환자의 무의식 속에 강인함과 인내심을 촉발시킵니다. 그 결과 환자는 쉽게 낙담하지 않습니다. 가족들의 낙천적인 믿음이 있기에 환자는 벼랑 끝에 내몰린듯한 마음을 갖지 않습니다. 그게 중요합니다.

공황장애는 비교적 긴 투병 기간이 필요한 질환입니다. 또한, 조급함은 공황장애 치료를 방해하는 독소 중 하나이기도 합니다. 고통의 당사자인 환자는 충분히 조급해져 있기 마련이고, 가족들마저도 환자를 조급하게 독촉하면 환자는 더욱 악화될 뿐이지 결코 호전될 수는 없습니다. 따라서 언제나 느긋하고 넉넉하게 환자를 대하십시오. 언제까지 완쾌해야 한다는 개념 자체를 머릿속에서 지우고 느긋하게 대할수록 환자는 빠르게 회복합니다. 그게 바로 공황장애의 특징입니다.

환자와 공황에 대하여 자주 대화하십시오. 어떤 증상이 괴로운지, 그 증상은 어떤 유형이며 양상인지, 최근의 변화는 어떠한지 등, 최대한 환자에게 질문하고 환자의 이야기를 관심 있게 들어주십시오. 하지만, 충분히 오랜 시간 듣고서 결론만큼은 긍정적으로 확인해주십시오. "어? 그래도 2주 전까지는 이러이러했는데, 이젠 많이 좋아진 것 같다."든지, "그래도 얼굴이 이젠 좀 생기가 도는 것 같다" 등 긍정적 측면을 최대한 부각시켜야 합니다. 그것이 환자들에겐 큰 도움이 됩니다. 거대한 암시가 되어 환자 내부로부터 힘을 끌어내 주는 것입니다.

힘들수록 환자는 집안에만 있으려 합니다. 바로 이럴 때 가족의 역할은 결정적입니다. 가족들은 최대한 집을 환하고 역동성 있는 분위기로 끌어가야 합니다. 작은 것도 함께 움직이려 노력하고, 환자가 운동을 시도할 수 있도록 가족들은 환자의 손을 끌고 환자가 즐거움을 느낄만한 것들부터 부담스럽지 않게 서서히 함께 호흡을 맞춰나갑니다.

집 앞에서의 간단한 산책도 좋고, 맛있는 초콜릿이나 과자를 사 가지고 와서 환자의 손을 잡고 집 근처 공원에 앉아 먹는 것도 좋습니다. 또한, 아이들 손을 잡고 돌봐주면서 아이들과 함께 환자가 먼발치에서 운동장 몇 바퀴를 돌 수 있는 여유를 주는 것도 좋습니다. 환자를 절대로 혼자 내버려 두지 마십시오. 함께 호흡하고 함께 운동하며 함께 움직이고 밖으로 나가도록 독려하십시오. 그럴수록 환자의 삶의 질이 향상되고, 그 결과 환자의 호전은 더 빨라집니다.

인터넷 카페를 환자와 함께 공유하라

함께 호흡하는 것만큼 뛰어난 치료 효과를 발휘하는 것은 없습니다. 다른 사람에게 부끄럼 없이 함께 열고 함께 약속하며 함께 목표를 설정하고 움직여가는 것 이상의 치료법은 이 세상에 존재하지 않습니다.

공황장애 환자라면 정신과에서 확진을 받고 적절한 약물 처방을 시작하는 것은 가장 당연한 필수과정입니다. 그러나 이후 치료의 행보는 아직 명료하지 않습니다.

현행 의료제도에서는 의사 면허가 있는 사람에게서만 치료를 받아야 하며, 의사는 반드시 환자를 면전에 두고 처방하고 의료 활동을 해야 합니다. 또한, 의사는 하루에도 수백 명의 환자와 씨름을 해야 하는 실정이라서 각 환자에게 꼭 필요한 조치 외에는 아무래도 한계가 존재할 수밖에 없습니다. 그 결과 많은 수의 환자들이 '약 처방만 반복되는 사각지대'에 놓여 있는 것도 엄연한 현실입니다. 공황장애를 직접 앓고 완치된 사람이라면 모두 이구동성으로 말합니다.

"공황장애는 환자 스스로의 노력 없이는 결코 완치되기 어려운 질환입니다."

이처럼 아직 대응 기제가 제대로 확립되어 있지 못한 환우들에게는 필요할 때 즉각적이고 보편적인 정확도로 치유 노력을 위한 정보와 격려, 도움을 줄 수 있는 '인터넷 카페' 등이 아주 효과적이기도 합니다. 비록 그 카페들의 절대다수는 공황장애 환우 또는 기왕증 환우들이 자발적으로 설립한 비영리 모임입니다.

그 모임들에는 병을 직접 겪는 환자들의 세세한 일상들이 너무나 잘 나타나 있습니다. 바로 '인터넷이 모든 것을 바꾸는 세상에서는 공황장애란 질환도 인터넷을 이용하여 보다 자기 치유 노력을 촉진할 수 있는 긍정적인 역할을 할 수 있음'을 의미합니다.

실제로 많은 환자들이 인터넷에 개설되어 있는 커뮤니티에서 많은 도움을 받고 있고, 올바른 운영진과 회원들이 결집된 곳이라면, 소위 제도권 의료제도에서 우려하는 몰상식하고 비윤리적인 상업적 무면허 의료 행위는 존재하지 않습니다.

이미 카페의 핵심 환우들은 공황장애에 대해 알아야 할 모든 지식과 정보를 알고 있고 자신들 또한 같은 환우로서 그것들을 어떻게 적절히 사용해야 하는지 잘 알고 있습니다. 그 점을 과소평가해서는 안 됩니다.

실제로 많은 환우들이 인터넷 카페에서 자신의 상황과 증상을 게재하고 타 환우들로부터 도움을 받습니다. 그 결과, 자신의 상태를 타 환우의 상태와 면밀히 객관적으로 비교하고, 타 환우의 사례에 힘입어 자신의 '잘못된 사고습관과 오해에 기초한 인식 습관'을 바로잡아 나갑니다. 결국 그 환우는 극적인 호전과 자기 치유 의지를 발전적으로 유지해 나갑니다.

또한 환자의 가족들도 인터넷 카페 등에서 많은 정보와 의견, 도움을 주고받을 필요가 있습니다. 그로 인해 다른 환우의 상태와 비교하여, '내가 최악은 아니구나!'라는 위안은 물론, '앞으로 어떤 노력을 어떻게 준비하고 노력해야 하는가'를 제대로 사전 인지하고 행동에 옮겨나갈 수 있습니다.

옛날에는 자신의 병을 음지에 감추고 부끄러워했지만, 현대 사회에서는 특별한 질환이 아닌 이상 감추는 행위는 어리석은 일입니다. 공황장애는 감추고 부끄러워할 병이 아닙니다. 공황장애는 동병상련의 타 환우들과 그 가족들에게 과감히 공개하고, 앞서 많은 노력으로 호전의 길을 걸어간 타 환우들과 가족들로부터 중요한 정보와 노하우, 방법론, 경험, 위로, 격려라는 돈으로 헤아릴 수 없는 큰 선물을 얻을 기회로 여겨야 합니다. 그러한 것들은 결코 병원에서 얻기 곤란한 것들이지만, 공황장애 치료에서는 아주 탁월한 해법들이요, 그 어떤 약보다 강력한 항불안, 항우울 효과를 발휘하는 것들입니다.

가족들께서 먼저 앞장서서 환우를 이끌고 네이버 공황장애 완치 카페(http://cafe.naver.com/lovefaithjkc)로 나아가시길 권장합니다. 타 환우와 그 가족들로부터 천문학적인 가치를 지닌 경험과 사례들을 얻고, 그것들을 잘 경청하고 취사선택하셔서 아무쪼록 훌륭히 완치의 그 날까지 함께 노력해 나가길 진심으로 기원합니다.

이 글을 마치며

"도대체 완치란 있는 걸까요?"
"정신과 의사가 완치는 없고 이렇게 평생 조절하면서 살아가야
한다는데……."

위와 같은 질문을 흔히 받습니다. 필자는 당연히 "완치는 있습
니다."라고 강한 어조로 확신 있게 말씀드립니다.

필자는 2004년 이후 지금까지 한 번도 발작을 겪지 않았습니다.
또한, 간헐적 신체 증상이나 불안 증세도 없습니다. 또한, 공황장
애 이전으로 돌아가고 싶지 않습니다. 왜냐면, 공황장애를 통해 깨
닫고 얻은 수많은 것들이 지금 현재 제 자신을 더욱 풍요롭고 균
형 있게 살도록 해주고 있기 때문입니다.

공황장애는 하나의 질병명으로서가 아니라, 결국 신경계가 예민
한 우리들이 잘못된 오랜 습관을 유지하면서 활성화한 하나의 독
버섯입니다. 습하면 습기를 제거하고 밝은 햇살이 집안 가득히 들
어오도록 해야 합니다. 환기를 하고 통풍을 하고 청결하게 유지해
야 합니다. 그러면 집안의 곰팡이는 사라져갑니다. 곰팡이 포자는
언제든 바람을 타고 집안에 들어올 수 있지만, 청결하고 통풍이

좋고 햇살 가득한 집이라면 그 포자를 절대 싹틔울 수 없습니다. 공황장애란 질환이 바로 그런 것입니다.

　오랜 시간 그늘진 구석을 그대로 방치하고 외면하면서 살아왔기에, 이렇게 오늘날 공황장애란 불청객을 맞이한 것입니다. 집안의 전체적 환경을 개선하지 않고 단편적인 곰팡이 제거 약품을 아무리 뿌려댄들, 새로운 곰팡이 포자들은 계속해서 바람을 타고 집안으로 들어올 것이고 계속 새로운 포자를 만들어낼 것은 당연합니다. 앉아서 괴롭고 고통스럽다고 몸부림치는 행위는 호전과 완치를 위해 하나도 도움이 되지 않습니다.

　필자 자신의 경험도 그렇거니와, 필자의 카페에서 목격할 수 있는 수많은 환우분들도 정말 오랜 시간 우리 자신의 마음과 행동 습관이란 거대한 저택을 장기간 음지에 방치해두고 외면해 왔음을 고백하지 않을 수 없습니다. 이제 창문을 여십시오. 오랫동안 쌓여온 먼지를 하루하루 치워내고 햇살이 가득 우리 마음으로 들어오도록 커튼을 활짝 젖혀 열어내는 작업을 시작하십시오.

　마음은 몸을 움직입니다. 또한, 몸은 마음을 움직입니다. 서로가 서로를 움직이므로 '몸과 마음은 하나'란 표현도 옳습니다. 강인하고 신뢰할만한 우리 스스로의 마음은 우리 몸을 강하고 건강하게 다스립니다. 또한, 강인하게 단련된 우리의 몸에 담겨진 마음은 어떤 자극과 스트레스도 쉽사리 막아내고 녹여낼 수 있습니다. 이처럼 우리의 건강엔 어떤 지름길도 없습니다. 우리 몸과 마음을 공히 신뢰하고 사랑스러울 만큼 연단하고 강화시켜나가는 방법 외엔 그 어떤 다른 지름길이 없음을 깨달아야 합니다.

공황장애는 우리에게 참으로 많은 선물을 가져다줍니다. 잃은 만큼 훨씬 더 크고 깊고 고귀한 것들을 가져다주는 것이 바로 공황장애임을 깨달아가는 것, 그것이 바로 호전의 길이고 완치의 길입니다. 내 삶을 둘러싼 모든 것들에 대한 감사함이 하루하루 지배해나감을 느끼는 것, 그런 삶이라면 행복할 수밖에 없습니다. 행복한 삶 속에서 공황장애는 결코 맥을 못 춘다는 사실을 꼭 기억하길 바랍니다. 그럼 제2편 〈극복의 길 위에서〉로 뵙겠습니다. 환우분들 힘내십시오.